本书由北京印刷学院"国家级一流本科专业——编辑

U0492477

畅销书

CHANGXIAOSHU
ANLI FENXI

案例分析 第九辑

张文红 丁 超 编著

知识产权出版社

全国百佳图书出版单位

——北京——

图书在版编目（CIP）数据

畅销书案例分析 . 第九辑 / 张文红，丁超编著 . — 北京：知识产权出版社，2022.9
ISBN 978-7-5130-8328-7

Ⅰ . ①畅… Ⅱ . ①张…②丁… Ⅲ . ①畅销书—出版工作—案例 Ⅳ . ① G23

中国版本图书馆 CIP 数据核字（2022）第 158595 号

内容提要

本书从近年出版的虚构类、非虚构类、少儿类畅销书入手，分析畅销书的营销模式，探究这些营销模式给我国书业营销带来的启示。

本书收录案例丰富，分析、点评到位，适合出版专业人士阅读。

责任编辑：高　源　　　　　　　　　责任印制：孙婷婷

畅销书案例分析　第九辑

张文红　丁　超　编著

出版发行：**知识产权出版社** 有限责任公司	网址：http：//www. ipph. cn
电话：010-82004826	http：//www. laichushu. com
社址：北京市海淀区气象路 50 号院	邮编：100081
责编电话：010-82000860 转 8701	责编邮箱：laichushu@cnipr. com
发行电话：010-82000860 转 8101	发行传真：010-82000893
印刷：北京中献拓方科技发展有限公司	经销：新华书店、各大网上书店及相关专业书店
开本：787mm×1092mm　1/16	印张：19.25
版次：2022 年 9 月第 1 版	印次：2022 年 9 月第 1 次印刷
字数：292 千字	定价：88.00 元

ISBN 978-7-5130-8328-7

目　录

案例一：《尘埃落定》

一、图书基本信息

（一）图书介绍

书名：《尘埃落定》
作者：阿来
开本：32 开
字数：297 千字
定价：22.00 元
书号：ISBN 7020025560
出版社：人民文学出版社
出版时间：1998 年 3 月

（二）作者简介

阿来，藏族作家，1959 年出生于四川省阿坝藏族羌族自治州马尔康市，毕业于马尔康民族师范学院；曾任成都《科幻世界》杂志主编、总编和社长，现任四川省作家协会主席。主要作品有诗集《梭磨河》，小说集《旧年的血迹》《月光下的银匠》，长篇散文《大地的阶梯》《草木的理想国：成都物候记》，长篇小说《尘埃落定》《机村史诗》《格萨尔王》《云中记》等。

2000 年，年仅 41 岁的阿来凭借长篇小说《尘埃落定》荣获第五届茅盾文学奖，成为茅盾文学奖史上最年轻的获奖者。2009 年，阿来凭《空山》第六卷（后改用书名《机村史诗》）获得"第七届华语文学传媒大奖·年度杰出作家奖"。2018 年，阿来的《蘑菇圈》获第七届鲁迅文学奖中篇小说奖。2019 年，他的长篇小说《云中记》荣获中共中央宣传部"五个一工程"优秀作品奖。阿来不断将他的新作品带进中国读者及世界读者的视野，写下属于他的时代。

二、畅销盛况

1998 年，《尘埃落定》由人民文学出版社出版发行。当年，这部并不通俗易懂的纯文学小说销量高达 20 万册，在当时的图书市场上引起了较大的轰动。

1999 年，该书获得全国少数民族文学奖；2000 年，这部作品荣获中国长篇小说原创作品最高奖——茅盾文学奖，同年获郭沫若文学奖，是 20 世纪末中国文坛一部具有重要意义的优秀作品。2002 年，《尘埃落定》入选中华人民共和国教育部新课标必读丛书，也是当时茅盾文学奖中唯一入选的作品。2003 年，根据阿来小说《尘埃落定》改编的同名电视剧获得了第 21 届大众电视金鹰奖长篇电视剧奖，后续这部小说还被改编为话剧、川剧、舞剧等，以多种艺术形式呈现。至今，《尘埃落定》已被人民文学出版社、作家出版社、浙江文艺出版社等出版了 20 多种中文版本。

综上，根据销量维度，此书已销售超 200 万册；根据时间维度，此书生命周期已长达 20 多年；根据空间维度，此书已翻译为 30 多个国家的语言出版；根据质量及社会效益维度，该书是一部艺术、思想、文化价值极高的作品。由此可知，《尘埃落定》不仅是一本轰动一时的畅销书，更是一本当之无愧的常销书。

三、畅销攻略

《尘埃落定》的出版并非一个顺利的过程。作者阿来在 1994 年写完稿子后的 4 年时间里，书稿曾被多个出版社退稿，直到 1998 年才被人民文学出版社的编辑采纳，出版后立刻受到读者的欢迎。在历经 20 多年图书市场的考验下，这部充满传奇性、艺术性、通俗性的小说，销量超 200 万册，成为名副其实的畅销书。《尘埃落定》的畅销是其文本内容的高质量、书名意蕴丰富及恰当的宣传营销等诸多因素作用的结果。笔者从以下几个方面进行具体阐述。

（一）文本内容的传奇性、艺术性与通俗性

1. 传奇性：叙述视角新颖——傻子视角

> 在麦其土司辖地上，
>
> 没有人不知道土司第二个女人所生的儿子是一个傻子，
>
> 那个傻子就是我。
>
> 除了亲生母亲，
>
> 几乎所有人都喜欢我是现在这个样子。

《尘埃落定》的开篇便点明了此书的主人公是麦其土司与一名汉族女人在酒后生下的傻儿子。阿来围绕傻儿子的命运经历，讲述了藏族土司制度兴衰存亡的历史过程，傻儿子的人生际遇也成了小说的叙述主线。通篇来看，这个傻儿子也是全文的第一叙述者。在小说叙事中选择傻子、疯子这类特殊人群作为叙述对象的文章也不少见，如鲁迅先生《狂人日记》中的狂人、韩少功《爸爸爸》中的丙崽、卡夫卡《变形记》中的格里高尔、格拉斯《铁皮鼓》中的奥斯卡，这些特殊角色往往可以帮助作者从不同的角度来把握和批判现代社会。在采访中，阿来曾向记者透露，选择傻儿子作为叙述视角的灵感源于瑞典小说《侏儒》，

作者认为傻子的特殊叙述视角对扩展叙事空间、反映社会生活、表达小说主题具有特殊作用，正如小说里所说，"一个傻子往往不爱不恨，因而只看到基本事实"。而且作者在行文过程中，赋予了这个被大家忽略的傻子超强的预知能力与特殊的智慧，从而为故事制造了一种悬念，赋予这本书传奇性，激起读者的阅读欲望。

从具体描述来看，《尘埃落定》中的傻子并不是一个普通的傻子，他虽然智力并不高，也会作出一些傻子般的行为，如"一咧嘴，一汪涎水从嘴角掉了下来"，但作者在后续的情节发展中，却塑造了一个愚蠢又聪明，迟钝又敏感的傻子形象，大愚而大智，大拙而大巧。傻子在权力争夺中总是以缜密的布局、超凡的预测能力逐渐赢得权力与财富，如傻子在麦其家因种罂粟而日渐强盛后，提出与哥哥相反的意见——改种粮食，并开仓放粮，救济饥民。傻子还在边界的南面扩张了领土，开辟了康巴地区第一个边贸集市。在描述傻子这些令人惊讶的智慧之策时，也经常穿插着傻子的愚蠢举动。最直接的例子就是在众人将傻子扛在肩头奔跑，打算拥立其为土司时，傻儿子却表现得很迟钝，并没有领悟到这层意思，从而错失土司之位。这些对比描写，增强了小说内容的传奇性。

在《尘埃落定》中，傻子形象还具有淡淡的魔幻色彩。在重要时刻，傻子总是可以凭借非凡的智慧与大局意识作出正确的决策增强麦其土司的实力。在与其他土司的冲突中，傻子往往以简单有趣的方式赢得胜利，而且傻子还可以预知未来事情的发生，窥视身边重要人的心理活动。除了这些特殊的先知功能外，傻子还作出一些特异行为，如穿上死人的紫色衣服，对翁波土司的格外关照，央求下人鞭打自己，主动放弃求生机会等，这些特异行为连同文中多处出现的意味深长的意象，如失传很久的不吉歌谣重新传唱、麦其土司官寨突发的地震、失去舌头的书记官翁波意西能重新说话、央宗所生全身发黑的死婴等，都是土司制度崩溃瓦解的前兆。作者在小说中刻意为之而又了无痕迹地刻画了一个具有特异功能的傻子，使小说怪诞奇异，激起了读者的阅读欲望。

总的来说，《尘埃落定》中的傻子既是故事的参与者，又是历史的旁观者，这种双重的叙述视角不仅可以制造悬念，推进情节的发展，缩短叙述者与读者之间的距离，还可以帮助读者透过傻子的心理变化，看到深沉的历史感和普遍的人性指向，启发人们对生活、历史的哲学思考。

2. 艺术性：语言具有诗性美，富有哲理

"诗一般的语言、诗一般的意境所赋予文本的灵动的诗意"是《尘埃落定》获茅盾文学奖后出版界一致的评价。通过上述评语可知，《尘埃落定》的语言是非常具有特色的。笔者将从语言的诗性美和隐喻性两个方面来分析《尘埃落定》的语言美。

作者前期的创作经历为《尘埃落定》的语言特色奠定了基础。作者阿来最初是以诗人的身份出现在文坛上的，在创作《尘埃落定》之前就曾出版过诗集《梭磨河》，取得了较好的成绩。作者也在采访中谈及自己从写诗歌到创作小说的转变，是因为小说这种文学体裁可以承载作者更强的表达欲望，故而改写小说。小说中的含蓄意象与灵活的文字表达都体现了小说与诗歌创作中存在的一些共性，正因这些特征，才使整部小说呈现出浓浓的诗性美。

在《尘埃落定》中，曾先后8次出现以诗歌形式直接抒发自己感受和情感的段落，这些诗歌语言往往轻快明朗，具有民族特色。在小说的第四章中，阿来曾创作了一首诗歌："她的肉，鸟吃了，咯吱，咯吱，她的血，雨喝了，咕咚，咕咚，她的骨头，熊啃了，嘎咬，嘎咬，她的头发，风吹散了，一绺，一绺。"虽然这首诗歌文字简短，却运用了大量的拟声词，使语言具有很强的乐感，能给读者如闻其声之感。再比如作者在描述河谷之景时用了"零零落落""深深""懒洋洋"等大量的叠音词，形成一种寂静、悠远之感。由此可见，作者并不是孤立地对某一事件进行描写，而是运用多种不同的修辞手法和一些具有意象的形容词等共同描述，增强了语言的艺术性。

由于叙述视角的独特性，小说的叙事语言呈现出一种强烈的主观化倾向，而且表达通常比较模糊，但是这些主观性的模糊表达中通常蕴含着许多哲理性的话语，这也使小说语言具有很强的寓言性，可以给读者一些思考。例如，"母亲说，一种植物的种子最终要长到别的地方去，我们不该为此如此操心，就是人不来偷，风会刮过去，鸟的翅膀上也会沾过去，只是个时间问题"。小说中的书记官翁波意西也曾说过一句充满哲理、发人深省的话："凡是有东西腐烂的地方都会有新的东西生长。"这句简洁的话和小说篇名《尘埃落定》具有同样深刻的含义。综上所述，这部小说轻巧而有魅力的语言特色不仅显示了作者出色的艺术才华，也减轻了读者的阅读难度。

3. 通俗性：人物形象鲜明，引发读者共鸣

优秀的作品不仅故事情节引人入胜，而且人物性格丰满、鲜明。从人物形象塑造这点来看，《尘埃落定》也毫不逊色。

在这部小说中，作者阿来成功地塑造了一系列个性鲜明的人物形象。在众多人物形象中，翁波意西虽然在小说中的描述并不多，却贯穿全文，对小说主题与思想的表达有着至关重要的作用。小说中的翁波意西是格鲁巴教派的拥护者，他来到麦其土司的领地宣扬禅宗，但由于他的聪明睿智及敢于发表评论的性格，招来了济嘎活佛与门巴喇嘛的痛恨，并且他的改革思想撼动了土司的权力，所以翁波意西曾两次被割舌头，第一次是因维护自己的教义，第二次是因维护自己的政治见解。但不能说话的翁波意西依旧用他的笔记录着土司制度的变迁，成了当时的书记官。翁波意西的正义凛然象征着他对真理的执着，也表现了作者阿来"用小说去怀念那生与死、铁与血的大的浪漫"的情结，令许多读者肃然起敬。

通过阅读这篇小说，我们可以认识许多性格鲜明的人物，并跟随他们一起感受他们在特定时空里发生的或感动、或悲伤、或慷慨、或遗憾的故事，其中有天真善良的傻子、美丽叛逆的塔娜、誓死捍卫真理的书记官、热情率真的卓玛、酷爱权力的麦其土司等。甚至小说中点到即止的人物也都具有鲜明的

个性，如审时度势的黄师爷，精明能干的管家，等等。他们既是联系在一起的，又是作为独立个体存在的。通过这些人物我们可以感受到他们在面对权力与情感交织时的矛盾心情，也能看到他们在面临等级压迫下誓死抵抗的勇敢与无惧。在谈论《尘埃落定》的创作时，作者曾说："在我怀念或者根据某种激情臆造的故乡中，人是主体。即或将其当成一种文化符号来看待，也显得相当简洁有力。"作者笔下所塑造的这些鲜活的人物形象就像是许多文化符号，串联起来便表达了作者对于生命、权力、人性等多方面的态度与情感。

（二）从藏族题材中揭示权力的特性

阿来对本民族文化的深厚感情及对民族文化的深厚积淀是创作《尘埃落定》的基础。阿来结合自己特殊的民族身份及实地调研，围绕嘉绒藏区的历史变迁进行描述，向读者展现了西北藏区丰富多元的文化，并展现了社会变迁中，不同文化之间的矛盾与冲突。阿来在很多场合都表示过《尘埃落定》的创作目的是要借助土司制度的历史变迁来揭示权力的秘密。他说："所有人，不论身处哪种文明，哪个国度，都有爱与恨，都有生和死，都有对金钱、权力的接近与背离。这是具有普遍意义的东西，也是不同特质的人类文化可以互相沟通的一个基础。"就《尘埃落定》而言，作者希望通过讲述麦其土司的历史变迁过程，审视权力是如何产生、如何作用并且如何影响人们选择的，即从藏族题材中揭示权力的特性。

> 土司下面是头人。
>
> 头人管百姓。
>
> 然后才是科巴（信差而不是信使），
>
> 然后是家奴。

这之外，还有一类地位可以随时变化的人，他们是僧侣、手工艺人、巫师、说唱艺人。

《尘埃落定》在开篇第一章便以简洁明了的语言交代了权力关系。通过上述描写可知嘉绒藏区呈现出严密的社会等级制度。小说中，在以麦其土司为代表的权力之争的大背景下，作者讲述了众多人物围绕权力争夺与传承发生的种种故事，并通过这些讲述来反映身陷斗争中的人们所表现的复杂而真实的人性，《尘埃落定》由此被许多读者称为中国版《权力的游戏》。

综观全书，有一条很清晰的权力线索贯穿其中，那便是哥哥与傻子的土司之争。在麦其家族中，哥哥与傻子不需像其他家族一样，兄弟俩互相防备。在傻子的少年阶段，哥哥只做未来土司该做的事情，从不忧虑权力之争，而且哥哥也表现出对弟弟十足的关爱，赢得的战利品也会送给弟弟，同样傻子也爱着他的哥哥。然而当傻子在多次决策中表现出超乎常人的预测能力并逐渐成为麦其土司之位的有力争夺者时，一切都发生了变化。哥哥对弟弟不再温和友好，代之以忌恨，同时也激发了他强烈的权力欲望。同时，在傻子内心始终认为哥哥愚蠢无知，是不适合做一个土司的，因此傻子对哥哥也总持一种嘲讽、怜悯的态度，两人关系逐渐破裂，甚至在哥哥死亡事件中傻子起到了加速的作用。这种赤裸裸的权力争夺中表现出来的亲情的抹杀、人性的扭曲让人读来不禁感到悲凉。

小说中还围绕权力之争，讲述了麦其土司作为父亲与两个儿子之间的矛盾。对于老土司来说，权力是他生活的唯一追求，而且这种追求是近乎疯魔的。当父亲意识到大儿子开始在战场上崭露头角、屡屡获胜时，父亲并没有表现出任何喜悦，反而意识到自己的地位受到威胁，选择以宿醉来发泄自己的情绪。而且最让读者们出乎意料的是，土司在大儿子去世以后，并没有任何失去亲人的悲痛之情，反而要比大儿子在位时更加精神抖擞。而且就在土司晚年已丧失领导能力的时候，土司还是将傻子分配到边地，不肯让位。在麦其土司与两个儿子的相处过程中，可以看出这位父亲是深爱着两个儿子的，但与失去权力的恐惧相比，麦其土司还是放弃了亲情。由此可见，权力就是父亲的生命。作者在描述各类权力之争的同时，也凸显了真实而复杂的人性，引起读者的思考。

在这部小说中,权力在其中扮演了相当重要的角色。不管是四个土司之间的领土侵占,两个儿子之间关于土司之位的争夺,还是不同等级的人关于权力的抗争与屈服,都让读者领略到了权力对人性的冲击及对社会制度更替的强大推动作用,让人情不自禁产生代入感,凸显了文章的感染力和吸引力。正如阿来所说:"爱与恨、生与死的观念是全世界各民族所共同拥有的,并不是哪个民族的专利。"综上,《尘埃落定》不仅可以让读者了解到藏族生活中独特的婚葬礼仪、宗教习俗、饮食文化等,还关注了许多人性中的共同点,写出了人类共同的感情,引发了读者共鸣。

(三) 书名意蕴丰富,呼应主题

书名作为图书的一个关键性的传播符号,在图书信息传播中发挥着至关重要的作用。一个好的书名既应该对图书的主题思想进行简洁的凝练,同时也应该有其独特的语言魅力,易于记忆。关于畅销书书名的研究表明,书名字数在2~7字的虚构类畅销书比例达到82.9%,占绝大多数。同时短语类的书名占据主导地位,易于表达与传播。小说《尘埃落定》的书名选取恰恰符合了畅销书书名的规律。

作者阿来选取四字成语"尘埃落定"作为书名,既简洁,又与阿来表达的主题思想相互呼应。在小说的情节发展中,"尘埃"这个意象贯穿全文,与小说中种植罂粟、建立边贸市场、土司官寨烧毁等重要情节紧密联系。在这些重要事件中,主人公傻子凭借超强的预知能力,审视着土司之间的各种文化冲突及土司制度的瓦解。在历史变迁中,每个个体都是尘埃,权力与财富也是尘埃,爱与恨也是尘埃,这些尘埃始于大地而终于大地,它们的升起与下落见证了历史无休止的发展。小说的结尾也与书名相互映衬,作者在小说结尾处细致地描写了土司官寨倒塌的过程:"炮弹落下来,官寨在爆炸声里摇晃。爆炸声响成一片,火光、烟雾、尘埃升起来,遮去了眼前的一切。"在上述描述中,官寨象征着土司王朝的政权，官寨被炮弹摧毁象征着土司制度的终结，而在官寨倒塌中，那些升起来的火光、烟雾、尘埃，象征着历史的循环往复。这些意象恰好回应了书记官翁波意西所说的"凡有腐烂的地方，必有东西生长"，而且小说中的主要人物最终都面临着死亡的结局，连拥有无数荣耀与辉煌的傻子最后也屈服于死亡。这一情节的设定象征着人作为历史长河中的一颗尘埃，终究会落定的不可抗拒性，也体现了一种"不管人的一生和命运作过多么坚忍的斗争，最后都会必然归于毁灭的英雄主义"。

综上所述，作者通过"尘埃落定"这个书名不仅巧妙地表达了作品的主题，也是作者阿来对历史态度及对未来状态的一种思考。同时，作为一本严肃文学小说，过于华丽的书名反而显得华而不实，"尘埃落定"四字短语恰好符合这本小说的创作基调。

（四）恰当的营销策略使小说历久弥新

由于图书数量与种类的急剧增加，"酒香不怕巷子深"的书业时代已经结束，一本好书的宣传营销成了重要一环。要想在茫茫书海中脱颖而出，让读者了解、关注此书，必须要运用合理的营销策略进行宣传推广。《尘埃落定》自1998年出版以来已经20多年了，在这20多年的时间里，《尘埃落定》一直活跃在图书市场，被大家所关注。可以说，《尘埃落定》的成功与巧妙的宣传营销策略是有直接关系的。

1. 定位准确，发表系列书评

《尘埃落定》在1998年出版时，其责任编辑张福海就将此书定位为"当代经典"，并将"经典"作为宣传营销的卖点。当时，还有学者的文章《当代文学有经典了》刊登在报纸上，引起了读者的关注。之后，许多学者在全国各地的大众媒体与专业媒体上刊登书评、书讯，如艾莲发表在《当代文坛》的《"我"

非傻子——试析〈尘埃落定〉的叙事策略》，周政保发表在《当代作家评论》的《"落不定的尘埃"暂且落定——〈尘埃落定〉的意象化叙述方式》，张东焱发表在《小说评论》的《烛照尘埃遮蔽的界域——〈尘埃落定〉读后》，等等。这些文章在当时新媒体并不发达的时代起到了重要的宣传作用。在进行图书发行时，此书的责任编辑张福海选择先广州再武汉最后北京的发货顺序，由远及近，营造了一种好书难求的氛围。在 20 世纪 90 年代，这样的营销策略是非常有效的。

2. 巧用时间节点开展宣传

在《尘埃落定》的宣传过程中，出版社非常重视时间节点。2013 年是《尘埃落定》出版 15 周年，在 2013 年 4 月 11 日，人民文学出版社在中国现代文学馆举办了"向经典致敬——《尘埃落定》出版 15 周年纪念座谈会"，作者阿来、出版人、评论家、学者等 20 余人参加了本次会议。

2020 年是《尘埃落定》荣获茅盾文学奖 20 周年，2020 年 12 月 27 日，知名读书博主都靓主持了"一部畅销经典的成长之路——《尘埃落定》荣获茅盾文学奖 20 周年暨新版再出发"分享会。此次分享会阵容强大，业界专业人士从不同的角度与读者分享了此书出版 20 年来的收获和体会。以上活动都引起了诸多媒体的宣传报道，引发了图书的又一次销售热潮。

人民文学出版社非常重视经典书的新市场，不断以精装、丛书等形式在市场上再版此书。截至 2021 年，人民文学出版社已出版了 10 余种中文版本，被多次列在"语文新课标必读丛书""新中国 70 年 70 部长篇小说典藏丛书"和"茅盾文学奖获奖作品全集（2019 版）"（图 1）等系列丛书中再版。人民文学出版社还在此书出版 15 周年时重点推出《尘埃落定》的精装纪念版（图 2）。以上举措都使此书在图书市场上历久弥新。

投降的人都给埋在废墟里了。他们都睡在炮火造成的坟墓里，无声无息。

我在星光下开始行走，向着西边我来的方向，走出去没有多久，我被什么东西绊倒了。起身时，一支冷冰冰的枪筒顶在了脑门上。我听见自己喊了一声："砰！"我喊出了一声枪响，便眼前一黑，又一次死去了。

天亮时，我醒了过来。麦其土司的三太太央宗正守在我身边哭泣，她见我睁开眼睛，便哭着说："土司和太太都死了。"这时，新一天的太阳正红彤彤地从东方升起来。

她也和我一样，从碎石堆里爬出来，却摸到解放军的宿营地里了。

红色汉人得到两个麦其土司家的人，十分开心。他们给我们打针吃药，叫他们里边的红色藏人跟我们谈话。他们对着麦其官寨狠狠开炮，却又殷勤地对待我们。红色藏人对我们说啊说啊，但我什么都不想说。想不到这个红色藏人最后说，按照政策，只要我依靠人民政府，还可以继承麦其土司位子。

说到这里，我突然开口了。我说："你们红色汉人不是要消灭土司吗？"

他笑了，说："在没有消灭以前，你可以继续当嘛。"这个红色藏人说了好多话，其中有我懂得的，也有不懂得的。其实，所有这些话归结起来就是一句：在将来，哪怕只当过一天土司，跟没有当过土司的人也是不一样的。我问他是不是这个意思。

他咧嘴一笑，说："你总算明白了。"

队伍又要出发了。

解放军把炮从马背上取下来，叫士兵扛着，把我和央宗扶到了马背上。队伍向着西面逶迤而去。翻过山口时，我回头看了看我出生和长大的地方，看了看麦其土司的官寨，那里，除了高大的官寨已经消失外，并看不出多少战斗的痕迹。春天正在染绿果园和大片的麦田，在那些绿色中间，土司官寨变成了一大堆石头，低处是自身投下的阴影，高处，则辉映着阳光，闪烁着金属般的光泽。望着眼前的景象，我的眼里涌出了泪水。一小股旋风从石堆里拔身而起，带起了许多的尘埃，在废墟上旋转。在土司们统治的河谷，在天气晴朗、阳光强烈的正午，处处都可以遇到这种陡然而起的小小旋风，裹挟着尘埃和枯枝败叶在晴空下舞蹈。

今天，我认为，那是麦其土司和太太的灵魂要上天去了。

旋风越旋越高，最后，在很高的地方炸开了。里面，看不见的东西上到了天界，看得见的是尘埃，又从半空里跌落下来，罩住了那些累累的乱石。但尘埃毕竟是尘埃，最后还是重新落进了石头缝里，只剩寂静的阳光在废墟上闪烁了。我眼中的泪水加强了闪烁的效果。这时候，我在心里叫我的亲人，我叫道："阿爸啊！阿妈啊！"

我还叫了一声："尔依啊！"

我的心感到了前所未有的痛楚。

队伍拥着我翻过山梁，便什么也看不见了。

我留在山谷里的人还等在那里，给了我痛苦的心一些安慰。远远地，我就看见了搭在山谷里的白色帐篷。他们也发现了解放军的队伍。不知是谁向着山坡上的队伍放了几枪。我面前的两个红色士兵哼了一声，脸冲下倒在地上了，血慢慢从他们背上渗出来。好在只有一个人放枪。枪声十分孤独地在幽深的山谷里回荡。我的人就呆呆地站在那里，直到队伍冲到了跟前。枪是管家放的。他提着枪站在一大段倒下的树木上，身姿像一个英雄，脸上的神情却十分茫然。不等我走近，他就被人一枪托打倒，结结实实地捆上了。我骑在马上，穿过帐篷，一张张脸从我马头前滑到后面去了。每个人都呆呆地看着我，等我走过，身后便响起了一片哭声。不一会儿，整个山谷里，都是悲伤的哭声了。

解放军听了很不好受。每到一个地方，都有许许多多人大声欢呼。他们是穷人的队伍，天下占大多数的都是穷人，是穷人都要为天下终于有了一支自己的队伍大声欢呼。而这里，这些奴隶，却大张着愚不可及的嘴哭起他们的主子来了。

我们继续往边界上进发了。

两天后，镇子又出现在我们眼前，那条狭长的街道，平时总是尘土飞扬，这时也像镇子旁边那条小河一样，静悄悄的没有一点声息。队伍穿过街道。那些上着的门板的铺子里面，都有眼睛在张望，就是散布梅毒的妓院也前所未有的安静，对着街道的一面，放下了粉红色窗帘。

解放军的几个大官住在了我的大房子里。他们从楼上望得见镇子的全部景象。他们都说，我是一个有新脑子的人，这样的人跟得上时代。

我对他们说我要死了。

他们说，不，你这样的人跟得上时代。

而我觉得死和跟不跟得上时代是两码事情。

他们说，你会是我们共产党人的好朋友。你在这里从事建设，我们来到这里，就是要在每一个地方都建起这样漂亮的镇子。最大的军官还拍拍我的肩膀，说："当然，没有鸦片和妓院了，你的镇子也有要改造的地方，你这个人也有需要改造的地方。"

我笑了。

军官抓起我的手，使劲摇晃，说："你会当上麦其土司，将来，革命形势发展了，没有土司了，也会是我们最好的朋友。"

但我已经活不到那个时候了。我看见麦其土司的精灵已经变成一股旋风飞到天上，剩下的尘埃落下来，融入大地。我的时候就要到了。我当了一辈子傻子，现在，我知道自己不是傻子，也不是聪明人，不过是在土司制度将要完结的时候到这片奇异的土地上来走了一遭。

是的，上天叫我看见，叫我听见，叫我置身其中，又叫我超然物外。上天是为了这个目的，才让我看起来像个傻子的。

（节选自《尘埃落定》第399-403页）

五、相关文献推荐

[1] 张素英. 傻子视角：上帝的第三只眼——析《尘埃落定》的叙事视角 [J]. 西藏民族学院学报（哲学社会科学版），2005（6）：53-55.

[2] 徐新建. 权力、族别、时间：小说虚构中的历史与文化——阿来和他的《尘埃落定》[J]. 西南民族学院学报（哲学社会科学版），1999（4）：17-26.

[3] 周政保."落不定的尘埃"暂且落定——《尘埃落定》的意象化叙述方式 [J]. 当代作家评论，1998（4）：30-35.

[4] 艾莲."我"非傻子——试析《尘埃落定》的叙事策略 [J]. 当代文坛，1999（3）：63-64.

（执笔人：周雷雷）

案例二：《四世同堂》（完整版）

一、图书基本信息

（一）图书简介

书名：《四世同堂》（完整版）

作者：老舍

译者：赵武平译补

开本：32 开

字数：920 千字

定价：89.00 元

书号：ISBN 9787547311790

出版社：东方出版中心

出版时间：2017 年 9 月

（二）作者简介

老舍，北京满族正红旗人，原名舒庆春，字舍予，另有笔名絜青、鸿来、非我等。老舍生于立春，父母为他取名"庆春"，老舍自己更名为舒舍予，含有"舍弃自我"，也就是"忘我"的意思。老舍是中国现代文学家、语言大师、人民艺术家、北京人民艺术剧院编剧，代表作有小说《骆驼祥子》《四世同堂》，剧本《茶馆》《龙须沟》。

1951年，老舍被北京市人民政府授予"人民艺术家"的称号，成为中华人民共和国第一位获得"人民艺术家"称号的作家。1953年，老舍当选为全国文联主席，作协副主席。1966年8月24日，在"文化大革命"中受到迫害的老舍自沉于北京太平湖。1978年，老舍得到平反，恢复"人民艺术家"称号。

经《亚洲周刊》联合全球各地学者作家推选，老舍的作品《骆驼祥子》和《四世同堂》均名列"二十世纪中文小说一百强"。

（三）译者简介

赵武平，文字工作者，现任职于上海译文出版社，曾就读于哥伦比亚大学新闻学院出版研习班，耶鲁大学美国研究访问学者；著有随笔集《人如其读》，翻译《杨柳风》和《斯蒂芬·斯皮尔伯格传》，主编《王尔德全集》；2014年在美国访学期间，发现《四世同堂》英文翻译全稿并回译。

二、畅销盛况

《四世同堂》的第一部《惶惑》于1944年11月10日起在重庆《扫荡报》上连载，1945年9月2日载毕，后交予良友公司发行。《扫荡报》是抗日战争时期发行量十分可观的报纸，加之老舍已有的知名度，《惶惑》自然获得众多读者，反响甚广。第二部《偷生》从1945年5月1日起在《世界日报》上连载，同年12月5日载毕。1946年，老舍受邀赴美讲学，并将《惶惑》连同《偷生》一起改交晨光出版公司出版。1948年，老舍于美国继续第三部《饥荒》的创作，至此全文完成。

中华人民共和国成立后老舍回国，《四世同堂》第三部《饥荒》在上海商务印书馆《小说》杂志连载了20章，后文未能刊载便散佚，国内于是并没有完整版的《四世同堂》。1980 年，人民文学出版社出版了只有前 87 段的《四世同堂》。1983 年，翻译家马小弥仿照老舍的文笔，又从英文版翻译了最后 13 章内容，凑齐了 100 段，由百花文艺出版社出版，但此版本相比原稿还是少了 15 余万字。

2014 年，《四世同堂》第三卷《饥荒》的 21 段至 36 段，约 10 万字的英文原稿终于在哈佛大学图书馆被发现。2017 年 9 月，《四世同堂》的完整版由东方出版中心出版上市，包含翻译家赵武平找到并回译的第三部《饥荒》最后 16 段内容，是该作自发表以来第一次以完整版形式出版。开卷数据显示，截至 2021 年 5 月，此版本累计销售 4 万余册。

此外，流传甚广的版本还有北京十月文艺出版社在 2012 年出版的 50 万字版。截至 2021 年 5 月的开卷数据显示，其累计销量 44 万余册，零售数据在中国现代小说榜中仍然排名前十；人民文学出版社 2016 年出版的丁聪插图本，累计销量 12 万余册。据开卷数据统计，目前可计算的《四世同堂》各类版本销量合计超 140 余万册，可以称得上是一部名副其实的畅销书、常销书。

《四世同堂》还曾于 1951 年在美国出版英译本，书名改为《黄色风暴》（*The Yellow Storm*），是老舍与普鲁伊特合作翻译而成的，合作翻译部分还得到了美国作家赛珍珠的肯定。由于 1945 年《骆驼祥子》英译版出版后，成为当年美国纽约著名的"每月一书"读书俱乐部（Book-of-the-Month Club）的畅销书，美国读者开始接纳老舍及他的作品，故而几年后出版的《四世同堂》英译本同样受到诸多关注，还被誉为"好评最多的小说之一，也是美国同一时期所出版的最优秀的小说之一"❶。1945 年，《四世同堂》在日本发行，引起强烈反响，成为畅销书。

经《亚洲周刊》联合全球各地学者作家推选，《四世同堂》名列"二十世纪中文小说 100 强"。

---

❶ 朱栋霖. 中国现代文学史 [M]. 北京：高等教育出版社，2010：268.

三、畅销攻略

（一）文本特色

1. 主题——亦家亦国

《四世同堂》是中国现代文学历史上最重要的长篇小说之一，也是老舍生前自认最好、最满意的作品。《四世同堂》的创作准备开始于 1941 年，这是北平沦陷的第五年，抗日战争进入了战略相持阶段。在全民抗日的情势下，当时的文学创作均表现出统一的步调和普遍高昂的爱国情绪，老舍于是也萌发了创作一篇关于抗日战争题材的小说的想法。直到 1944 年，抗日战争进入反攻阶段，老舍从夫人的经历中想到了一个完整的小说框架，于是开始创作《四世同堂》。

小说故事主要发生在北平城内的小羊圈胡同，以胡同内四世同堂的祁家老幼为主线，描写了抗日战争期间北平人民的悲惨遭遇和艰苦抗争。三个部分分别刻画了他们在日本侵略者兵临城下时的惶惑不安，在被进一步践踏欺凌时的忍辱偷生，以及在国破家亡之际缓慢觉醒、痛苦挣扎、艰难反抗的全过程。

这部作品集中审视了传统中国的家族文化。四世同堂是中国人祖祖辈辈的家族理想，是人们历来崇尚的家庭模式，也是文中祁老人唯一可以向他人夸耀的资本。他尽一切可能去维持这个家庭圆满的外貌，享受别人所没有的天伦之乐，因此，面对老三瑞全的出走、老二瑞丰的离家，他十分不满，也对长孙瑞宣私自放走瑞全、在中秋节日驱逐瑞丰不以为然，但当他面对唯一的儿子和二孙子的死亡，面对孙女因饥饿死在胜利前夕，他终于敢于站起来向日本人发出愤怒的呐喊——虽然只是对着胡同里弱小的日本老太太发怒——然而一旦抗日战争结束，他很快又忘掉了自己所遭遇过的苦难，仍惦念着"四世同堂"。

这样的家庭观是当年乃至时下仍然盛行于中国的思想观念，老舍以家庭为中心描述的这篇文章，正是对这一观念的辩证批判。老舍在第一部《惶惑》连载前曾在《扫荡报》发表过一篇预告，其中写了他对第三部的预想是："敌人制造饥荒，四世同堂变成四世同亡！"这正是他对"四世同堂"这一观念进行批判的佐证。家庭不应该成为家庭成员追求理想的束缚和犯错的避难所，更不该成为时代进步的阻力。《四世同堂》家庭层面的时代意义，就在于此。

再由家及国，这部作品最主要想表达的是国家观。一个民族的兴衰存亡，不仅在于其经济是否发达、武器是否先进，而且还取决于该民族普遍的社会心态。中国作为一个泱泱大国，在近代被西方列强欺凌至遍体鳞伤，甚至遭受小小邻国日本的侵略，这不仅是当时国民需要反思的耻辱，更是我们需要铭记的历史。北平人传统守旧的思想，包括祁老人的"四世同堂"、钱默吟一开始的"出世归隐"，都不能使这样一个客观上处于弱势的国家停止被欺负；而冠晓荷、大赤包等人的崇洋媚外和追名逐利更是将一个逐渐觉醒的国家推回至腐朽和没落的曾经。安于现状的北平人，在一步步紧逼的情势下，逐渐被激发出爱国卫国的血性，就算是守旧的祁老人也有一瞬间的怒气，何况是不断接受着新思想的中年人、青年人——祁瑞宣、祁瑞全、钱默吟，他们在这场外来的侵略中觉醒，找到了自己在乱世中应处的位置，为家庭、为民族、为国家去抗争、去战斗、去疾呼。

作品于当时而言赞扬了抗日战争过程中底层人民从消极度日到积极反抗的觉醒意识和爱国精神，赞颂了中国人民面对外敌时迸发的民族力量。在和平与发展并存的当下，作品同样为我们指明了民族精神的发展方向。

《四世同堂》朴实而真切的家国主题，需要在当代社会被了解、被阅读。就像人民文学出版社编写"教育部统编《语文》推荐阅读丛书"时将这部小说列入的理由一样，它于文学层面带给青少年熏陶的同时，在精神层面也能给新时代的年轻人更多启发，让爱国主义教育从小贯彻落实，将民族气质刻写进基因里。

2. 内容——由表及里

（1）波澜的故事架构。

第一部《惶惑》：小羊圈胡同里，祁老人渴望圆满地度过八十大寿，而日本人的突然入侵打乱了平静的生活。冠家人为取得日本人信任告发钱家，钱默吟被迫下狱。祁瑞全在大哥的帮助下逃出城外开始抗战。冠家靠出卖女儿色相取得了职位，瑞丰也不顾瑞宣的反对为日本人做事。经历了一番拷打后，钱默吟出狱，家破人亡的他逐渐认清日本人的面目，独自一人在北平城内开始进行抗战。

第二部《偷生》：日本人的倾轧使北平开始缺煤缺粮；日本人也开始了对学校的思想控制，瑞宣不满，从学校辞职到英国使馆工作，后被使馆的富善先生从日本人手中搭救。钱默吟用炸弹袭击了日本人的戏园大会。大赤包因人告密入狱，冠家被封，招弟不知所踪。

第三部《饥荒》：北平开始了饥荒。失势的冠晓荷被日本特务抓走，大赤包在狱中被虐待致死。日本人限量发放"共和面"，北平流行起传染病，日本人抓到得病的人就活埋，冠晓荷刚被放出就遭到活埋。祁瑞全回北平进行地下工作，杀了当特务的招弟。小妞子饿死在了母亲怀里，抗战胜利了。钱老人终于出狱，写下一纸"悔过书"。

从前面对故事主要情节的概括，我们能够清晰地看出在《四世同堂》中，老舍对故事的架构主要是建立在人物和情节两部分内容上，再辅以心理描写推动人物行为的发生与情节的发展。他以祁家为中心，以冠家为对比，叙写小羊圈胡同里里外外几十口人的日常生活。在对人物的语言和心理进行生动勾勒的同时，通过不断发生的冲突和矛盾，点面结合，推进故事剧情发展。故事前期轻松，后期压抑紧张，张弛有度，令读者在对人物命运和情节发展感到好奇的同时，体验到交错的人物心理，增强了阅读感和临境感，且不会觉得人物复杂，情节难懂。

老舍惯于采用虚实结合、概括与细节相结合的方法写作。就如在《四世同堂》中，每一小节的开头他常从社会环境下笔，提到战争时，无论胜败总是寥寥几笔，却能够写出当下的情况；而提到社会风物时总运用非常大的篇幅，渲染与对比并施，就好像比起故事情节，他更想要读者熟知老北京的各类风俗习惯一样。这样的粗细对比与他所塑造的人物和设置的情节结合，让读者更有代入感、更觉亲切。而虚写战争背景，与实写人物和情节也形成了鲜明对比，使行文节奏独特，如略写战争步步紧迫，而详写人物的反应各不相同，有人觉醒有人蒙昧，有人趋光有人投暗，这种写法将家国情怀这一主题分明地表现出来。

（2）多变的叙事手法。

在中国现代小说写作中，作者们为了追求个性的表达，通常不会运用全知视角，但老舍抗战前的创作大多选择中国古代文学中经常使用的第三人称全知视角；这样叙述者便可独立于人物的内心和外在世界，既知道每个人物身上发生的事情，但又不会和任何人物产生关联，并推动故事的发展。这种描述方式一方面能够展现出叙述者对于后期故事走向的隐喻，等于一个"上帝视角"，另外还能够为读者留下悬念，引起读者的兴趣，让他们跟随人物角色的发展而继续阅读故事。

老舍在《四世同堂》的创作中，运用第三人称全知视角的同时，也运用了现代的第一人称叙事技巧，常常不动声色地对叙事视角进行调换，这就有效地解决了全知视角太过于"全知全能"而失去文字兴味的问题。因为老舍作品的叙述核心是一个个鲜活的人物，那么依靠这种第一人称与第三人称结合的叙事手法，他在创作的过程中便可以进行不同视角的转换，从而让读者看到不同人眼中的同一件事，感受到不同人物截然不同的心理、性格，甚至思想意识。同时，通过第三人称叙述者的叙述和感情流露，读者便能清晰地知道作者想批判和赞扬的是什么。这种局部视角和全知视角结合的使用，共同构建了老舍创作多变的叙事艺术。

（3）精妙的人物塑造。

老舍故事架构和叙事手法的特殊性，意味着他对于人物的塑造也是不同于他人的。

他围绕着"家"与"国"，塑造了几类人物。有积极舍家为国的祁瑞全，包括后期的钱默吟，他们被情节不断推动着前进、反抗；还有不舍家却为国的祁瑞宣，这类故事里总少不了这样一个中间角色，但他可爱在无奈却保有尊严；也有祁老人这样只为家庭的传统老市民，封建、消极，但他们也有转变的可能性；最后就是舍家又卖国的大赤包这类人，他们只为了个人利益而奔走，全然不顾忌国家大事与民族大义，对于这样的人物，老舍也给予了相应的惩罚，达成恶有恶报的结局，表达了老舍强烈的爱国情怀和民族自强意识。

老舍还非常善于创造场景，将其中每个人物的动作、语言、心理都整合在一起，从而形成一种多维叙述的方式。读者会跟随每一个人物不同的表达，思考他的心理和动机，这在满足读者好奇心的同时，还将事件从空间上的叙述转化为时间层面的叙述，充分彰显了其在描绘人物方面的高超技巧。

3. 语言——京韵幽默

老舍先生是北京人，所以《四世同堂》的字里行间都透出特有的京味儿，同时，他幽默的语言中又带着尖锐的讽刺。

老舍从小生长在北京的胡同里，他的京味儿与生俱来。《四世同堂》表现的是北平底层百姓的生活，他们的语言更是老北京话的代表。例如，第一节中，韵梅叫小顺儿别跟爷爷"讪脸"。小说中还充满了北京话中最具标志性的儿化音，如文中形容爷爷祁天佑为"黑胡子'小老头儿'"。儿化音的运用使人物描写更精准、更生动，让读者身临其境，亲切感极强。

在老舍的语言中，有许多幽默的夸张与讽刺，表达了他对不同人的态度。例如，老舍对大赤包的讽刺十分直白："近来更发了福，连脸上的雀斑都一个个发亮，好像抹上了英国府来的黄油似的，她手指上的戒指都被肉包起来，因而手指好像刚灌好的腊肠。"老舍在这里用一连串的比喻，毫不留情地批判了大赤包崇洋媚外的行为，更凸显出大赤包的物欲和丑陋，让读者对这一丑恶形象有了形象的认知。

（二）作者影响

老舍是中国现代文学家，是中华人民共和国第一位获得"人民艺术家"称号的作家。他的创作包括小说、话剧剧本和民间曲艺等各种形式，对中国现代文学史、话剧史、曲艺史均有着重大贡献。

老舍作品的一个特点，就是表现鲜明的反帝爱国的主题。其作品往往直接揭露帝国主义的侵略罪行，从经济、文化、社会等各个不同侧面进行描写。他高歌民族觉醒，表彰民族气节，同时抨击在侵略和渗透面前卑躬屈节、为虎作伥的汉奸走狗。

在现代文学史上，老舍的名字总是与市民题材、北京题材密切联系在一起。他所描绘的内容，历史和现实糅合，从一年四季的自然景色、社会气氛、风俗习惯，一直到三教九流各种性格，人物的喜怒哀乐、微妙心态都浓缩在一起，有声有色、生动活泼，自成一个完整的世界，这是老舍作品的另一个特点。因其作品的内容和语言风格都围绕北京展开，老舍还是"京味小说"的源头，是老北京文化的一种象征，甚至成为一个符号。同时，小说中提到的小吃、建筑、习俗和语言也都成为现如今研究北京文化的重要源泉。

朱光潜有言："据我接触到的世界文学情报，全世界得到公认的中国新文学家也只有沈从文与老舍。"

在我国文学史上占有如此重要地位的大家，能够展现出独特风格、特点的代表作自然是长盛不衰的畅销书。

（三）影视剧改编

《四世同堂》的相关影视剧改编基本有以下几种。1985 年，林汝为导演了电视剧《四世同堂》；2007 年，汪俊导演了电视剧《四世同堂》；2011 年，话剧《四世同堂》，北京曲剧《四世同堂》登上舞台。各个改编影视剧的团队都是由著名导演、演员组成，内容表达或视觉表现也基本经过老舍家人的肯定。如今，可欣赏到的各种形式的表达，能够吸引不同年龄层次、不同欣赏水平的观众，让其了解《四世同堂》的故事，以至于慕名购买原著，扩大了各个版本原著书籍的受众。

（四）宣传营销

1. 首次完整出版

东方出版中心的这一版《四世同堂》，是翻译家赵武平在发现散佚英文版稿件后出版的第一部完整的《四世同堂》，也是这一老舍研究专家亲自操刀进行回译的精品版本。为了贴近老舍原著的词汇和风格，他还整理出了老舍词汇表，将译文中的专有名词和习惯用语一一替换。同时，这一版本的整体编校环节还全面参考了现有的老舍手稿和连载、分部发表版本，修正了之前的编校错误，并恢复了不当删节，可以说是 2017 年最完善、最好的《四世同堂》版本。

出版社根据此特点，对这一版进行了精准的营销和宣传，面向各个年龄层的读者，强调了教育学习价值、收藏研究价值等，使购买过其他版本的读者同样也成了该版本的读者；未曾购买过此书的读者，也有很大可能在现有的版本中选中此版本。

2. 众多名家推荐

著名汉学家傅高义在这一版《四世同堂》回译的过程中发挥了重要的作用，

不仅帮助译者赵武平在哈佛大学的研究工作，还协助他对文中的疑难词句进行了鉴别。因为这些支持，在该版《四世同堂》的宣传语中，便能够看到傅高义的强力推荐。另外，还有现当代文学家"联合推荐"的字眼，同样成为出版社宣传的内容。

这些推荐语被放在了腰封的设计中，让读者在选购时能够一目了然。当不同版本的图书同时在备选行列时，这些受到大众认可的学者、作家，以及权威专家的推荐，在一定程度上能够成为读者购买的决定性因素。故而，来自各方名家的推荐是促进这一版本销售的一个强力推手。

3. 重要媒体宣传

2016 年，《四世同堂》第三部英文原稿在美国被找到的消息被各方媒体集中报道，但当时的宣传只是针对《四世同堂》完整版将在《收获》杂志连载这一消息的。2017 年，针对老舍作品《四世同堂》"首次完整出版"这一在文学和历史两方面都具有重要价值和意义的事件，又有《人民日报》《光明日报》等重要媒体对此进行报道宣传。

《人民日报》2017 年 4 月 28 日"文艺评论"栏目刊载《跨越 70 年的文学"接力"——〈四世同堂〉散佚部分的寻找和修复》，称这是一场"跨越 70 年、跨越中英文世界的文学'接力'"。这篇评论是在该版本出版前发表的，阐述了完整版本的文学艺术性之强、思想批判性之深刻，以及让读者获得其原貌的时间跨度之久。文章在盛赞原书与作者的同时，间接将东方出版中心筹备这一版本的优势淋漓尽致地展现出来，出版方于是利用此报道进行宣传。出版后，出版方联系《光明日报》，以《文学缺憾新故事——读新版〈四世同堂〉有感》为题，再次对该版本图书进行宣传。

重要媒体在出版前后间接和直接的宣传，加上网络媒体的推广，都使出版方达到了让更多读者受众慕名而来购买该书的目的。

（五）图书设计

东方出版中心这一版《四世同堂》的装帧设计与其他出版社的装帧设计相比，有着明显的不同。

其他版本的《四世同堂》或精装或平装，装帧设计中或多或少都带有一些写实的北京景观元素，如城楼或者胡同，搭配米黄或者灰色的整体色调，打造出古朴的整体感。

以往的版本第三部《饥荒》部分过于简短，通常与第二部结合形成上下册，或干脆全书做成一册出版。而东方出版中心这一版，首先采用了 32 开平装本三册的套装，将小说的三个部分分别安排。这也与其"三部完整版"的宣传和内容相契合，同时此版本整体风格和色调都采用了比较简洁的设计——灰白底色，深浅不一的水墨灰色笔画组成标题，配有靛蓝色的图案与被突出的部分笔画。靛蓝色的图案比较抽象，每一册的图案来自每部分的标题，如第三部标题为"饥荒"，第三册封面的图案就是两个空碗。蓝色凸显的笔画一方面代表了书册的顺序，与图案呼应，另一方面根据中文方块字的特点，借助灰色的笔画形成抽象画面，与每一部分的内容暗合，如第一册突出的"点"被困在"四"的外框中，不仅表达北平人生活的困境，更是隐喻他们的精神困境。同时，书籍套装配有腰封，封面罗列了推荐该书的名人，最突出的是"首次完整出版"及"20 世纪中文小说 100 强"两个宣传语。

与众不同的设计和宣传语的突出，使这一版本的《四世同堂》能够在众多版本中脱颖而出。

《四世同堂·饥荒》封面

四、精彩内容欣赏

祁老太爷什么也不怕，只怕庆不了八十大寿。在他的壮年，他亲眼看见八国联军怎样攻进北京城。后来，他看见了清朝的皇帝怎样退位，和接续不断的内战；一会儿九城的城门紧闭，枪声与炮声日夜不绝；一会儿城门开了，马路上又飞驰着得胜的军阀的高车大马。战争没有吓倒他，和平也没使他怎样狂悦。逢节他要过节，遇年他要祭祖，他只是个安分守己的公民，只求消消停停的过着不至于愁吃愁穿的日子。即使赶上兵荒马乱，他也自有办法：最值得说的是他的家里老存着全家够吃三个月的粮食与咸菜。这样，即使炮弹在空中飞，兵在街上乱跑，他也会关上大门，再用装满石头的破缸顶上，便足以消灾避难。

为什么祁老太爷只预备三个月的粮食与咸菜呢？这是因为在他的心理上，他总以为北平是天底下最可靠的大城，不管有什么灾难，到三个月必定灾消难满，而后诸事大吉。北平的灾难恰似一个人免不了有些头疼脑热，过几天自然会好了的。不信，你看吧，祁老太爷会屈指算计：直皖战争有几个月？直奉战争又有好久？啊！听我的，咱们北平的灾难过不去三个月！

七七抗战那一年，祁老太爷已经七十五岁。对家务，他早已不再操心。他现在的重要工作是浇浇院中的盆花，说说老年间的故事，给笼中的小黄鸟添食换水，和携着重孙子孙女极慢极慢的去逛大街和护国寺。可是，卢沟桥的炮声一响，他老人家便没法不稍微操点心了，谁教他是四世同堂的老太爷呢。

儿子已经是过了五十岁的人，而儿媳的身体又老那么病病歪歪的，所以祁老太爷把长孙媳妇叫过来。老人家最喜欢长孙媳妇，因为第一，她已给祁家生了儿女，教他老人家有了重孙子孙女；第二，她既会持家，又懂得规矩，一点也不像二孙媳妇那样把头发烫得烂鸡窝似的，看着心里就闹得慌；第三，儿子不常住在家里，媳妇又多病，所以事实上是长孙与长孙媳妇当家，而长孙终日在外教书，晚上还要预备功课与改卷子，那么一家十口的衣食茶水，与亲友邻居的庆吊交际，便差不多都由长孙媳妇一手操持了；这不是件很容易的事，所以老人天公地道的得偏疼点她。还有,老人自幼长在北平,耳习目染的和旗籍人学了许多规矩礼路:儿媳妇见了公公,当然要垂手侍立。可是,儿媳妇既是五十多岁的人,身上又经常的闹着点病;老人若不教她垂手侍立吧,便破坏了家规;教她立规矩吧,又于心不忍,所以不如干脆和长孙媳妇商议商议家中的大事。

祁老人的背虽然有点弯,可是全家还属他的身量最高。在壮年的时候,他到处都被叫作"祁大个子"。高身量,长脸,他本应当很有威严,可是他的眼睛太小,一笑便变成一条缝子,于是人们只看见他的高大的身躯,而觉不出什么特别可敬畏的地方来。到了老年,他倒变得好看了一些:黄暗的脸,雪白的须眉,眼角腮旁全皱出永远含笑的纹溜;小眼深深的藏在笑纹与白眉中,看去总是笑眯眯的显出和善;在他真发笑的时候,他的小眼放出一点点光,倒好像是有无限的智慧而不肯一下子全放出来似的。

把长孙媳妇叫来,老人用小胡梳轻轻的梳着白须,半天没有出声。老人在幼年只读过三本小书与六言杂字;少年与壮年吃尽苦处,独力置买了房子,成了家。他的儿子也只在私塾读过三年书,就去学徒;直到了孙辈,才受了风气的推移,而去入大学读书。现在,他是老太爷,可是他总觉得学问既不及儿子——儿子到如今还能背诵上下《论语》,而且写一笔被算命先生推奖的好字——更不及孙子,而很怕他们看不起他。因此,他对晚辈说话的时候总是先愣一会儿,表示自己很会思想。对长孙媳妇,他本来无须这样,因为她识字并不多,而且一天到晚嘴中不是叫孩子,便是谈论油盐酱醋。不过,日久天长,他已养成了这个习惯,也就只好教孙媳妇多站一会儿了。

长孙媳妇没入过学校,所以没有学名。出嫁以后,才由她的丈夫像赠送博士学位似的送给她一个名字——韵梅。韵梅两个字仿佛不甚走运,始终没能在祁家通行得开。公婆和老太爷自然没有喊她名字的习惯与必要,别人呢又觉得她只是个主妇,和"韵"与"梅"似乎都没多少关系。况且,老太爷以为"韵梅"和"运煤"既然同音,也就应该同一个意思,"好吗,她一天忙到晚,你

案例三：《长安十二时辰》

一、图书基本信息

（一）图书介绍

书名：《长安十二时辰》

作者：马伯庸

开本：16 开

字数：681 千字

定价：99.60 元（上下册）

书号：ISBN 9787540478315

出版社：湖南文艺出版社

出版日期：2017 年 1 月

（二）作者简介

马伯庸，本名马力，中国作家协会会员，著名作家，有"文字鬼才"之誉，被一致认为沿袭"'五四'以来历史文学创作的谱系"，"文字风格充满奇趣"。他的作品主要集中于历史类小说，读者群体广泛。其创作类型也十分多样，写过很多的杂文、小品文、散文等。

马伯庸的代表作品主要有《长安十二时辰》《两京十五日》《显微镜下的

大明》《草原动物园》《扶苏奔鲁》《龙与地下铁》《殷商舰队玛雅征服史》等。

马伯庸不但自己出书，还在主流杂志上开设过个人专栏，如《看天下》。近年来，马伯庸还活跃在综艺舞台上。2019年11月24日，他担任山东卫视《国学小名士》的导师。此外，他还参加了脱口秀《探世界》（第二季）。

二、畅销盛况

《长安十二时辰》最初在作者马伯庸的博客上连载，一直连载至第8章，后来由湖南文艺出版社出版。

据搜狐网报道，《长安十二时辰》出版后雄踞亚马逊、当当、京东等各大电商预售、畅销榜第1位，总销量仅预售就突破50万册。

2018年，由英属维京群岛商高宝国际有限公司台湾分公司出版该书繁体版，同时该书的版权还被泰国的JAMSAI出版公司引进。

2019年，随着《长安十二时辰》网剧的热播，该书的销量迎来高潮。书旗小说数据显示，自开播以来，原著阅读量日均翻3倍。同年6月27日至7月8日，原著销量同比增长翻10倍，其中销量前三位的城市为上海、北京、杭州，剧集的热播带动了纸质阅读。同年7月，该书入选开卷虚构类畅销书排行榜。7月27日上午，第29届全国图书交易博览会在西安举行，首日该书200套就被读者抢光，出版社又连夜空运调货500套，次日又被抢光。书博会期间，该书的销量是平时销量的近10倍。

该书在2021年"豆瓣热门历史小说TOP10"排到第3名；在2020京东文学盛典中，其在文学IP作品组受到读者拥趸；在同年的春风悦读盛典中，该书获得"年度春风IP奖"。

2021年5月，《长安十二时辰》在当当网上的历史小说畅销榜中排第9名，图书评论超过19万条；在京东侦探推理小说榜中排第6名，图书评论超过20万条。

三、畅销攻略

（一）故事内容精彩纷呈

1. 引领风潮的书名

作为一部长篇小说，内容被分为上下两册，书名却为"十二时辰"，这不禁让读者好奇；这短短的十二个时辰到底会发生什么故事呢？书名本身没有刻意营造一种悬疑的气氛，但却抓住了读者们的眼球。事实证明，"十二时辰"的书名起得非常成功。图书出版上市以后，"××十二时辰"逐渐成为一个全民热词，很多自媒体文章纷纷仿照该书的写作模式，按照时间的先后顺序创作出了各种各样的"十二时辰"，大到"北京十二时辰""上海十二时辰"等针对某一地区进行宣传推广的文章，小到介绍学生们日常生活的校园版十二时辰，抑或是列车十二时辰、新兵十二时辰等，无所不包，甚至连人民网等主流媒体也发文向公众介绍《"十二时辰"简史》。此后，图书市场上也涌现出一股"十二时辰"热潮，《乾隆十二时辰》《中国十二时辰》《图解十二时辰养生》等著作纷纷面世。

2. 跌宕起伏的故事

《长安十二时辰》最初的创作灵感是来源于知乎上的一个提问：如果你来给《刺客信条》写剧情，你会把背景设定在哪里？马伯庸写下了《刺客信条·长安》预告片：俯瞰长安城，一百零八坊如棋盘般排布，晴空之上一头雄鹰飞过……这构成了整个故事的雏形。

长安城陷入了一个巨大的阴谋当中，上至朝廷达贵，下至黎民百姓，无不牵涉其中。若要拯救长安于水火之中，所依靠的只有一个独眼死囚张小敬，而他只有短短的12个时辰的生命。小说分为24个章节，始于巳正，终于巳初，每一章节讲述半个时辰的故事，每次出现的关于时间的描写，都似乎是一种急促的倒计时，这种过山车般的阅读体验不断吸引着读者继续阅读。小说蒙太奇般的场景切换，如同看美剧一样，随处可见的伏笔，环环相扣的故事情节，不断反转的故事结局，不断吸引着读者。

此外，小说中融入了很多现代元素，或者说我们能从中发现现代事物的影子。在马伯庸看来，长安是一座具有超越时空气质的城市，它可以同时容纳古典与现代元素，且不会让人觉得违和。伊斯擅长的跑窟，张小敬追敌时使用的手弩，大案牍术中体现的当代大数据技术的应用等，既有据可循，同时也反映了作者大胆的想象。这一点得到了陕西师范大学历史系于赓哲教授的肯定，他说："能够把现实和古史结合起来，并且显得那么自然，恐怕也就非马亲王莫属了。"

3. 多种元素的杂糅，多样的阅读需求

谈及小说的定位，马伯庸自己说道："最多只能比较宽泛地算成是历史小说，因为它包含了多种元素，也可以称它是动作小说、政治小说等，很难说它是严格意义上的悬疑小说。"在阅读过程中，我们可以感受到张小敬一会儿像神探夏洛克一样与李泌联手破解突厥人的阴谋诡计，一会儿又像刺客一样跃马驰骋在一百零八坊中；我们感动于仿佛只有在武侠小说中才会出现的第八军团的兄弟情义，也惊叹于大案牍术、望楼传信这样的谍战工具。小说具有杂糅的特质，集历史、悬疑、暗杀、犯罪、奇幻、武侠等元素于一体。复旦大学中文系教授严锋曾经在微博上表示："在类型的基础上将某些元素加以变化，却往往能拥有新的生命，《长安十二时辰》就是如此。"可见，这部作品在很大限度上满足了不同读者的阅读需求，拥有数量庞大的粉丝。

4. 普通的年份，平凡的人物

小说在构思上有两个平凡，一是平凡的年份，一是平凡的主角。天宝三年，在历史上平平无奇，史书中也没有太多的记载，以此来讲述故事，更能凸显盛

世长安背后的风起云涌。同时，在这一年，朔方节度使王忠嗣出击突厥，双方鏖战数月，以此来构思突厥狼卫背地里想要焚烧长安城显得合情合理。

在以往的很多历史小说中，帝王将相或名人名士往往是故事的主角，如《李自成》《雍正皇帝》《曾国藩》《张居正》《慈禧全传》等，主人公自带光环属性。而《长安十二时辰》却选取了张小敬这个仅在唐代的华阴县尉姚汝能撰写的《安禄山事迹》中出现过的一名骑士作为主角，让平凡的人物来拯救不平凡的时代。这两个"平凡"的选择使整个构思变得很不平凡。所以，这部作品的横空出世会火爆是自然而然的事情。

在很多的文学作品中，英雄人物往往被赋予了太多的赞美，甚至不忍心用任何的缺点和弱点来修饰他们。而我们却可以从张小敬身上看到一个普通人的特质，甚至说是一种反面人物才有的匪气和残酷。他为了完成任务或许会不择手段，如为了能够卧底成功，他射杀李泌，以假乱真。但是他有他的目标，他也有他的底线。正是这个亦正亦邪的主人公，让读者觉得真实。

书中的很多配角都是读者耳熟能详的，如贺知章、李林甫、安禄山、岑参等，而将活跃在不同领域的历史人物串联在一起在同类作品中是非常少见的。在阅读的过程中也会发现，他们的形象构建都超出了读者的预料，打破了刻板印象。例如，以《咏柳》《回乡偶书》闻名天下的贺知章在书中变得官僚十足、老奸巨猾，而边塞军旅诗人岑参在书中却显得呆头呆脑，滑稽可笑。作品赋予了历史人物新的内涵，使之有了更多解读的空间。

5. 令人称赞的历史细节

（1）对历史的尊重。

很多历史小说之所以会遭到众多读者的口诛笔伐，关键在于创作者缺乏对历史基本事实的掌握。而该书的作者马伯庸则表现出了作为一名历史创作者的基本修养。例如，在小说最开始的构想中，作者本来想加入李白这个人物，但据考证，当时李白正在山东旅游，不在长安。所以，作者是严格遵循历史的发展来叙说这个故事的。再如,我国古代的封建社会中,皇帝纪年一般都用"年"做量词,而书中一开场便是"天宝三载,元月十四日,巳正",此处说的是"天宝三载"而非天宝三年。其实,《新唐书·玄宗纪》中的记载就是"天宝三载",《唐大诏令集》中的《改天宝三年为载制》一篇更是解释了改年为载的原因。如此细节,可以管窥作者的历史功底之深厚。

《长安十二时辰》的一个重要元素就是长安城,而长安城又分为一百零八坊,像棋盘一样分列排布。对于一般的读者,哪怕是比较专业的学者,都很难弄清每一坊中居住的是哪类人物,坊与坊之间有何不同。马伯庸在创作欲望的驱动下,研读了学术性很强的《隋唐两京坊考》这本书,将历史上曾经居住在每一坊中的人物和发生的故事与小说结合起来,读者在阅读的过程中自然会感到非常真实。

(2)对细节的还原。

在这本书的评论中,读者提到的一个最频繁的词,同时也是对这部书称赞最多的一个词就是——细节。马伯庸也认为,写这么一部作品,最大的挑战就是对那个时代生活细节的精准描摹。所以,他对历史资料进行了充分地收集。一方面,他在知网上下载了200多篇论文,也阅读了很多的考古报告,还得到了诸如于赓哲教授、《唐朝定居指南》的作者森林鹿等专业历史学者的帮助;另一方面,他本人还去西安进行了数次的实地调研。

最终,我们可以在作品中知道什么是"牵钩"(拔河),什么是"干谒诗"(古代文人为了推荐自己而写的一种诗歌,类似于现在的自荐信),知道了官府的小吏又可以细分为武侯、通传、旅贲军、不良人、里守等。大到当时的朝廷制度、城市建筑、三教九流,小到食货物价、着装打扮、茶余饮食,读者都能从中切身感受到一股浓浓的唐朝味。由于书中的许多术语用词都非常讲究,这也吸引了很多文史爱好者进行考据和品读。

（二）注重与读者的互动

在作者马伯庸的身上，我们可以找到多个标签。他是一个网红，微博上有700多万的粉丝；他是一个知乎"大V"，有着107万的关注度，79.3万的赞同。他还身兼网络写手、畅销书作者和"80后"作家于一身，是出版界的新宠儿。2020年，他还获得了"微博2020十大影响力读书大V"的荣誉。

回顾马伯庸的创作历程，我们不难发现他的影响力与日俱增。其早期的小说作品类型广泛，如悬疑小说《她死在QQ上》，灵异小说《笔冢随录》及科幻小说《寂静之城》。《寂静之城》在2005年获得国内科幻文学最高奖项"银河奖"。也就是在这一年，马伯庸开始创作长篇小说，以三国为背景写出了《风起陇西》。有读者将其与《风雨〈洛神赋〉》《三国机密》等称为"考据型悬疑文学"，或者说是"历史可能性小说"，这也是马伯庸影响最大的一类作品。

2010年，《风雨〈洛神赋〉》获人民文学奖散文奖。2012年，《破案：孔雀东南飞》等短篇获朱自清散文奖。2013年，《古董局中局》入选第四届中国"图书势力榜"文学类年度十大好书。2014年，首届"这篇小说超好看"类型文学奖颁奖典礼暨《超好看》杂志三周年庆典活动在中国现代文学馆举行，《古董局中局2》获得"年度最高奖"。2015年，《殷商玛雅征服史》获得第一届网络文学双年奖优秀奖，2018年，马伯庸登上了中国作家财富榜，有6部作品被改编为影视作品，分别是《三国机密》《长安十二时辰》《古董局中局》《风起陇西》《四海鲸骑》《她死在QQ上》，并在网络上引起热议。

《长安十二时辰》于创作之初在博客上连载时，仅博客原文页的单章阅读量就突破了85万，聚集了一大批粉丝。其实，小说自始至终都保持着与读者的密切联系，在知乎上写下《刺客信条·长安》后，马伯庸随手写了几千字，没想到网友纷纷留言，对这个想法很感兴趣。用时辰来命名章节，也是采纳了读者们的建议。众所周知，马伯庸喜欢玩梗，在小说成书之后，他亲自造梗"姚汝能字汝上"❶，加强了与读者的互动交流。

---

❶ 意为你行你上，与小说中姚汝能这一角色的人物性格进行呼应，实际上是与粉丝沟通小说情节。

（三）积极进行宣传营销

博集天卷是《长安十二时辰》的出品方，同时也是当下民营出版公司的佼佼者，已经策划出版过多部畅销书，如张嘉佳的《云边有个小卖部》，大冰的《我不》等。博集天卷与马伯庸建立了良好的合作关系，他的很多作品都由博集天卷打造。在博集天卷的运作下，马伯庸在全国多个地市开展了读者见面会。2016年12月24日，马伯庸做客北京言几又中关村店，举办读者见面会；2017年南国书香节期间，马伯庸来到广州琶洲会展中心举办了读者见面会。除了持续时间比较久的见面会以外，出品方还启动了全国高校巡讲地面巡签活动。此外，围绕该书还进行了许多衍生产品的开发，如书中附赠长安一百零八坊的城坊图，利郎男装推出了限定版联名款 T 恤。

博集天卷也积极准备着版权输出。2018 年，《长安十二时辰》的版权成功输出到泰国的 JAMSAI 出版公司。在同年举办的北京国际图书博览会上，湖南展馆举办了"文字鬼才"马伯庸作品泰国出版庆祝活动，活动现场吸引了众多读者，多家新闻媒体对此进行了报道。

（四）强大 IP 的推动

《长安十二时辰》能够成为一部畅销书，最重要的原因就是同名影视剧热播后的带动作用。影视剧《长安十二时辰》上线第一天，豆瓣开分就高达 8.9 分，最终以 8.3 分收官。该剧还在日本、新加坡、越南等国家播出，甚至以付费内容的形式在北美地区上线。这部剧被评为"2019 年评分最高华语剧集"，是一部实打实的国产精品。除了幕后优秀的制作团队，原著小说对这部剧的贡献也是功不可没，由此，剧目反过来提高了读者对原著小说的阅读期待。

根据书旗和天猫图书公布的数据，在影视剧播出期间，《长安十二时辰》的电子书阅读人数和纸质书销量分别上涨 818% 和 862%，也就是说原著的阅读人数比之前翻了 8 倍多。

影视剧之所以会有如此强大的推动作用，一是由于影视剧的观看和文本的阅读是两种不同的感官体验，影视剧给人一种视觉上的冲击，而文字则留给读者更多的想象。白天追剧，晚上看书收获的是双倍的快乐。二是由于影视剧的出彩，很多心急的剧迷们不等影视剧播放完毕，就去买原著提前了解故事结局，以及回顾精彩片段。三是剧与书作为两种不同的媒介形态，在内容的呈现上是不可能做到完全一致的，这就留下了二者比较的空间，看哪一种的处理方式更符合受众的预期。故此，无论是纸质图书，还是电子图书，都在影视剧的带动下实现了销量上质的突破。

四、精彩内容欣赏

"我来问你：倘若你身在一条木船之上，满是旅人，正值风浪滔天，需杀一无辜之人以祭河神，否则一船皆沉。你会杀吗？"张小敬突然问道。

姚汝能一愣，不由得眉头紧皱，陷入矛盾。这问题真是刁钻至极，杀无辜者自是不合仁道，可坐视一船倾覆，只怕会死更多的人。他越想越头疼，一时沉默起来。

"杀一人，救百人，你到底杀不杀？"张小敬追问了一句。

姚汝能有点狼狈地反驳道："你又该如何选择？"他觉得这真是个狡猾的说辞。

"杀。"张小敬说得毫不犹豫，可旋即又换了个口气，"这是一件应该做的事，但这是一件错事。应该做，所以我做了，即使重来一次，我还是会这么做——但错的究竟是错的"。说到这里，他把断指处抬了抬，"所以我自断一指，这是亏欠小乙的印记。等到此间事了，我自会负起责任，还掉这份杀孽"。

张小敬闭上独眼，似在哀悼。他的面孔又多了几条褶皱，更显得沧桑与苦涩。

姚汝能沉默着。他发现自己完全看不透这个桀骜的家伙。他一会儿像个冷酷的凶徒，一会儿又像个仁爱的勇者，一会儿又像是个言出必践的游侠。诸多矛盾的特色，集于一身。姚汝能忽然意识到，自己从来没想过，张小敬到底是因为什么罪名入狱的。

（节选自《长安十二时辰》（上）第103页）

"汝能啊，你曾在谷雨前登上过大雁塔顶吗？"

姚汝能一怔，不明白他为何突然说起这个。

"那里有一个看塔的小沙弥，你给他半吊钱，就能偷偷攀到塔顶，看尽长安的牡丹。小沙弥攒下的钱从不乱用，总是偷偷地买来河鱼去喂慈恩寺边的小猫。"张小敬慢慢说着嘴角露出一丝笑意。

姚汝能正要开口发问，张小敬又道："升道坊里有一个专做毕罗饼的回鹘老头，他选的芝麻粒很大，所以饼刚出炉时味道极香。我从前当差，都会一早赶过去守在坊门，一开门就买几个。"

"还有普济寺的雕胡饭，初一、十五才能吃到，和尚们偷偷加了荤油，口感可真不错。"

"张都尉，你这是……"

"东市的阿罗约是个驯骆驼的好手，他的毕生梦想是在安邑坊置个产业，娶妻生子，彻底扎根在长安。长兴坊里住着一个姓薛的太常乐工，庐陵人，每到晴天无云的半夜，必去天津桥上吹笛子，只为用月光洗涤笛声，我替他遮过好几次犯夜禁的事。还有一个住在崇仁坊的舞姬，叫李十二，雄心勃勃想比肩当年公孙大娘。她练舞跳得脚跟磨烂，不得不用红绸裹住。哦，对了，盂兰盆节放河灯时，满河皆是烛光。如果你沿着龙首渠走，会看到一个瞎眼阿婆沿渠叫卖折好的纸船，说是为她孙女攒副铜簪，可我知道，她的孙女早就病死了。"

说着这些全无联系的人和事，张小敬语气悠长，独眼闪亮："我在长安城当了九年不良帅，每天打交道的，都是这样的百姓，每天听到看到的，都是这样

在他的独眼之中，一百零八坊严整而庄严地排列在朱雀大街两侧，在太阳的照耀下熠熠生辉，气势恢宏。他曾经听外域的胡人说过，纵观整个世界，都没有比长安更伟大、更壮观的城市。昨晚的喧嚣，并未在这座城市的肌体上留下什么疤痕，它依然是那么高贵壮丽，就好像永远会这样持续下去似的。

（节选自《长安十二时辰》（上）第 303-304 页）

五、相关文献推荐

[1] 黄灵霞，姜悦.影响力趋弱 年轻读者"埋单"——开卷 2019 年新书市场分析 [J]. 出版人，2020（2）：62-63.

[2] 司雯.深化改革促发展 出版业态展新颜——以西安书博会为例 [J]. 传媒论坛，2020，3（2）：96，98.

[3] 杨帆.一场关于"年轻"的裂变 [J]. 出版人，2020（2）：17-23，16.

[4] 张惠彬."傍名"出版的法律规制 [J]. 出版科学，2018，26（4）：19-22.

[5] 桑子文.《长安十二时辰》的七种精准还原力 [N]. 中国文化报，2019-07-06（003）.

[6] 唐山.马伯庸：唐朝没有张小敬 [N]，北京青年报，2019-07-12（C01）.

（执笔人：玄甲轩）

案例四：《飘》

一、图书基本信息

（一）图书介绍

书名：《飘》

作者：[美] 玛格丽特·米切尔

译者：李美华

开本：32 开

字数：932 千字

定价：48.00 元（上下册）

书号：ISBN 9787544710688

出版社：译林出版社

出版时间：2010 年 6 月

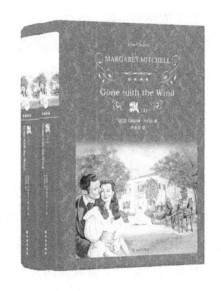

（二）作者简介

玛格丽特·米切尔是美国现代著名女作家，她于 1900 年 11 月 8 日出生于佐治亚州亚特兰大市的一个律师家庭，她的父亲曾经是亚特兰大市历史学会主席。在美国南北战争期间，亚特兰大曾于 1864 年落入北方军将领舒尔曼之手。后来，这便成了亚特兰大居民热衷的话题。自孩提时起，玛格丽特就时时听到她父亲与朋友们，甚至居民之间谈论南北战争。当 26 岁的玛格丽特决定创作一部有关南北战争的小说时，亚特兰大自然就成了小说的背景。玛格丽特曾就读于马萨诸塞州的史密斯学院，后因母亲病逝，家中需要她来主持家务，于是不得不中途退学。从 1922 年起，她开始用自己的昵称"佩吉"为《亚特兰大日报》撰稿，担任《亚特兰大新闻报》的记者。1937 年，她因长篇小说《飘》获得普利策奖。1949 年 8 月 16 日，她在车祸中罹难。尽管玛格丽特一生中只创作了这一部作品，但仅仅这一部《飘》便足以奠定她在世界文学史中不可动摇的地位。

由于家庭的熏陶，米切尔对美国历史，特别是南北战争时期美国南方的历史产生了浓厚的兴趣。她在家乡听闻了大量有关内战和战后重建时期的种种轶事和传闻，接触并阅读了有关内战的书籍。她自幼在亚特兰大成长，耳濡目染了美国南方的风土人情，这里的自然环境和社会环境成了米切尔文思纵横驰骋的背景和创作的源泉。

（三）译者简介

李美华，笔名忆泠，福建连城人；厦门大学外文学院教授、副院长，厦门大学比较文学与世界文学研究所副所长，福建省大学外语教学研究会副会长；美国哈佛大学、伊利诺大学和英国剑桥大学访问学者；中国散文学会会员，福建省作家协会会员；研究方向为英美小说、美国女性文学，在《外国文学研究》《当代外国文学》等核心期刊上发表论文 10 余篇，出版专著、译著、个人诗集及散文集多部，主要作品有专著《英国生态文学》《琼·狄第恩作品中新新闻主义、女权主义和后现代主义的多角度展现》，译著《飘》《德黑兰的屋顶》《动物农庄》，诗集《忆泠自选集——水声泠泠》《雪落无痕》，散文集《抒情的岁月——哈佛访学散记》《邂逅流年》及小说《永远没多远》等。

二、畅销盛况

美国女性主义文学起始于 19 世纪，并于 20 世纪开始蓬勃发展。女性主义的飞速发展与当时的社会环境、时代背景有着密切的联系。随着法国大革命所倡导的自由、平等、博爱及天赋人权等思想在整个世界范围内迅速深入人心，从 19 世纪 30 年代开始，一场为了争取女性在政治、经济、教育等方面平等的女权运动开始了，玛格丽特的《飘》就是在这种情况下问世的。

《飘》作为玛格丽特唯一的一部长篇小说，首次面世后便掀起了畅销浪潮。该书首次出版于 1936 年 6 月 30 日，打破了当时所有出版方面的纪录。仅 1936 年前 6 个月，其发行量便高达 1000 万册，日销售量最高达到 5 万册。尽管它标价 3 美元，却被炒到了 60 美元，而当时美国一处不错的旅馆，月租金也不过 30 美元。如此叫好又叫座的成绩，使它在 1937 年荣获了普利策奖和美国出版商协会奖。该书出版一周年时，销量已达 135 万册，平均每天近 3700 册。这无疑使《飘》成了出版界的奇迹，而这本书的初始出版商麦克米兰公司也因此成了最大的赢家。《飘》畅销时效并不短暂，直到 1937 年，《飘》仍位居最畅销书单的榜首。到 1938 年出版两周年时，该书的销量已经达到 150 万册。《飘》的出版还引起了许多欧洲国家的关注，在英文并不盛行的当时，很少有其他国家出版商对一本美国小说如此青睐。直至 1937 年夏天，丹麦、芬兰、德国、法国、瑞典、波兰、捷克等国家均已出版《飘》的不同语言译本。在德国仅用 5 周时间销量已达 4 万册；丹麦仅用 11 天就将第一版 1 万册售罄。

然而，《飘》的出版奇迹并未停止。自《飘》出版后，仍在不断重印。1986 年，也就是《飘》出版 50 周年时，出版商麦克米兰公司印制了 1936 年仿真版共计 6 万册，很快宣告售罄。同年夏天，《飘》再次荣登《纽约时报》畅销书榜长达 5 周之久，自此之后，《飘》每年都在重印，仅 2010 年，《飘》在美国及其他国家就印了 3000 多万册。1939 年年底，根据这部小说改编的电影《乱世佳人》获得巨大成功，让小说更加声名远扬，创下 200 万册和 16 种语言译本的惊人佳绩。截至 20 世纪 70 年代末期，小说被翻译成 27 种文字，畅销全球。

在我国，《飘》这部小说也十分畅销，1979 年 9 月，浙江人民出版社决定出版傅东华翻译的小说《飘》。同年 12 月，《飘》上册出版。首次印刷 60 万册很快售罄。译林出版社出版的平装版、精装版、插图版《飘》从 2000 年 9 月第一版起，印刷了 50 多次，以一次 1 万册计，印数共达 50 多万册。更重要的是，现在每年还在重印，电子版也已经上网销售。在当当网上，译林版本的《飘》从 2019 年 7 月截至 2021 年 5 月已售出 30 000 余本。

三、畅销攻略

20 世纪以来，美国女性主义文学进入历史上蓬勃发展的阶段，许多优秀女性文学作者走上文坛，进入大众视野。与此同时，美国女性主义文学的发展在一定程度上推动了女性自我意识、文化意识和女权意识的觉醒。在当时，美国女性主义文学主要以解构美国女性"他者"地位、推进美国女性的文化身份认同、塑造现代女性形象等主要内容，体现了美国女性艰难的思想发展历程。《飘》作为一部女性主义文学作品，尽管在呈现方式上依旧为传统直白的写作手法，但在内容上却体现了鲜明的时代特征。作品虽然是虚构类文学作品，但事件本身建立在真实社会背景之上，并非没有依据。可以说，从优质的内容到精心策划的营销策略无一不是《飘》这本书畅销的原因。

（一）吸引读者的内容

1.真实的社会历史背景

《飘》虽然在出版物种类划分上被列为虚构类小说，但其作者在创作这部小说的时候，相关的历史背景和社会背景并非凭空想象。《飘》是一部战争小说，它以南北战争，也就是美国内战为背景，并在此基础上进行创作。同时，由于作者身处的社会历史背景，再加上作者的亲戚很多是经历过南北战争的，这更使作品中大量对于土地、战争、社会情况的描写真实可信，从而具备一定的历史参考性。在创作作品时，作者还采访了许多内战的经历者，对许多事件进行核实，从而保证小说在推进故事发展的过程中能够使故事情节和真实社会的时间线相贴合，内容更加接近事实，从而引起读者共鸣。真实的社会和历史背景也可以让读者在了解真实历史事件的同时能够站在真实历史时间轴上更好地理解故事和人物特点。

2. 爱情主题

爱情一直是吸引读者的永恒主题，它贯穿于人们的生活中，无论是在战争年代还是和平年代，爱情都被人们所需要。爱情主题的作品一般承载着人们对爱情的美好向往。不可否认，《飘》是历史小说，是战争小说，同时更是一部爱情小说，这也是被广大读者认同的一点。在书中，女主人公郝思嘉对爱情的不懈追求成了这本书的主线，全书的故事发展都是以女主人公郝思嘉为基本点进行驱动的。与传统唯美的爱情小说不同，大多数爱情小说都有着或甜蜜或悲惨的过程和结局，但《飘》在对爱情的诠释上开辟了新的天地。小说通过对郝思嘉不同人生阶段的描写，呈现了郝思嘉在不同时期的爱情观，刻画了一位与当时社会爱情观格格不入的新女性。在当时的社会背景下，多数女性形象都是温婉而内敛的，而郝思嘉不同，她对待爱情是勇敢而大胆的，她敢爱敢恨，行动果断，十分典型。在该书中，女主人公郝思嘉一共经历了 3 次不太成功的婚姻，这些婚姻里充分融合了郝思嘉激情而自私的人物特征，几乎每次婚姻都充满目的性，但她在每次婚姻中又得到了成长。在不断经历的挫折中，郝思嘉的思想活动是变化的。起初的她一直沉沦于卫希礼对她造成的爱情伤痛，而她的不甘又导致她一直处于这种复杂感情的徘徊之中，正是这种徘徊使郝思嘉在白瑞德离开的时候最终感受到了爱情的真谛。于郝思嘉而言，她的爱情是非常追求实际的，她对卫希礼那种理想主义爱情与白瑞德脚踏实地的爱情有深刻的感受。精神生活也许可以超越物质生活，但精神生活的出发点永远是物质生活，就像郝思嘉在文本最后领悟到的："家园和土地是我们人生的起点，也是我们在经历了挫折后重新开始的地方——回到我的塔拉庄园！爱情的事明天再想！因为，明天又是新的一天！"郝思嘉的爱情成长路线，展示了女性追求爱情的大胆和勇敢，以及女性意识觉醒中重要的情感觉醒。

3. 文本写作手法

《飘》对于主题的呈现是多方面的，但是写作手法相对趋于传统，表述也更加直白。正是这种直白而传统的写作方式，更加能突出主题。作者在《飘》这部书中塑造了几个关键人物：单纯而复杂的郝思嘉，变化多端而专一的白瑞德，强大而脆弱的韩媚兰。郝思嘉利用自己并不突出的美貌和小聪明将男人"玩弄于股掌之间"，从而达成自己的各种目的。她的复杂表现在情感方面的混沌，又呈现了守护朋友与家人的单纯，她许多不合常理的做法都会引发读者的好奇心和思考。白瑞德冷静，具备时刻洞察事态发展方向的能力，他是南方反叛者的代表，可以游离在不同的阵营，只为赚取更多的金钱。但是白瑞德对郝思嘉的爱情是专一的，在战争爆发之际，郝思嘉与韩媚兰面临危机的时候，白瑞德可以不惜一切救她们，凸显了白瑞德对爱情的执着与人性的光辉。韩媚兰在小说中一直都是内心强大的女性，她集所有优点于一身，是几乎完美的存在，也是伟大女性的象征。她永远为别人着想，保持温柔和善良，对明天的一切充满希望。她似乎是强大的化身，但是她的身体是脆弱的，在为她的丈夫卫希礼诞下第二个孩子之后便永远地离开了人世。因此，在韩媚兰离世后，郝思嘉和卫希礼都受到了巨大的打击。这三个人物性格迥异而又缺一不可，看似矛盾的属性是他们成为支撑小说内容的关键点，也正是这些性格矛盾的人物，让小说的故事情节变得更加鲜活而生动。书中还有一个关键人物，就是使郝思嘉一直徘徊在感情不甘与愤怒之中的韩媚兰的丈夫——卫希礼。卫希礼在书中的形象是一个绅士，但是卫希礼在战争发生前后的转变，更加突出了郝思嘉鲜明而激情的人物性格。卫希礼在战前是优雅而高尚的，他的魅力吸引了郝思嘉，但战争发生后，他懦弱、忧郁而胆小的性格缺陷被放大，侧面体现了郝思嘉的勇敢与果断，从而更加衬托出郝思嘉内心的强大。

在写作手法的运用方面，《飘》所呈现的也是丰富的。其一是对比，对比这一修辞手法几乎贯穿全文，从女性与女性的对比到男性与男性的对比，最突出的就是郝思嘉对比韩媚兰，白瑞德对比卫希礼。韩媚兰的温婉、宽容、善良、淳朴的性格更加衬托了郝思嘉的桀骜不驯、利己、直爽、理性，她们二者看似是矛盾的，但实际上却是不可拆分的一体，就像是硬币截然不同的两面，无法分离。利用这种写作手法，更能够体现韩媚兰在郝思嘉成长过程中的作用，她强大的内心给予郝思嘉精神上的支撑，以突出韩媚兰离世后郝思嘉的悲伤与振作的过程。韩媚兰的去世让郝思嘉感悟到了新的人生意义，对于塑造郝思嘉的人物形象起到了至关重要的作用。该作品还采用了大量隐喻的写作手法。小说《飘》的英文题目为 *Gone with the Wind*，取自英国诗人厄内斯特·道森的长诗《辛拉娜》，主要指南方的奢华被北方洗劫殆尽，曾经的一切都化为乌有，随风飘去。小说题目《飘》是对饱受冷遇的南方民众的隐喻。在战争中，南方民众流离失所，北方士兵对南方民众的暴掠在小说中暴露无遗。书中第24章在郝思嘉离开塔拉时对其有一段这样的描述："塔拉还赫然耸立在那吗？还是说塔拉已经随着席卷整个佐治亚州的风暴飘然而去了呢？""席卷整个佐治亚州的风暴"可以理解为当时的美国内战，从前文的"一小团乌云"到"暴风雨"再到"龙卷风""席卷了她的整个世界"可以看出，这里把战争的变化隐喻为天气的变化，将郝思嘉的生活、家园卷走了。在历史上，南北战争是美国历史上规模最大的一场内战，战争之初，北方为了维护国家统一而战，后来演变为一场消灭奴隶制的革命战争。南北战争给当时的欧洲观察家留下了深刻印象。卡尔·马克思说："南北战争代表了军事史上绝无仅有的重大意义战争——具有极伟大的、世界历史性的、进步的和革命的意义。"对于南方的奴隶主和农场主而言，他们世代相传的生存方式和社会制度并非他们所决定，但由于战争，这一切都被毁灭了。作者通过隐喻的方式，表达出自己对南北战争所持有的观点。他们以前生存的安稳的家园和幸福的生活也随着这场"暴风雨"般的战争而去了。在写作的过程中，作者大部分都依照南北战争的事件发展线，以郝思嘉的视角推动小说情节的发展。小说文字直白，情节发展的反转和意想不到的进展时时刻刻吸引着读者。小说中还有大量环境描写，用来衬托人物的心情和当时社会背景。对土地的描写也是小说的一大亮点，小说的第 2 章提到了土地，这里的土地不仅指土地，而且是郝思嘉的家园，这种对于家园的描写是贯穿全文的线索，而郝思嘉的家园情结也是成就她人物性格的一个要素，在绝望中迸发希望的光明，从而产生"毕竟，明天又是另外一天了"这种正向的人生感悟。

4. 对女性主义的思考

作者对于郝思嘉人物性格的塑造截然不同于当时社会的女性形象，必然会引发人们对女性主义的思考。《飘》在打破出版界各种纪录的同时，也竖起了女性主义文学的大旗。在当时的社会，特别是男权主义稳固发展的社会，女性被认为是男性的附属品，并且这一观念在很长一段时间内都是正确的。在男性主导的文学创作中，女性形象被理想地认为应该是温柔、善良、乖顺的，她们顾家，甘愿为一个家庭付出一生，她们就像天使，纯洁，没有污染，而男人就是她们唯一的依靠，她们需要报之以美好、安分。不过在 18 世纪末，随着资本主义的不断发展，人类思想得到了一次大解放，男性在争取人类自由的时候，女性也惊觉自由于其同样重要。于是在注入革命因子后，女性意识开始成长，《女权宣言》于 1789 年发表，首届女权大会在 1848 年的美国举行，并发表《权利和意见宣言》，美国独立的女性运动也由此开始，并在源源不断的新生力量加入后，坚持不懈地追求平等的权益。在美国南北战争期间，已经出现较为进步的女性组织，在推动女性运动方面也更加深入，开始使思想与行动结合，重视实际的成效，争取女性的平等权利。20 世纪上半叶，美国妇女经过了漫长的女性运动后终于获得了选举权，在政治上取得了一定的自主权，这将全球妇女运动推向了高潮。米切尔的母亲是一名女权运动活动家，米切尔深受家庭影响，在思想和活动中都表现出坚定的女性主义。因此，《飘》中郝思嘉的诞生，不但展示了女性大胆追求爱情的精神，还展示了女性获取经济独立和话语权的积极性，促进了女性情感意识和事业意识的觉醒，促使人们对女性主义进行思考。

（二）符合大众的精神追求

1.家园情怀

尽管《飘》所描述的故事处在战乱时期，但是带给读者的内容是积极向上的。郝思嘉的整个人生都与塔拉有着密不可分的关系。米切尔没有以美女骑士为主角，却以北佐治亚的乡绅为描写的对象；没有描写大庄园里白色圆柱搭建的豪宅，却对准红土地田野上结构凌乱的塔拉种植园进行了大量的描写，增强了郝思嘉的家园意识。书中这样写道："'土地是这世界上唯一了不起的东西，'他大声叫喊着，短而粗壮的胳膊奋力挥舞着，显得愤怒极了，'它是这世间唯一永恒的东西，这点你千万别忘了！它是唯一值得为之工作、为之奋斗——为之献身的东西。'"当时的郝思嘉沉浸在自己爱慕已久的卫希礼将要结婚的痛苦之中，不能深刻地理解父亲的意思，而在郝思嘉担起生活的重担之后，她才真正地意识到了父亲这句话的含义。现实的残酷加速了郝思嘉的成长，她发誓要深深扎根于塔拉，扎根于土地。她努力地经营着庄园，以便为家人和卫希礼一家提供生活保障。自此之后，庄园便成了郝思嘉的精神支柱，只要塔拉的土地还在，无论遇到再多的挫折和打击，她始终心存希望，坚信生活的美好。这片土地给予了郝思嘉继续活下去的决心和勇气。小说对环境和情感的描写充分阐释了郝思嘉对土地的忠诚与依恋。因此，在如此大的社会变革下，在别人都沉浸在战乱的悲伤中时，郝思嘉依旧在思考如何保卫自己的家园。

人类对于土地的热爱是亘古不变的，无论在东方还是西方，这一特性在古代文化和神话故事中都能得到印证。我国有女娲造人；西方则是上帝用泥捏出了亚当和夏娃。可以看出，不同文明中的人类都选择将土地作为生命的"本源"，人们对土地的热爱是共同的，经过千百年的文化沉淀与历史传承，这种热爱已经慢慢地在人们心中生根发芽，成为永恒的家园情结。在《飘》中，美国正处于南北战争时期，动荡的年代永恒不变的只有土地，这种永恒不变便是人们精神的寄托之处，而对土地的热爱和守望也正是全世界人们从古至今、永恒不变的追求。

2. 曲折的爱情故事

与传统爱情主题小说不同，郝思嘉的爱情，更准确地说是婚姻，是曲折而坎坷的。故事的历史背景仍是男尊女卑的社会，郝思嘉的人物形象塑造对当时的社会而言本身就是一种挑战。她是家里的千金小姐，才貌双全，没有什么是她得不到的。与此同时，她还具有常人不具备的反叛精神和过人的果敢。而这样一个胆识过人的大小姐在爱情方面却是过分理想化的，在私奔计划被卫希礼拒绝后，她一直没有忘记他，即使她后来结婚，她的内心依旧爱慕着卫希礼，然而她在爱情上一无所获。她的第一次婚姻是为了报复卫希礼而选择嫁给了韩媚兰的弟弟查尔斯，第二次婚姻为了守卫家园和生存选择了嫁给了妹妹的未婚夫弗兰克，最后她为了物质和精神的满足而嫁给白瑞德。尽管郝思嘉认为自己一直都爱着卫希礼，但在卫希礼失去韩媚兰的时候，她看到了卫希礼的软弱，这段毫无收获的单相思划上了句号。在郝思嘉的第三段婚姻中，她已经从白瑞德那里收获了物质和精神上的满足，但她并不知道自己已经对白瑞德产生了好感，甚至爱上了白瑞德，然而因为自己对爱情的不确定与徘徊，白瑞德最终离她而去，第三段本该美满的婚姻最后也以白瑞德的离开收尾。郝思嘉的婚姻令人惋惜，但造成这种结局的不仅仅是郝思嘉自身的问题，更可能是当时的社会环境和历史背景。

3. 女性主义的崛起

郝思嘉形象的塑造对女性主义的崛起起到了重要的推动作用。从女性主义角度而言，郝思嘉可以称得上是一位"勇者"，她的所作所为冲击着当时男尊女卑的社会，而导致她悲剧结尾的正是传统社会价值观和现实的矛盾。郝思嘉同时具备了男性品质和女性品质，在战争来临之际，她过人的生存能力和经商头脑使她超越了大多数女性，而她最后婚姻的悲剧也使她回归女性。在《飘》中，与男权主义社会不断对抗的郝思嘉和完美继承传统观念的韩媚兰形成了鲜明对比，两种女性形成了两种观念，不断拉扯，而书中韩媚兰最后的死也预示着传统价值观念已经不适合社会发展，终将消亡，但同时书中也写出了郝思嘉对韩媚兰的认同，这表现了郝思嘉对传统观念的矛盾心理，同时从侧面反映了面对根植深处的传统价值观念，不管是书中还是现实中的女性，在争取平等自由方面还有很长的路要走，需要一代代女性不断继承发展，从而才能保证女性主义的不断成熟，并最终获取平等。

4. 微妙的平等关系

等级制度是当时南方社会秩序的基石。在种植园，等级制度不仅体现在主人与奴隶之间，也体现在奴隶内部。在社会层面，等级制以文明与野蛮、富裕与贫穷等形式表现出来。美国内战解放了黑奴，社会结构发生了翻天覆地的变化。在这种情况下，新任家主郝思嘉在家庭内部打乱了原有的各种等级制度，亲自带着妹妹下田干活。在当时的社会，阶级制度已然根深蒂固。在郝思嘉的家庭内部，存在着一种微妙的平等关系。黑人嬷嬷配合埃伦（郝思嘉的母亲）培养郝思嘉，并对郝思嘉不合礼制的行为进行干预。在埃伦去世后，黑人嬷嬷自动担任了郝思嘉监护人的角色，对郝思嘉和白瑞德的婚姻进行激烈的阻止，郝思嘉并不理解嬷嬷的心思，但聪明的白瑞德却懂得，他对嬷嬷十分尊重。因此，尽管嬷嬷反对他们的婚姻，婚后长期对他保持着对乡绅们惯有的礼貌却冷漠的态度，但他对嬷嬷的尊敬程度远远超过了他对郝思嘉新认识的所有太太的尊重，甚至对郝思嘉说嬷嬷才是他们家"真正的当家人"。

（三）附属产品维持常销

一本畅销书能否常销，营销是重要的一环。《飘》的出版在当时打破了所有出版的纪录。在《飘》的后续销售过程中，电影的宣传和周年活动的举办成了《飘》常销的重要因素。在《飘》出版 3 年后，1939 年，以《飘》为蓝本改编的电影《乱世佳人》成功上映。1940 年，影片《乱世佳人》获得第 12 届美国奥斯卡金像奖最佳影片、最佳导演、最佳电影剧本、最佳女主角、最佳女配角、最佳彩色摄影、最佳艺术指导、最佳剪辑 8 项大奖。同年，电影《乱世佳人》引进到国内，在上海上映 40 多天。电影最初译为《随风而去》，后来改为《乱世佳人》。电影《乱世佳人》是世界电影史上的经典，其在美国电影院线先后重映了 5 次，分别是 1954 年、1961 年、1967 年、1989 年和 1998 年。2017 年第 7 届北京国际电影节和 2019 年第 9 届北京国际电影节，电影《乱世佳人》分别亮相"经典修复单元"和"特展单元"，一票难求。电影的拍摄与放映也扩大了原版书籍的名声，促进原版书籍的售卖。除此之外，麦克米兰公司也为《飘》出版周年日策划了相关活动。1986 年，《飘》出版 50 周年时，麦克米兰公司印刷了 6 万册 1936 年 5 月版的仿真本，很快宣告售罄。

（四）译林版本《飘》的销售优势

译林出版社出版的《飘》具有的优势可以从以下四点来阐释。第一，出版社自身优势。译林出版社成立于 1988 年，是国家一级出版社，是以世界文学为主要出版方向的综合性出版社，拥有经验丰富的编译和选题开发团队，具备较强的专业优势，排名位于同类出版社前列，是国内最具影响力的出版社之一。译林出版社有着自身的专业优势，在出版外国文学方面具备一定的业内名气，拥有稳定的粉丝群。第二，国内《飘》的版本很多，译林出版社出版的《飘》的翻译版本较其他版本而言更新，更贴合当今社会人们的阅读和理解方式。例如，译林版本中将外国人名全部译为中文姓名，如将"斯嘉丽·奥哈拉"译为"郝思嘉"，这样更有助于读者厘清书中人物关系。再如，傅东华译本中的地主，译林版本中译为庄园主，译者从西方角度翻译内容，可以帮助读者切身感受当时的社会文化，引导读者进入故事内容。第三，译者本身的水平也是非常重要的一点。李美华老师不仅是厦门大学外文学院教授，还是中国散文学会会员。她的研究方向是英美小说、美国女性文学，她曾多次发表相关学术论文，还有多部译著。李美华老师的专业功底十分深厚，相较于其他版本，李美华老师翻译的版本不仅能够让读者更易理解文本内容，还充分地体现了《飘》所体现的当时的西方文化背景。她的译文细腻优美，对于一些细节的处理恰到好处，能够突出人物的内心活动和个性。第四，《飘》本身的文学价值和艺术魅力。作为一部打破了诸多出版纪录的文学作品，《飘》的内容和艺术性在销售优势上的表现不可小觑。总之，对于翻译作品而言，优秀的原版作品和出色的译者是相辅相成的，两者的完美结合为译林版本《飘》的畅销奠定了坚实的基础。

四、精彩内容欣赏

嘉乐即刻看透了她沉默的原因，他拍拍她的胳膊，得意地说："好了，思嘉！你也承认我说的这点是对的吧？若嫁了像希礼这样的丈夫，你又能做些什么呢？他们全都是神经错乱的人，卫家所有的人都一样。"然后，他又哄着她说："刚才我提到塔尔顿家的人，我并不是在推销他们。他们都是挺不错的小伙子，但是你如果对凯德·卡尔特有意的话，这于我并没有什么不一样。卡尔弗特家的也都是好人，全家人都是，尽管老头儿娶了个北方佬。在我离开这个世界以后——你别说话，亲爱的，先听我说！我会把塔拉留给你和凯德——"

"你要把凯德放在银盘上送给我，我才不要呢。"思嘉愤怒地大叫起来，"我希望你不要再把他推销给我了！我才不要塔拉或是什么老旧的种植园呢。种植园有什么大不了的，特别是在——"

她正想说"在你得不到你想要的男人之后"，可嘉乐却早被她对自己提供的礼物如此轻慢给激怒了，在这世界上，除了埃伦以外，种植园就是他的最爱。他不禁大吼起来。

"郝思嘉，你站在那就是要告诉我塔拉——那片土地——没什么大不了的吗？"

思嘉固执地点点头。她太伤心了，根本顾不上会不会惹爸爸生气。

"土地是这世界上唯一了不起的东西，"他大声叫喊着，短而粗壮的胳膊奋力挥舞着，显得愤怒极了，"它是这世间唯一永恒的东西，这点你千万别忘了！它是唯一值得为之工作、为之奋斗——为之献身的东西。"

"噢，爸爸，"思嘉厌恶地说，"你就像个爱尔兰人一样在说教！

"难道我曾为此感到不光彩过吗？不，我为此感到非常骄傲。你可别忘了，你也是半个爱尔兰人，小姐！对每个哪怕只有一丁点爱尔兰血统的人来说他们赖以生存的土地就像他们的母亲一样。此时此刻，我倒是为你感到羞耻。我要把世界上最美的土地送给你——除了老家的米斯县，就数它漂亮了——可你都做了些什么？你竟然对它嗤之以鼻！"

嘉乐大喊大叫着发泄怒气，正说得来劲，这时，思嘉愁眉不展的脸上那种悲苦的神情使他停了下来。

"当然，你还年轻。但是你会慢慢爱上土地的。如果你是爱尔兰人，你就无法摆脱这种爱。你还只是个孩子，只会为你那些男朋友而烦恼。等你更大一些，你就会明白这……好了，你能不能打定主意跟凯德或是塔尔顿家那两个孪生兄弟，亦或是埃文·芒罗家的少爷呢，瞧我怎样把你风风光光地嫁出去！"

"噢，爸爸！"

到了这时候，嘉乐对这谈话已经完全感到厌烦了，而且这个问题居然落到他肩上，他也为此极端地烦恼。再说，他把县里最出色的男孩都提出来了，还要把塔拉送给思嘉，可她看上去还是悲悲凄凄的，他为此感到很愤愤不平。嘉乐喜欢别人拍着双手、用亲吻来接受他的礼物。

"好了，别再撅着嘴了，小姐。你跟谁结婚，这并不重要，只要他跟你情投意合，是个上等人，又是南方人，而且又体面，这就行了。女人都是先结婚然后才有爱情的。"

"噢，爸爸，那是爱尔兰的老观念了！"

"可这是个相当不错的观念！你瞧瞧这里的人，尽在忙乎什么为爱而结婚这类美国的玩意儿，就像那些下人和北方佬一样！最美满的婚姻就是那些父母做主为女儿选择的婚姻。因为像你这样的傻孩子怎么能够把好人和坏蛋区分开来呢？你看看卫家的人，到底是什么使他们能够几代相传，赫赫扬扬呢？不就是因为他们总跟他们的同类人结婚，老跟他们家一向相中的表亲通婚吗？"

"噢。"思嘉叫出声来，嘉乐的话使她认识到，这一可怕的事实是在所难免的了。痛苦又重新袭上她的心头。嘉乐看她低着头难过的样子，不安地把脚在地上蹭来蹭去。

"你不会是在哭吧？"他笨拙地摸着她的下巴，想把她的脸扬起来，自己也愁眉紧锁，满脸充满怜爱。

（节选自《飘》第 37-38 页）

她默默地看着他走上楼梯，觉得自己都要被喉咙里的痛苦勒死了。随着他的脚步声在楼梯上的过道里渐渐消失，这世界上最后一件重要的东西也已随之而去。现在她知道，无论什么情感的召唤和理由都无法把那个冷静的头脑从其定论中拉转过来了。她现在知道，他说的每个字都是认真的，虽然其中一些话是轻描淡写地说出来的。她之所以知道，是因为她从他身上感觉到了一些有力、顽强、无法平息的东西——这一切品质，她曾经在希礼身上寻找过，但她从来就没有找到。

她从来都不理解她爱过的两个男人，所以她失去了他们。现在，她依稀觉得，如果她过去了解希礼，她决不会爱上他；而如果她过去了解瑞德，她决不会失去他。她孤苦伶仃地想，在这世界上，自己到底有没有真正了解过什么人。

现在，她的头脑里有了一种颇受欢迎的麻木感。从漫长的经历中，她知道这种麻木感马上就会变成剧痛，甚至像肌肉受到切割一样，在受到医生的手术刀的惊吓以后，在痛苦开始以前暂时失去知觉的麻木感。

"我现在不能想这个。"她阴郁地想，使起过去那个护身符来，"如果我现在去想失去他的事，我会发疯的。我明天再去想好了。"

"可是，"她的心在呐喊，把护身符抛在一边，开始感到一阵痛楚，"我不能让他走！一定有什么办法的！"

"我现在不能去想这个。"她又说道，说得很大声，试图把她的痛苦推到脑后去，也试图寻找一道防波堤来拦住那越升越高的痛苦的浪潮，"我要——哦，我明天要回塔拉的家中去。"她的精神稍稍好了一些。

她曾经在恐惧和失败中回到塔拉去。在它的保护墙下，她重新站了起来，强大起来，准备好重新去赢得胜利。她曾经做过的事，不管怎么样——求你了，上帝，她一定能再次去做的！怎么做，她还不知道。她现在也不想考虑这一点。她需要有个呼吸的地方让她去伤心，有个安静的场所让她去舔愈伤口，有个让她规划自己的战役的避难所。她想到塔拉，就好像有只温柔、冰冷的手拂过她的心田一样。她似乎看见了那所白色的房子在正在变红的秋叶中闪着光亮对她表示欢迎，似乎感觉到乡间黄昏中那悄然无声的灌木垂到她的头顶，像在为她祝福，感觉到露珠滴落到一英亩一英亩点缀着星星点点羊毛似的白棉花的绿色棉花丛上，看到红土那自然的红色以及绵延的小山上那漂亮的暗黑色的松树林。

她隐隐觉得得到了一些安慰，那画面使她坚强了一些，一些伤痛和狂乱的痛悔感从脑海的顶部被推到了脑后。有一会，她站在那，回忆着一些细小的东西——通向塔拉、两旁种着翠绿雪松的林荫道、长着栀子花丛的河岸紧挨着白色墙体的那一片鲜绿、飘动的白色窗帘。嬷嬷也会在那。突然，她想要嬷嬷想得要命，就像她小时候想要她那样。她需要她那宽大的胸脯，好让她把头枕在其中，要她那皱纹密布的黑手捋着她的头发。嬷嬷，那是联系着过去岁月的最后一根纽带了。

她家的人是不知道什么是失败的，哪怕是失败已经在面对面盯着他们也白搭，这股精神使她扬起了下巴。她能够重新得到瑞德。她知道她做得到。还从来没有过她得不到的男人，只要她下定决心要得到他。

"我明天再想这事好了，到塔拉去想。那时我就承受得了了。明天，我要想个办法重新得到他。毕竟，明天又是另外一天了。"

（节选自《飘》第 1045-1047 页）

五、相关文献推荐

[1] 侯利军.《飘》中的女性主义思想分析 [J].黑河学院学报，2020，11（11）：146-148.

[2] 肖瑛.变革时代的家与个人：对《飘》的解读 [J].学海，2021（1）：32-53.

[3] 李美华.《飘》：从畅销到经典 [J].译林，2014（6）：38-41.

[4] 杨桂琴.《飘》中"他者"形象的瓦解与构建 [J].海外英语，2021（6）：228-229，238.

（执笔人：郑佳悦）

案例五：《了不起的盖茨比》

一、图书基本信息

（一）图书介绍

书名：《了不起的盖茨比》

作者：[美] 弗·司各特·菲茨杰拉德

译者：巫宁坤等

开本：32 开

字数：181 千字

定价：38.00 元

书号：ISBN 9787532748983

出版社：上海译文出版社

出版时间：2009 年 10 月

（二）作者简介

弗·司各特·菲茨杰拉德，20 世纪美国作家、编剧，1896 年 9 月 24 日生于美国中西部明尼苏达州圣保罗市。他的一生短暂，创作生涯充其量不过 20 年，却留下了 4 部长篇小说和 160 多篇短篇小说，使其成为 20 世纪最重要的美国小说家之一。他年轻时试写过剧本，读完高中后考入普林斯顿大学。在校时曾自组剧团，并为校内文学刊物写稿，后因身体欠佳，中途辍学。1917 年他应征入伍，终日忙于军训，未曾出国打仗，退伍后坚持业余写作；1920 年出版了长篇小说《人间天堂》，轰动一时，小说出版后他与吉姗尔达结婚，婚后携妻寄居巴黎，结识了安德逊、海明威等多位美国作家。1925 年，《了不起的盖茨比》问世，奠定了他在现代美国文学史上的地位，成了 20 世纪 20 年代"爵士时代"的发言人和"迷惘的一代"的代表作家之一。1940 年 12 月 21 日，他病逝于洛杉矶，年仅 44 岁。菲茨杰拉德不仅擅长写长篇小说，短篇小说也颇有特色。除上述两部作品外，主要作品还有《夜色温柔》（1934）和《最后一个巨商》（1941）等。他的小说生动地反映了 20 世纪 20 年代"美国梦"破灭后大萧条时期美国上层社会"荒原时代"的精神面貌。

（三）译者简介

巫宁坤，1920 年 9 月生，江苏扬州人，中国著名翻译家、英美文学研究专家。翻译作品包括《手术刀就是武器——白求恩传》《了不起的盖茨比》，以及萨尔曼·拉什迪、约翰·斯坦贝克、克里斯多夫·伊修武德、亨利·詹姆斯、狄兰·托马斯等英美名家的小说和诗歌。其晚年著有回忆录《一滴泪》、散文集《孤琴》等。

二、畅销盛况

《了不起的盖茨比》是美国 20 世纪最有代表性的小说之一。美国兰登书屋的《当代文库》编辑小组于 1998 年 7 月评选的 20 世纪最佳英文小说中，《了不起的盖茨比》排名仅次于《尤里西斯》，位居第二。同时，它还获得美国哈佛大学莱德克里弗学院 100 部最佳小说第一名，并成为美国高中生必看的经典文学作品。

《了不起的盖茨比》在中国的流传起步较晚，直到 20 世纪 70 年代乔志高翻译的中文译本才在中国港台地区广泛流传。大陆地区则于 1983 年由上海译文出版社将其介绍给全国读者。虽然该书进入中国大陆图书市场仅仅 20 余年，但其重译版本层出不穷，至今已有 50 余个不同译者的译本。特别是 21 世纪以来，除了发行该书的全译本，编译、缩译和中英文对照等不同中文译本也纷纷出现在各大图书市场，以满足各个层次读者的不同需求。

三、畅销攻略

（一）书名富有悬念，抓住流量密码

每一本书出版面世之前，都免不了编辑与作者之间的斗智斗勇，特别是编辑与作者关于书名的争论。读者选购图书，首先映入眼帘的便是书名，一个优秀的书名，往往能揭示一本书的核心内容和阅读亮点，也能直接传递出版者的编辑理念和读者定位。成功的书名能恰当地迎合读者的阅读期待，激发读者阅读和购买的兴趣，抓住流量密码。

1925 年，《了不起的盖茨比》的出版，一举奠定了菲茨杰拉德 20 世纪美国最伟大小说家之一的地位。该书英文版名字是 *The Great Gatsby*，但在这之前，菲茨杰拉德和编辑麦克斯·珀金斯曾否决了 9 个书名——《长岛的特立马乔》《特立马乔或盖茨比》《金帽盖茨比》《高跳爱人》《在灰堆与百万富翁之间》等才最终敲定书名。

其中，《长岛的特立马乔》这个书名中，"长岛"指的是小说中故事的发生地，"特立马乔"则是《森林之神》里面的富翁，故事中引用了他的"典故"，以此来映射盖茨比。但将美国文学推向巅峰的"超级星探"珀金斯认为，这个书名虽然具备艺术性，但缺乏营销价值，他说"这个书名没有人会喜欢的"，而《了不起的盖茨比》这个书名"既有启发性，又能表达你本人的意思"。

事实证明，珀金斯的眼光和抉择是正确的。《了不起的盖茨比》不仅使

主人公盖茨比的大名一目了然，而且设置了悬念，盖茨比是谁？他为什么了不起？吸引了读者的阅读兴趣，拔高了书籍的格调层次，提升了作品的营销价值。

（二）神话叙事格调，作者时代交融

对于了解菲茨杰拉德或是阅读过他其他作品的人，爵士时代绝对是一个高频词汇，这个词已经成为菲茨杰拉德的代名词。提到他，人们总会这么说——"爵士时代的代表作家"。小说描写的20世纪20年代是美国社会发展的分水岭，菲茨杰拉德用"爵士时代"定义了这段历史时期。他在1931年回顾这一时代时写道："这是一个奇迹的时代，一个艺术的时代，一个嘲讽的时代，一个放纵的时代。"越是这样的时代，越是会孕育出伟大的作品。

爵士时代是指1920年至1930年，这是一个经济持续繁荣的时期，在美国和西欧具有独特的文化优势，蕴含着强烈的社会、艺术和文化活力。这一时期又被称为"咆哮的20年代"，它始于北美，又因"一战"结束影响传至欧洲。欧洲自"一战"以后饱受经济衰退的困扰，因此一直致力于恢复元气，但美国没有支援反而倾向于采取孤立主义政策。最终，1929年华尔街股灾结束了这个时代。

爵士时代的精髓可以被描述为现代主义与反传统精神的某种不协调结合。爵士乐和舞蹈在反对第一次世界大战的情绪中备受欢迎，菲茨杰拉德和爵士时代的重要联系就在于，他被广泛地认为是创造这个术语的人。《爵士时代的故事》(*Tales of the Jazz Age*)在1922年发表，这是"*Jazz Age*"这个词首次出现。这个词与菲茨杰拉德更深的渊源在于，他孜孜不倦地在他的作品里讲述着属于爵士时代的故事，同时自己也深深地融入这个裹挟着淡淡的忧郁和华美绚丽梦境的时代。以《了不起的盖茨比》为例，盖茨比为了吸引旧恋人黛西光顾，没日没夜地举办着宏伟绚烂的聚会，每晚纽约城的名人都光顾他的宅邸，喝美酒、

听爵士乐，纵情狂欢，这体现了爵士时代的特色；盖茨比代表依靠投资发家的新兴资产阶级，在私交的聚会中吸引来的宾客也都是新兴行业中的利得者，而美国的新兴产业也正源于"咆哮的 20 年代"带来的经济红利。

作家们通常在写作表达自己对时代的观察，即便写的是历史体裁小说，背后也会有这种变相的观察。但是很少有作家可以像菲茨杰拉德那样，个人与时代是血和肉的构成。

菲茨杰拉德并不是一位旁观的历史学家，而是"爵士时代"纵情的参与者，正因他完全融入自己的作品中，才能在《了不起的盖茨比》中栩栩如生地展现那个时代的社会风貌、生活气息和感情节奏，以诗人和梦想家的气质为"爵士时代"吟唱华丽挽歌。

（三）内容构思巧妙，主题聚焦深刻

"盖茨比"的了不起不仅在故事，而且在这个简单的故事映衬了一个鲜明的大时代。《了不起的盖茨比》是一个关于"美国梦"的时代寓言，也是作家本人"灵魂的黑夜"的投影，既映射特定的时代，又展现永恒的人性。作者通过自身对美国生活的体验，描写了"美国梦"破灭的悲剧。《了不起的盖茨比》对金钱梦与爱情梦的破灭夸大渲染，聚焦了一个深刻的主题：即使盖茨比拥有再多的财富，他的精神与情感上仍然一文不名。物质财富丰富，精神财富匮乏的状态，造就了盖茨比情绪上的不稳定，盖茨比的悲剧无疑是对"美国梦"价值体系的严厉批判，是从新的角度来诠释"美国梦"的金钱观。在 20 世纪 20 年代到 30 年代黑暗与空虚的社会环境下，盖茨比的梦想注定会破灭。

"美国梦"发展于 19 世纪，是一种相信只要经过努力不懈的奋斗便能在美国获得更好生活的信仰，亦即人们必须通过自己的勤奋工作、勇气、创意和决心迈向富裕，而非依赖于特定的社会阶级和他人的援助。盖茨比就是一个"美国梦"象征意义的角色，他家境一般，却有着超越自己所在阶级的财富梦想，

同时他也在一定程度上达成了"美国梦",在短短几年时间内积累了大量的财富,成为新兴资产阶级的代表,随后展开了对于自己爱情的追逐。盖茨比的人生历程,就是菲茨杰拉德给出的他对于"美国梦"的看法。

《了不起的盖茨比》呈现了每个阶级的排他性。汤姆和黛西所在的社群永远都是先守护自己的利益,他们很难接纳像盖茨比这样的新兴资产阶级,"美国梦"对于阶级壁垒的理想化处理在盖茨比的死亡中被无情打碎。虽然盖茨比效仿上层社会人的生活方式,但其本质上还是下层人出身。盖茨比不顾残酷的现实,一味沉浸在梦想之中,注定以失败告终。

盖茨比的故事告诉读者,如果一种梦想只是对物质的追求及对成为"大人物"的渴望,缺乏对为什么要拥有财富和拥有了财富后究竟应该怎样生存这样一些具有人类终极意义的问题的思考,这样的梦想终究是海市蜃楼,必定是短视和没有延续力的。

(四) 绝美小说文笔,独特写作技巧

菲茨杰拉德在《了不起的盖茨比》中运用了许多高超的写作技巧。他以爱情为切入点,围绕盖茨比的"爱情梦",理想与现实的冲突得以体现。小说采用第一人称的叙事手法,尼克既是整个故事的叙述者,又是参与者;这种个性化的叙述是作家本人的声音,同时也是叙述人向读者讲述的声音,在小说的情节中与盖茨比这一人物相互配合,使感情和思想的层次性得到了充分体现。

小说文笔优美,得益于比喻、拟人等修辞手法的运用,而且不落俗套。例如,描写夕阳的余晖离开贝克小姐的身上,"每一道光都依依不舍地离开了她,就像孩子们在黄昏时分离开了一条愉快的街道那样"。写满身尘土、毫无生气的威尔逊走向办公室:"他的身影马上就跟墙壁的水泥色打成一片了。"这句话形象生动地揭示了这个人物的本质,拟人手法令人耳目一新。菲茨杰拉德喜

欢用隐喻，如他用人名来隐喻，黛西（Daisy）在英文中是一种花名，花中间黄周围白，暗示着金钱与空虚同处，殷实的物质生活不能代替和超越空虚无聊的精神生活。

小说还大量运用了象征手法，最为突出的是色彩及与特定色彩相关的器物和自然事物所形成的象征意象起到了暗示人物本性、反映时代特征、深化和丰富小说主题意义的重要作用，如黛茜家码头的那盏"绿灯"，灰谷、飞蛾、艾克尔伯格医生的眼睛等。通过象征手法的运用，理想与现实相互渗透，增加了作品的浪漫色彩。

（五）封面设计新颖，装帧策划精良

如果将图书看作一种产品，那么封面就好像是外包装，是书籍同读者之间的接触点。在书店高高的木制书架上，对于这些内容大同小异的经典套书来说，封面的作用尤其关键。封面打动人心，才能在竞争中脱颖而出，维护良好的品牌形象。

2009 年上海译文出版社推出小开本、硬封精装的"译文经典"系列，涵盖了哲学、小说、艺术、文学等多种类目，因其封面主图的花布图案，这一系列又被广大读者称为"窗帘布"系列，颜色艳丽，丰富多彩，在书店的架子上一字排开十分霸气，吸引了很多读者。该系列起初只是少量发行，由于广受好评，之后不断增加种类，出版历经 11 年，累积 130 册。《了不起的盖茨比》便是最初收录其中的一本，封面选取鲜艳华丽的红色系花布，兼顾质感和美学设计，同时映射了小说奢华的大时代背景，灯红酒绿，纸醉金迷，锁线精装，让人眼前一亮，爱不释手。无论是资深书迷冲着上海译文出版社口碑而来，还是文艺青年冲着高颜值收藏而购，"译文经典"系列都是书桌上的不二之选，深受读者喜爱。

（六）改编电影热映，新兴媒体助推

在大众消费时代，《了不起的盖茨比》借助新兴媒体实现了文学经典的大众化，提高了知名度和关注度，激发了现代社会的人们重拾文学经典并从中吸取营养和精神力量。该小说同名影片上映后，成功实现了文学经典与影视艺术在传播层面的相互促进，《了不起的盖茨比》原著小说开始在各实体书店和网络书店热销，在某种程度上促进了文学经典的普及。《了不起的盖茨比》于1925年出版后，分别于1926年、1949年、1974年、2000年和2013年被改编后搬上荧幕，形成了良好的传播效果。尤其是2013年8月30日同名电影在中国上映，产生了强烈的社会影响和读者效应。应用百度指数工具我们可以得到关键词"了不起的盖茨比"在百度的搜索指数，2013年9月1日至2013年9月7日这一周关于"了不起的盖茨比"的搜索指数达到了最高值90.219，而且与其他时间段的搜索指数相差极大；搜索指数在达到峰值之后，虽然有所回落，却仍然高于之前的平均水平。由此可以直观地看出，2013年8月30日上映的《了不起的盖茨比》产生了巨大的影响力。改编电影使接触文学著作的方式更为丰富，传播速度更加迅速，效果也愈加明显。

四、精彩内容欣赏

我年纪还轻，阅历不深的时候，我父亲教导过我一句话，我至今还念念不忘。

"每逢你想要批评任何人的时候，"他对我说，"你就记住，这个世界上所有的人，并不是个个都有过你那些优越条件。"

他没再说别的。但是，我们父子之间话虽不多，却一向是非常通气的，因此我明白他的意思远远不止那一句话。久而久之，我就惯于对所有的人都保留判断，这个习惯既使得许多怪僻的人肯跟我讲心里话，也使我成为不少爱唠叨的惹人厌烦的人的受害者。这个特点在正常的人身上出现的时候，心理不正常的人很快就会察觉并且抓住不放。由于这个缘故，我上大学的时候就被不公正地指责为小政客，因为我与闻一些放荡的、不知名的人的秘密的伤心事。绝大多数的隐私都不是我打听来的——每逢我根据某种明白无误的迹象看出又有一次倾诉衷情在地平线上喷薄欲出的时候，我往往假装睡觉，假装心不在焉，或者假装出不怀好意的轻佻态度；因为青年人倾诉的衷情，或者至少他们表达这些衷情所用的语言，往往是剽窃性的，而且多有明显的隐瞒。保留判断是表示怀有无限的希望。我现在仍然唯恐错过什么东西，如果我忘记（如同我父亲带着优越感所暗示过的，我现在又带着优越感重复的）基本的道德观念是在人出世的时候就分配不均的。

在这样夸耀我的宽容之后，我得承认宽容也有个限度。人的行为可能建立在坚固的岩石上面，也可能建立在潮湿的沼泽之中，但是一过某种程度，我就不管它是建立在什么上面的了。去年秋天我从东部回来的时候，我觉得我希望全世界的人都穿上军装，并且永远在道德上保持一种立正姿势；我不再要参与放浪形骸的游乐，也不再要偶尔窥见人内心深处的荣幸了。唯有盖茨比——就是把名字赋予该书的那个人——除外，不属于我这种反应的范围——盖茨比，他代表我所真心鄙夷的一切。假使人的品格是一系列连续不断的成功的姿态，那么这个人身上就有一种瑰丽的异彩，他对于人生的希望具有一种高度的敏感，类似一台能够记录万里以外的地震的错综复杂的仪器。这种敏感和通常美其名曰"创造性气质"的那种软绵绵的感受性毫不相干——它是一种异乎寻常的永葆希望的天赋，一种富于浪漫色彩的敏捷，这是我在别人身上从未发现过的，也是我今后不大可能会再发现的。不——盖茨比本人到头来倒是无可厚非的；使我对人们短暂的悲哀和片刻的欢欣暂时丧失兴趣的，却是那些吞噬盖茨比心灵的东西，是在他的幻梦消逝后跟踪而来的恶浊的灰尘。

（节选自《了不起的盖茨比》第3-4页）

一路上小旅馆房顶上和路边汽油站门前已经是一片盛夏景象，鲜红的加油机一台台蹲在电灯光圈里。我回到我在西卵的住处，把车停在小车棚之后，在院子里一架闲置的刈草机上坐了一会儿。风已经停了，眼前是一片嘈杂；明亮的夜景，有鸟雀在树上拍翅膀的声音，还有大地的风箱使青蛙鼓足了气力发出的连续不断的风琴声。一只猫的侧影在月光中慢慢地移动，我掉过头去看它的时候，发觉我不是一个人——五十英尺之外一个人已经从我邻居的大厦的阴影里走了出来，现在两手插在口袋里站在那里仰望银白的星光。从他那悠闲的动作和他那两脚稳踏在草坪上的姿态可以看出这就是盖茨比先生本人，出来确定一下我们本地的天空哪一片是属于他的。

我打定了主意要招呼他。贝克小姐在吃饭时提到过他，那也可以算作介绍了。但我并没招呼他，因为他突然做了个动作，好像表示他满足于独自待着——他朝着幽暗的海水把两只胳膊伸了出去，那样子真古怪，并且尽管我离他很远，我可以发誓他正在发抖。我也情不自禁地朝海上望去——什么都看不出来，除了一盏绿灯，又小又远，也许是一座码头的尽头。等我回头再去看盖茨比时，他已经不见了，于是我又独自待在不平静的黑夜里。

（节选自《了不起的盖茨比》第23-24页）

显而易见，他已经历了两种精神状态，现在正进入第三种。他起初局促不安，继而大喜若狂，目前又由于她出现在眼前感到过分惊异而不能自持了。这件事他长年朝思暮想，梦寐以求，简直是咬紧了牙关期待着，感情强烈到不可思议的程度。此刻，由于反作用，他像一架发条上得太紧的时钟一样精疲力竭了。

过了一会，精神恢复之后，他为我们打开了两个非常讲究的特大衣橱，里面装满了他的西装、晨衣和领带，还有一打一打像砖头一样堆起来的衬衣。

"我有一个人在英国替我买衣服。每年春秋两季开始的时候，他都挑选一些东西寄给我。"

他拿出一堆衬衫，开始一件一件扔在我们面前，薄麻布衬衫、厚绸衬衫、细法兰绒衬衫都抖散了，五颜六色摆满了一桌。我们欣赏着的时候，他又继续抱来，那个柔软贵重的衬衣堆越来越高——条子衬衫、花纹衬衫、方格衬衫，珊瑚色的、苹果绿的、浅紫色的、淡橘色的、上面绣着深蓝色的他的姓名的交织字母。突然之间，黛西发出了很不自然的声音，一下把头埋进衬衫堆里，号啕大哭起来。

"这些衬衫这么美，"她呜咽地说，她的声音在厚厚的衣堆里闷哑了。"我看了很伤心，因为我从来没见过这么——这么美的衬衫。"

（节选自《了不起的盖茨比》第 93 页）

那些海滨大别墅现在大多已经关闭了，四周几乎没有灯火，除了海湾上一只渡船的幽暗、移动的灯光。当明月上升的时候，那些微不足道的房屋慢慢消逝，直到我逐渐意识到当年为荷兰水手的眼睛放出异彩的这个古岛——新世界的一片清新碧绿的地方。它那些消失了的树木，那些为盖茨比的别墅让路而被砍伐的树木，曾经一度迎风飘拂，低声响应人类最后的也是最伟大的梦想，在那昙花一现的神妙的瞬间，人面对这个新大陆一定屏息惊异，不由自主地堕入他既不理解也不企求的一种美学的观赏，在历史上最后一次面对着和他感到惊奇的能力相称的奇观。

当我坐在那里缅怀那个古老的、未知的世界时，我也想到了盖茨比第一次认出了黛西的码头尽头的那盏绿灯时所感到的惊奇。他经历了漫长的道路才来到这片蓝色的草坪上，他的梦一定似乎近在眼前，他几乎不可能抓不住的。他不知道那个梦已经丢在他背后了，丢在这个城市那边那一片无垠的混沌之中不知什么地方了，那里共和国的黑黝黝的田野在夜色中向前伸展。

盖茨比信奉这盏绿灯，这个一年年在我们眼前渐渐远去的极乐的未来。它从前逃脱了我们的追求，不过那没关系——明天我们跑得更快一点，把胳臂伸得更远一点……总有一天……

于是我们继续奋力向前，逆水行舟，被不断地向后推，被推入过去。

（节选自《了不起的盖茨比》第 181-182 页）

五、相关文献推荐

[1] 钟国秀 . 论小说《了不起的盖茨比》中的气氛美学 [J]. 名作欣赏，2021（15）：76-78.

[2] 程斐 . 论象征艺术手法在《了不起的盖茨比》中的运用 [J]. 语文建设，2016（5）：57-58.

[3] 李哲 .《了不起的盖茨比》与美国梦幻灭的研究 [J]. 语文建设，2016（27）：53-54.

[4] 邬雨桐 .《了不起的盖茨比》的语言特色分析 [J]. 海外英语，2020（10）：235-236.

[5] 吴秋慧 .《了不起的盖茨比》主题思想分析 [J]. 农家参谋，2017（14）：158-159.

（执笔人：郭瑜）

案例六：《斯通纳》

一、图书基本信息

（一）图书介绍

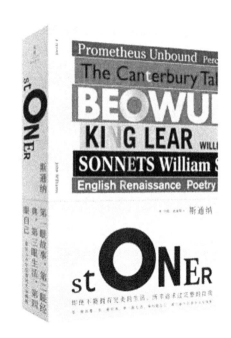

书名：《斯通纳》

作者：[美]约翰·威廉斯

译者：杨向荣

开本：32 开

字数：168 千字

定价：49.00 元

书号：ISBN 9787208130500

出版社：上海人民出版社

出版时间：2016 年 1 月

（二）作者简介

约翰·威廉斯是美国作家、诗人、学者，辍过学，做过电台播音，从过军；退役后入大学就读并获博士学位，于 1945—1985 年在母校丹佛大学任教，教授大学英语及创意写作；曾编辑出版学术文集《文艺复兴时期的英语诗歌》，也创作过 2 本诗集。他一生只写了 4 部小说：《惟有黑夜》（1948 年）、《屠夫十字镇》

（1960 年）、《斯通纳》（1965 年）、《奥古斯都》（1973 年，该书当年获得美国国家图书奖）。

对约翰·威廉斯的写作，英国作家朱利安·巴恩斯评论："当我称之为'绝佳'，我的意思是它们（《屠夫十字镇》《斯通纳》）已经超越了各自类型范围内的评价标准。"著名文学批评家莫里斯·迪克斯坦评论威廉斯的作品时说："《屠夫十字镇》《斯通纳》和《奥古斯都》所表现的主题迥异，当它们都有着同一种令人亲切的叙事切入点，那就是年轻人的纯真，激烈雄性的抗争，男女关系之间、父女关系之间微妙的张力，挫败让人产生的悲凉甚至是徒劳感。"迪克斯坦评价《斯通纳》是"一部超越了'伟大'定义的小说——一部真正完美的小说"。

（三）译者简介

杨向荣，著名翻译家，湘潭大学教授，译著有《斯通纳》《荒野侦探》《最蓝的眼睛》《俄亥俄，温斯堡》《鳄鱼街》等，2016 年被《新京报》评为年度译者。

二、畅销盛况

1965 年，《斯通纳》首版，《纽约客》（The New Yorker）置评：上乘之作。但《斯纳通》在当时并不受欢迎，与当下恰恰相反的是，书名简直是灾难性的。即使采纳了美国出版商的建议，也依然毫不动人（虽然可能要比威廉斯最初想到的好些：《光之瑕与情事》）。然而，是作品造就书名而非反其道。这本书后来的命运转折可不完全像那种久被遗忘、最后被漂亮地重新起掘出来的作品。当亨利·格林或者帕特里克·汉密尔顿的某个长篇被"重新发现"时，销售曲线通常会形成一个短暂、可观的高峰，然后又回归原来的直线。2003 年，约翰·麦克葛汉向出版商罗宾·罗伯斯通推荐后，《斯通纳》落户英国 Vintage（维塔奇书局）。到 2012 年，共卖出 4863 本。

2006 年，美国著名文学书系 NYBR Classics 系列的总编埃德温·弗兰克受一个经营书店的朋友推荐，一口气把这本书读完，并迅速买下版权。他并不知道截至他读到《斯通纳》的那天它已经绝版了多少年，"但这种书你总归不会错过"。《斯通纳》在美国的热潮席卷了欧洲。媒体炸开了花，出版商纷纷打听这是本什么样的书。2011 年，这本书在法国突然大获成功。2012 年年底，英国兰登书屋（Random House）再版《斯通纳》，一年之内售出近 17 万册。同年，《斯通纳》在荷兰出版，平装版一年之内销售近 20 万册，并荣登荷兰畅销榜榜首数周之久。

2013 年，《斯通纳》在国际书市上大放异彩，先后登上法国、意大利、西班牙及以色列的畅销榜榜首。《出版人周刊》（*Publishers Weekly*）撰文讨论"《斯通纳》现象"，更不要提无数的作家、主流媒体竞相赞美。作家伊恩·麦克尤恩接受 BBC 广播采访时说："《斯通纳》是一部献给所有热爱文学之人的传奇。"2014 年年底，加印的需求开始激增。2015 年年底，该书销出 164 000 本，其中绝大部分——有 144 000 本——是 6 月以来售出的。《纽约客》发表书评："《斯通纳》出版五十年后畅销，是献给被亏欠的艺术一次迟来的正名。"《卫报》刊发作家朱利安·巴恩斯书评："《斯通纳》——2013 年度必读。"2014 年，英国最大连锁书店——水石书店评选《斯通纳》为年度必选图书，并推出限量精装定制版。

三、畅销攻略

（一）意蕴绝佳的"学院小说"

《斯通纳》一书能够在蒙尘 50 年后登上畅销榜并获得 100 余万册的销量，

与其本身在人物塑造、时代主题、群像描写、小说构思等方面的优点密不可分。

失落的经典被重新发现,从销量仅千本到几十万册的现象级畅销书,《斯通纳》在 50 年后成为评论家津津乐道的一则传奇,名人纷纷撰文推荐,带着点悲壮,也有些解气,既遗憾彼时读者的眼光,又欣慰 21 世纪的读者终于读懂了约翰·威廉斯写在字里行间的心灵自白。

1965 年,《斯通纳》首次出版时,美国正处于社会动荡的关键时期。随着现代科技的迅速发展,美国迎来了新的繁荣,但同时各种社会思潮也在不断地形成、碰撞。民权运动、妇女解放运动、反战运动(1965 年美军正式介入越南战争)等风起云涌。与此同时,美国的后现代主义文学也如火如荼地发展壮大起来,新的文学思潮日渐盛行。黑色幽默、新小说与元小说 ❶ 等成了 20 世纪 60 年代至 70 年代美国文学的主力军,1960 年代中期兴起的元小说则以更极端的方式强化了现代叙事艺术的危机,一时间风行天下,主要代表作品有约瑟夫·海勒的《第二十二条军规》(1961 年)、《出了毛病》(1974 年),库尔特·冯内古特的《猫的摇篮》(1963 年)、《五号屠场》(1969 年),托马斯·品钦的《V》(1963 年)、《万有引力之虹》(1973 年)等。

而与以上种种作品风格大相径庭,甚至可以说是背道而驰的《斯通纳》,作为一部以传统的现实主义手法描写一位美国大学教授的作品,在当时不受欢迎也是理所应当的事情。到了 21 世纪的今天,我们再读《斯通纳》,在质朴的文字与平实的言语中,看到的是自己。第一眼阅读《斯通纳》,你也许看到的是故事,第二眼阅读《斯通纳》,你也许感受到的是经典,第三眼你看到了生活,第四眼你会发觉,你看到的不是他者,正是自己。在注定平凡无

---

❶ "元小说"(meta-fiction)是后现代派文学中一个富有革命性意义的文学体裁。这一概念由美国评论家威廉·加斯(William Gass)于 1970 年在其论著《小说和生活中的人物》中首次提出,并在 1980 年左右开始得到公认。人们后来经常把"元小说"定义为"关于小说的小说",即作者有意在小说中加入对自身的叙事技巧和语言特征的评论,使该小说的叙述行为直接转化成小说的叙述内容,并把小说自身当成描写对象的小说。

为的人生中，要怎样才能找到自己生存下去的价值和意义？这一点斯通纳告诉我们，他坚持做自己喜欢做的事情，成为自己想要成为的人，即便不能拥有完整的生活，所幸追求过完整的自我。斯通纳一生中经历了许多次的失败，自己独自忍受着莫名的孤独，种种不如意在他的人生中汇聚，正如戴望舒诗中所言："我和世界之间是墙，墙和我之间是灯，灯和我之间是书，书和我之间是——隔膜！"斯通纳的所作所为，以及他面对人生的态度，在他自己与世界之间构造了一层若有若无的隔膜。临终之前，在病榻之上，斯通纳回想着自己几十年来充满遗憾的失败及看起来毫无效果的那些努力，他竟感到一股愉悦感。

1. 人物形象的别样塑造

20世纪以来，随着现代科学的发展，整个世界的图景随之发生了翻天覆地的变化。传统的现实主义在描绘世界发展变化的过程中逐渐显得乏力起来。就在这时，一批跃跃欲试的小说家和艺术家开始采用各种各样不拘泥于传统的表现形式和风格来尝试新鲜的题材和内容。这些"异化"的作家就是现代主义的先驱。大致从这些现代主义者开始，现代小说中的主角就不再是带有强烈个人奋斗色彩的"于连"式的人物，而是孤独、异化的平庸生活里的失败者、失意者。很多小说中塑造的人物总是孤立无援地处在一个冷酷无情的社会里，他们的悲惨境地是"人"囚禁在一个无法上诉的世界的象征。

斯通纳就是这样一个典型的"平庸的人"，一生之中，他面临着各种失败与挫折。到了42岁，不惑之年的他发现"往前，看不到任何自己渴望享受的东西，往后，看不到任何值得费心记住的事物"。虽然在书的结尾，他在与他人的斗争中取得了一点小小的微不足道的胜利，但这些胜利与他之前所遭受的失意及爱情上的挫折与伤痛相比，得不偿失。

有些读者可能会觉得斯通纳的一生都郁郁不得志，但其实并非如此。作者约翰·威廉斯在一次接受访谈时曾经说道："我觉得他是个名副其实的英雄。很多读过这本小说的人都觉得斯通纳的人生太可怜和不幸了。我却觉得他的人生过得很好。显然，他的生活比大多数人要好。他做了自己想做的事情，他对自己所做的事情也充满感情，他觉得自己的工作意义重大……在这部小说中，我觉得最关键的是斯通纳对一份工作的感觉……一份这个词语所体现的良好和体面意义上的工作。工作给他某种特别的身份感，成就了他的自我。"

2. 平铺直叙的故事发展脉络

全书的故事发展脉络主要是斯通纳一生中对他所生活的世界的热爱及在遭受种种挫折后仍然不改这份热爱的执着。在全书开篇的简介中，约翰·威廉斯写道："我认为他是一个真正的英雄，许多看过这本书的读者认为他的生活悲惨而不顺意，但是我却觉得他的生活非常好，好过这世上的许多人。他做着自己喜欢的工作，并被其触动……热爱是最重要的，如果你爱一件事，你就会懂得它，如果你懂得，你就会有所长进……"

斯通纳的一生就像他的名字 Stoner 一样，他活得像一块石头那么单纯，热衷阅读、痴迷学术、书生气十足。他不善言辞，不善经营人际关系，甚至和自己的妻子形同陌路。在学校里，他和新来的系主任因为一点小事闹得很不愉快，到死都还在助理教授的位置上待着。就连他的女儿，也在他长期和妻子之间形成的难以言说的怪异的家庭环境之下，早早嫁人，离他而去。但这些他都忍受了下来，仍然以热爱生活的态度面对着发生的这一切。作为农民之子，斯通纳有着对于困苦、饥饿、忍耐的深刻理解，他以异乎寻常的超然冷静守护着自己的底线，对容忍范围之内的事情维持着宽容甚至可以说是逆来顺受。直到检查出癌症，在弥留之际他都还认为自己是属于这个世界的。

3. 回味深长的主题意蕴

斯通纳人生中的"不幸"可以说是贯穿全文的主题，然而这种"不幸"的人生与其他文学作品相比，又有不同之处，既不像《安娜·卡列尼娜》中那样在整部小说中人物的命运都笼罩着死亡的阴影，也不像《切尔诺贝利的悲鸣》中那样读来令人沉浸在难以言说的悲伤之中，如鲠在喉。更多地说，斯通纳的"不幸"是一种更为纯粹的，在表现形式上更委婉的情感表达，也更加贴近普通人的现实生活，能够引起人的共情。

斯通纳缺乏传统"美国梦"式的昂扬向上、拼搏不屈的奋斗精神，他一生中并未有过什么算得上是大起大落、跌宕起伏、荡气回肠的篇章，不过是一个普普通通的人，但他内心深处始终保有对生活的热爱，以及自己所坚守的原则与底线。这些东西在他遭受各种挫折与打击时从未被削减或放弃，能够真正地让他知道自己想要成为什么样的人。

4. 引人入胜的文学内涵

读者初读《斯通纳》时，可能会觉得奇怪，书中的人物、环境、心理描写等，都有点朦朦胧胧，仿佛雾里看花。作者站在斯通纳的视角描写，而当斯通纳从壳里望向壳外，世界就是这个样子。文字中也带着隐隐的"欲说还休"的味道，就仿佛对读者也不能开诚布公地说明自己的一切。

《斯通纳》可以说是一部真正意义上的读者小说，在平实的文字叙述中强化了阅读和研究的价值，文中斯通纳所遭受的一切就仿佛读者身临其境地看到不幸的来临，但又无可奈何。

文学中的"不幸"与"悲伤"，是人物的命运、作品的情节，抑或是时代的整体环境等各种因素中所蕴含或表现出来的低潮，但最终都是作者心中所抒写的"悲"。在该书的写作过程中，约翰·威廉斯曾注意到，他的打字员在帮他录入书稿时，难以自抑地痛哭起来。这侧面反映了书中文字引人入胜之处。

（二）别开生面的装帧设计

中译本的封面设计格外别致，从《解放了的普罗米修斯》（*Prometheus Un-*

bound)、《坎特伯雷故事集》(*The Canterbury Stories*)、《贝奥武夫》(*Beowulf*)、
《李尔王》(*King Lear*)、《十四行诗》(*Sonnets*)、《文艺复兴英语诗集》(*English Renaissance Poetry*)六该书中各取一个字母组成了该书主人公斯通纳的名字——Stoner，一位教授英语文学的大学教师。

在装订方面，该书采取精装的形式，内文则使用轻型纸，纸面挺括，手感柔和。因为全书无插图，因此能够在最大程度照顾读者阅读体验的前提下降低运费和邮资等成本。

（三）精彩绝伦的书评

当我评论《斯通纳》"绝佳"，意思是它已经超越了所属文学类型的评价标准。

——《卫报》(*The Guardian*)

世所罕有的完美小说。

——《纽约时报》(*The New York Times*)

一件文学的不朽珍宝。

——《明镜周刊》(*Der Spiegel*)

它是最美的文学发现。

——英国广播公司演讲与戏剧频道（BBC Radio4）

"《斯通纳》现象"很有意思，这是一本精彩又极为伤感的小书。但是它在英国的畅销让很多美国作家感到挠头不解，这些作家觉得这本书很可爱，瑕瑜互见，写得很吸引人，只能算是部轻量级作品，谈不上伟大。

——罗丽·摩尔（Lorrie Moore）

《斯通纳》再版时，《纽约客》再次置评：威廉斯的写作显得澄澈、节制却准确，就像被打磨光滑的橡木上反射出本色、持久的光泽。它的行文结构潜

藏得不为人察觉，且毫无瑕疵，像一栋房子，精妙绝伦到绝无仿制再建的可能。《斯通纳》一书的伟大之处在于，它以不带一丝一毫悲喜的冷静洞察了生活本质的全部。它从本质上触及了预见期待的与真实体验的生活间的落差。《斯通纳》于出版近50年后迎来畅销，是献给被亏欠的艺术一次迟来的正名。《斯通纳》一年销售超20万册，成为水石书店、英国广播公司（BBC）、美国《纽约时报》、德国《明镜周刊》年度必读书，位列荷兰、法国、西班牙、意大利和以色列等多国文学畅销榜顶端。

总体上讲，这场文学复活故事印证了我们这样一个判断：细水长流无关乎出版大趋势与营销预算。《白鲸记》是赫尔曼·梅尔维尔的代表作，而当这本书开始突然流行时梅尔维尔感到非常意外；《了不起的盖茨比》有很多年都被认为是不值一提的作品，类似的情况还有很多。奥威尔曾说过，时间才是真正评价文学的唯一标准。

（四）丰富多样的内容开发

据国外媒体报道，《斯通纳》将被拍摄成电影，由奥斯卡影帝卡西·阿弗莱克主演，英国导演乔·赖特执导。编剧安德鲁·伯维尔将撰写该片剧本，此前他曾担任《最高通缉犯》《黑暗边缘》等作品的编剧。

《斯通纳》将由 Blumhouse 制片公司出品，该公司此前以打造小成本恐怖片为影迷所熟知，如《人类清除计划》系列、《灵动：鬼影实录》系列、《险恶》系列。《斯通纳》是该公司成立以来罕见的剧情片项目。

四、精彩内容欣赏

年纪更大些的时候，回首自己本科前两年，斯通纳仿佛感觉那段时光虚幻不实，压根就属于别人，那段早已逝去的时光，好像不是他习惯的那样正常流逝，而是断断续续地流逝着。一个片段跟另一个片段互相重叠着，但又从中分离出来，他还感觉自己从时间中被移了出来，旁观着时间在自己面前流逝，像个宏大、并不均匀地翻转着的立体景观。

（节选自《斯通纳》第 16 页）

他想到本应告诉父母的话，第一次意识到自己的决定何等决然，几乎希望自己能再考虑。他觉得自己不适合这个仓促中选择的目标，感觉自己放弃的这个世界充满吸引力。他为自己的损失感到悲伤，也因此为父母的损失感到难过，他在悲伤中甚至感觉自己在与他们拉开距离。

（节选自《斯通纳》第 25 页）

斯通纳想给父亲解释他打算干什么来，试图在他心中唤起自己多么重要和有追求的感觉。他听着自己的语词落下来，好像都发自别人之嘴。他望着父亲的脸，这张脸承受着这些语词，就像一块石头承受着一只拳头的反复击打。他讲完后，坐在那里双手扣在膝盖之间，低垂着脑袋，他听着屋子里的沉默。

（节选自《斯通纳》第 27 页）

你觉得这儿有某种东西，有某种东西值得去探寻。其实，在这个世界上，你很快就会什么都明白。你同样天生失败；你不会跟这个世界拼搏。你会任由这个世界吃掉你，再把你吐出来，你还躺在这里纳闷，到底做错了什么。因为你总是对这个世界有所期待，而它并没有那个东西，它也不愿意有那个东西。比如，棉花里的象虫，豆荚里的蠕虫，玉米里的穿孔虫。你无法面对它们，你又不会与它们搏斗；因为你太弱了，而又固执。你在这个世界没有安身之地。

（节选自《斯通纳》第 36 页）

他慢条斯理地说，"你必须牢记自己是什么人，你选择要成为什么人，记住你正在从事的东西的重要意义。"

（节选自《斯通纳》第 44 页）

有几个人围桌而坐，顶头有个年轻女子，高挑、苗条、漂亮，穿着带波纹的蓝色丝绸长袍，站着往金边瓷杯里倒茶水。斯通纳在过道里驻足停留了片刻，被这位年轻女子的样子吸引住了。她秀长、五官柔美的脸蛋冲着身旁的人微笑着。她纤细、几乎碰了会碎的手指熟练地侍弄着水壶和杯子。斯通纳注视她时，深感自己何其粗笨，这样的念头油然袭来。

（节选自《斯通纳》第 57 页）

大街上冷冷清清，沉闷的寂静被他行走时踩在脚下的干雪发出的咔嚓声打破了。他在自己即将进去的那幢大宅外面站了很长时间，倾听着这片寂静。寒冷已经麻木了他的双脚，但他还是没有动一动。从那些挂着窗帘的窗户中透出的一线暗淡的光线落在蓝莹莹的白雪上，仿佛一道黄色的污迹；他觉得自己看到里面有动静，可又不能肯定。他好像在命令自己要做什么事，刻意向前迈出步子，走到通向走廊的那条小路，在大门上敲了敲。

（节选自《斯通纳》第 60 页）

她属于某种类型的南方女人。出身于某个古老而且气数悄然已尽的家庭，她是怀着这种信念长大的，这个家庭存在所必需的环境条件与它的品质并不相称。她接受的教导是努力让那种状况有所改善，但是这种改善从来都没有更明确地指出要怎么样。她跟霍勒斯·博斯特威克走进婚姻，满怀着内心根深蒂固的不满，即婚姻是她个人的一种职责；随着岁月流逝，这种不满和痛苦与日俱增，变得如此寻常和无所不在，已经没有特定的药物可以缓解了。她的声音单薄又高亢，始终带着某种绝望的调子，这让她说出的每个词都具有特殊的价值。

(节选自《斯通纳》第 71-72 页)

斯通纳感觉对她的爱意好像卡在喉间欲说不能。他伸手搂住伊迪丝,两人站在起居室的窗前,向下俯瞰着。汽车、行人、马车在下面窄窄的大街上爬行着,他们好像完全沉浸在自我中,超然地从人类狗苟蝇营的追逐中解脱出来。从这个距离望过去,可以看见那些红砖和石头的建筑,密西西比河在早晨的太阳中蜿蜒而过,河流呈蓝褐色。河船和驳船像玩具,僵硬的绑结上下溜动,可是上面的烟道放出大量灰蒙蒙的烟雾,排向冬天的空气中。

(节选自《斯通纳》第 83 页)

他们找了辆马车,驶到美术馆。两人挽着胳臂,穿过那些高深的陈列室,穿过从那些画作上反射出来的绚丽的光彩。在寂静中,在温暖中,在这些古老的画作和雕塑中散发出来的永不过时的氛围中,斯通纳对这个高挑、优雅地走在自己身边的女孩爱意涌流,感觉一股无声的激情从内心升起,温暖又充满节制的感官刺激,就像从四周的墙壁上照射出的缤纷色彩。

(节选自《斯通纳》第 84 页)

斯通纳意识到,很多年来,连自己都不知道,他曾有过一份憧憬,这份憧憬一直锁在内心某个地方,就像一个见不得人的秘密,这个憧憬表面上是一个地方,其实就是他自己。所以,当他在打造书房的时候,其实他打算塑造的是自己。当他为做书架打磨这些旧木板的时候,当他看着表面的粗糙消失,灰色的风雨侵蚀消失,露出本来的木质,最终露出花纹和质地华丽的纯粹时,他逐渐打造成形的是他自己,他要置于某种有序状态的是他自己,他想创造某种可能性的是他自己。

(节选自《斯通纳》第 122 页)

最终，是斯通纳自己对伊迪丝选择的新的生活方向负有连带责任。他已经无法从他们共同的生活以及婚姻中为她找到任何意义。因此，对她来说去追寻那些与他毫无关系的领域里自己能找到的意义，并且走上他无法追随的道路，就是合情合理的了。

（节选自《斯通纳》第 143 页）

这是九月的一天下午，他开着靠桌的窗户，大楼的正面笼罩在阴影中，所以，前面的绿色草坪映现出大楼的精确形象，半圆形的拱顶和不规则的屋顶轮廓线让绿色变得更暗淡，不知不觉地向外爬出校园，留在外面。一阵凉爽的微风穿过窗户流进来，送来秋天清新的芳香。

（节选自《斯通纳》第 156 页）

几乎从一开始，这门课主题的复杂意蕴就吸引住学生了，当你发觉近在手边的主题其实就在一个更宏大的主题的中心旁边，而且当你强烈地感觉到对这个主题的探寻很可能引向——什么地方，人们并不知道的地方时，都会有种恍然若悟的感觉。

（节选自《斯通纳》第 166 页）

"当我们面对文学中的谜题，面对它难以描述的魅力时，我们有责任去揭示这种力量和谜题的根源。但是，说到底，有什么用呢？文学作品在我们面前抛出一张深沉的面纱，我们无法测度。在它面前，我们只有崇拜，任其摇晃而无可奈何。谁会有那种愚勇揭起那块面纱，去揭开那原本无法揭开的东西，去抵达不可抵达的境界？在那个永恒的神秘面前，我们中最强有力的人都不过是最微不足道的低能儿，都不过是叮当作响的钹子和声音浑厚的铜管。"

（节选自《斯通纳》第 169-170 页）

四十三岁那年，斯通纳懂得了别人——比他年轻的人——在他之前早就懂得的东西：你最初爱的那个人并不是你最终爱的那个人，爱不是最终目标而是一个过程，借助这个过程，一个人想去了解另一个人。

（节选自《斯通纳》第 235-236 页）

五、相关文献推荐

[1] 罗李彤 . 平凡中的勇者——论《斯通纳》中的反抗主义精神 [J]. 长江丛刊，2019（5）：98-99.

[2] 束加沛 . 一本罕见的学者小说——读《斯通纳》[J]. 博览群书，2016（11）：78-82.

[3] 陈越 . 树根是伸向泥土的枝叶——读《斯通纳》有感 [J]. 浙江经济，2016（16）：62.

[4] 蔡婧宇 .《斯通纳》：一部历经时光磨砺的文学经典 [J]. 出版广角，2016（3）：92-94.

（执笔人：关小龙）

案例七：《山茶文具店》

一、图书基本信息

（一）图书介绍

书名：《山茶文具店》

作者：[日]小川糸

译者：王蕴洁

开本：32开

字数：157千字

定价：49.80元

书号：ISBN 9787540485337

出版社：湖南文艺出版社

出版时间：2018年3月

（二）作者简介

小川糸，1973年出生，日本知名作家、翻译家，日本清泉女子大学日本古代文学毕业；处女作《蜗牛食堂》在日本畅销100万册，荣获2011年意大利书报亭文学奖；2013年获法国欧仁尼布拉泽大奖。小川糸不仅仅是日本知名作家，自2004年起，她以"春岚"为艺名，与知名音乐人滨田省吾组成了Fairlife音乐制作团队，并担任作词人。除此之外，她的官方网站收录了她在全日本各地食堂的食记及独家食谱。

小川糸的作品有《喋喋喃喃》《趁热品尝》《白色沙滩旁的龟鹤助产院》《再见了，我》《彩虹花园》《马戏团之夜》《闪闪发光的人生》《狮子之家的点心日》等多部小说；其他作品包括：散文《与企鹅生活》《这样的夜》《黄昏啤酒》《今天的天空色彩》《岁月的针脚》《这样就很幸福：小川糸的减少生活29条》，绘本《蝴蝶》《玛德莲与魔法糕点》。

（三）译者简介

王蕴洁，日本文学译者，毕业于日本阳光商科学校、日本大学商学系，译有东野圭吾、凑佳苗等日本作家著作，被读者们称为"日本文学作家最佳中文代言人"。在日本留学期间，她曾经寄宿在日本家庭，全身心地体验日本人的生活方式与文化习惯，对深奥的日本文化产生了浓厚的兴趣。在进入译界的20多年内，她已经产出400多本译作，将近2000万字的译文。众多读者认为，她的译文风格朴实、平和谦逊，同时可以做到言而有物、传情达意，不少日本文学作品的爱好者对王蕴洁的翻译版本爱不释手。王蕴洁希望自己能够扮演好忠诚的文字媒介的角色，让更多的读者深入了解原味的日本。

二、畅销盛况

《山茶文具店》是作者小川糸以自己在镰仓居住的经验为基础打造的长篇作品，最初在日本幻冬舍的季刊文学杂志《GINGERL》连载，受到读者的广泛关注；2016年4月21日该书由幻冬舍编辑出版，出版后，《山茶文具店》在读者群中好评如潮，被日本全国700多家书店店员投票选为"书店最想卖的书"。不负所望，该书获得了2016年度日本"书店大奖"，紧接着在2017年日本"书店大奖"中超越森见登美彦、西加奈子、原田舞叶等知名作家，荣获 2017 年度日本"书店大奖"第 4 名。小野（作家）、银色快手（荒野梦二书店店主）、石芳瑜（永乐座书店店主）、夏琳（南崁 1567 小书店店主）、张铁志（作家）、罗素素（晃晃书店店主）等圈内知名人物纷纷在各大社交平台推荐该书。

2017 年 4 月，日本 NHK 第 1 广播电台将《山茶文具店》一书改编成广播剧，在"新日曜名作座"节目中播出；之后不久，日本 NHK 综合台又以此书为基础改编成名为《椿文具店：镰仓代笔物语》的电视剧，该电视剧由日本知名女星多部未华子主演，播出后不久便在日本引发了观剧热潮。经过译制后的电视剧引进国内，热度不减，并在豆瓣获得了 8.1 的高分。广播剧化和影视化后，受众范围不断扩大，许多剧迷在观剧后为了一解眼瘾，纷纷去书店买回原著小说。由此，《山茶文具店》再次跨领域引起了阅读盛潮。

2017 年 5 月至 8 月，《山茶文具店》的续集——《闪闪发光的人生》在幻冬舍的《小说幻冬》杂志连载。同年 10 月，幻冬舍将《闪闪发光的人生》编辑出版，这是小川糸继《山茶文具店》之后最新的疗愈作品。该书又一次入围 2018 年日本"书店大奖"候选作品。《闪闪发光的人生》新书上市后在日本超越东野圭吾的作品，居畅销文学第一名。截至 2021 年 5 月 24 日，即该书出版后的第 5 年，《山茶文具店》位居幻冬舍书籍畅销榜第 21 位。

《山茶文具店》引进国内后，于 2018 年 3 月由湖南文艺出版社出版，被豆瓣评为 2018 年度温暖治愈图书，获得 8.3 分高分好评。截至 2021 年 4 月，《山茶文具店》在国内已重印 8 次，其电子书在亚马逊现当代小说中排名 16。《闪闪发光的人生》作为《山茶文具店》的续篇得到 2018 年日本"书店大奖"重磅推荐。湖南文艺出版社在《山茶文具店》新书上市之后继续翻译推出《闪闪发光的人生》，前后形成系列售卖，该系列在国内畅销 40 万册。

三、畅销攻略

（一）内容特色

1. 写作视角独特——现代社会的代笔人

在便捷、快速当代社会，代笔人的存在无疑是古朴而又新鲜的，作者小川糸将写作视角聚集在此，正是其用心良苦之处。

在日本，代笔人这一职业在古时被称为"右笔"，专门为达官显贵和富商大贾代笔。在帮人代笔的同时，代笔人也能读懂信中字里行间的真情流露。书中提到的家族——雨宫家正是源自江户时代、有悠久历史的代笔人家族，专为将军正室与侧室代笔书信，且传女不传男，代代皆由女性继承家业。故事的主角是身为雨宫家第十一代传人的雨宫鸠子，在上代外祖母离世之后，她自然而然地成了第十一代传人，接手外祖母留下的山茶文具店，以自己的方式继续经营着。

如今的代笔人和以前大不相同，其业务范围不再局限于为皇亲贵胄代笔，举凡红包袋、招牌、奖状、店家的问候明信片，甚至连餐厅的菜单都照接不误。当然，为无法亲自写信的委托人代笔书信，让他们的心意能顺利传达出去，也是山茶文具店的业务范围。雨宫鸠子表面上经营的是一家文具店，但是说白了，她每天所做的事情更像是一个和文字打交道的打杂工。

书中的代笔故事众多，有想让无缘的旧情人知道"我很好，希望你过得幸福"的温文男士；有为了让彼此真正自由，下定决心与对方绝交的匿名小姐；有决定以手写信函向亲友报告离婚一事的男子；有想替亡父写一封"天国情书"给母亲的儿子……情书、绝交信、慰问信、来自天堂的信，在一封封满怀情感的书信中，鸠子作为参与者陪伴着每一位委托人走过一段路途。

2. 作者文笔温暖——简单平凡中的温度

小川糸的作品总能给读者带来惊喜。文字里掺杂的是人与人之间的谅解、宽容、感动和珍重，日复一日的生活在她的笔下成为一种享受。也许我们换个角度去看待别人和世界，会发现生活其实并不难，实际上每个人都很好相处。

小川糸笔下的雨宫鸠子作为雨宫家第十一代代笔人，肩负的使命可想而知。少年时期的鸠子也曾迷茫过，从小到大为了学习如何成为一个优秀的代笔人她甚至没有休息过一天。趁着青春的躁动，她开始反抗，开始用强硬的态度说"不"。直到长大成人，通过上代和上代笔友的书信才终于明白长辈的良苦用心，以及那份别扭沉闷的爱。孩提时代与家长之间存在的误会、懊恼会随着年龄增长慢慢被时间稀释掉。或许直到我们为人父母的那天才能体会到这种难以言表的爱。

除此之外，小说里出现的人物并不少，但每一位都令人过眼难忘。开朗的胖蒂、善解人意的波波、性情耿直的男爵、天真的 QP 妹妹……每个人的身上都带着各自的幸与不幸。难能可贵的是他们没有自甘堕落，而是把这份坎坷的命运转化为一股支撑他们活下去的信念。守景先生谈到亡妻过世期间自己几度有轻生念头，然而当他看到 QP 妹妹那么努力地吃着美乃滋时，最终被这个天真的孩子打败。连小孩子都这么勇敢，作为一个成年人又有什么理由不好好活下去呢？

《山茶文具店》是一本初读不惊奇，到后面越咀嚼越有味道的书，作者小川糸没有讲大道理一般地告诉大家要热爱生活，而是在琐碎小事中变相教导读者如何爱惜身边的一切事物。只有会生活、爱生活的人才能将故事与生活结合得天衣无缝。在小川糸的笔下，文字仿佛有了灵性，呈现给我们的是一幅又一幅充满着简单温暖的画面。

3. 故事节奏流畅——随四季变化的情节

整本书以雨宫鸠子给别人代笔为主线，按照"夏""秋""冬""春"这样的四季顺序分为四章。每一章节的故事紧密贴合四季的变化，从当地的风俗节日到给委托人侍奉的茶饮，从天气的阴晴冷暖到每日的饮食变化，作者总会在细节处不经意地讲述故事发生的背景，随时都可以使读者身临其境。除此之外，发生变化的不只是四季，还有雨宫鸠子复杂的心理。

雨宫鸠子的人性特点足够饱满，她有着疯狂任性、爆发叛逆的少年时代，也有着迷茫逃避、怀疑人生的青年时刻。她的消沉厌世从叛逆期一直延续到意外着手经营山茶文具店之时，满身都是缺点的她，在文具店这一年四季的更迭之中慢慢找回了自己的通透和平静。

少年时代的她，因为外祖母规定的每日长时间又枯燥严苛的书写训练而对"代笔人"这一职业心生厌烦，所以在经营之初，对于正式接手代笔人的工作，雨宫鸠子的内心五味杂陈。然而，在一封封饱含情感的信中，她渐渐发现了写信这件事情的仪式感，慢慢开始懂得代笔的不易与美好。更重要的是，她慢慢化解了与外祖母之间的情感矛盾，了解了外祖母的苦心与深沉的爱。

她在夏天苦闷消沉，她在秋天播下种子，她在冬天慢慢醒悟，她在春天懂得开阔。一年四季，雨宫鸠子的心理变化经历了不同的阶段。跟随故事的情节发展，读者不仅陪着鸠子度过了接手山茶文具店的第一年，也看着鸠子在工作中慢慢找到自己的幸福感。

4. 关注自我救赎——同内心矛盾的和解

作者小川糸在描写雨宫鸠子为委托人代笔这一主线之外，还将视线放在了女主人公这一年来的心理成长过程中。在为他人代笔的这些故事里又插入了雨宫鸠子与她已经去世的外祖母之间的往事，形成一条女主人公个人成长的暗线。而这条暗线正是打动万千读者之处，因为它围绕着个人自我救赎这一主题。

　　随着雨宫鸠子每日的经营，她在书信往来当中遇到了外祖母的笔友的来信，鸠子没有将年少时期对外祖母的个人怨念带入这封来信当中，而是以一位称职的代笔人的身份与外祖母的笔友交流。在与其来来往往的信件当中，她从这位素未谋面的"陌生人"那里慢慢了解了已故的外祖母对自己的思念与愧疚。与此同时，少年时期对外祖母的怨念也逐渐随风而散，如今的她在来往的书信中早已和外祖母和解，更是化解了自我内心的矛盾。

　　在信件中与外祖母解开误会之后，在思念外祖母之余，鸠子并没有过多地悔恨在外祖母在世时她没有好好孝敬，而是更加透彻地生活，打点好外祖母留下的山茶文具店。她懂得斯人已逝，怀念和"赎罪"最好的方法，就是带着外祖母的爱和她自己迟到的懂得，让自己活得快乐幸福。

　　"我认为上代有属于自己的字。我之所以迟迟无法撕下她贴在厨房的标语，就是因为她仍活在那些文字中。文字的轨迹里，至今仍然镌刻着她的呼吸。"鸠子以生活的名义怀念着外祖母，总是不自觉地做着外祖母曾经泡茶喝茶的事情，也不自觉地提笔写下外祖母写过的最普通的字。整本书在雨宫鸠子对外祖母的怀念与对未来展望中温暖结束。

（二）译者选择

1. 译作流传度高

　　《山茶文具店》的译者王蕴洁，毕业于日本阳光商科学校、日本大学商学系。她在日本留学期间，曾经寄宿在日本家庭，对深奥的日本文化产生了很大的兴趣，并通过广泛阅读和旅行，对日本的人文有了进一步的了解。她误打误撞进入译界，在翻译领域探索 20 年，累积的译作数量早已超越她的体重，她自比这台"人脑翻译机"已经产出将近 2000 万字的译文，共 400 多本译作。

　　王蕴洁曾经译过江国香织、东野圭吾、宫部美雪、山崎丰子、小川洋子、小川糸、松浦弥太郎、凑佳苗和白石一文等多位日本文坛重量级作家的著作，用心对待经手的每一部作品。近年来，读者耳熟能详的几位日本文学名家作品，几乎都由她翻译。她的名字，已成为许多日本小说迷选书的指标。江国香织的《神之船》，引她踏进文学翻译的领域；而《博士热爱的算式》，更让她一举成为小川洋子的最佳中文代言人。她终于相信，自己的确走在对的路上。她的名字，是众多日本小说迷的选书指标；她的用心，使出版社争相把最看重的日文小说交给她；她的无私，使自己的社交平台"绵羊的译心译意"成为众多译者汇聚交流的场所。

她的译著有《解忧杂货店》《虚无的十字架》《福尔图娜之瞳》《如果世上不再有猫》《山女日记》《亿男》《无用的日子》《永远的 0》《哪啊哪啊神去村》《名叫海贼的男人》等多部作品。2015 年 7 月，她出版了自己的著作《译界天后亲授！这样做，案子永远接不完》。

王蕴洁以每年 20 本译作的速度不断前进着，是各个出版社都想占为己有的"译界明星"。因此，《山茶文具店》选择王蕴洁作为译者可谓明智之选。

2. 译者明星效应

在译界已经取得一番成就的王蕴洁，依旧不吝分享翻译人生的风景点滴，为有志于日文翻译者备好敲门砖。在她的社交平台"绵羊的译心译意"，聚集了众多年轻译者，她无私地与前来学习的译者进行交流，分享翻译经验。同时，她为还在翻译路上摸索的新人有迹可循而写的《译界天后亲授！这样做，案子永远接不完》一书，将自己进入行业 20 年的宝贵经验与大家共享，由此可见，她的个人魅力是使她成为"译界明星"的原因。

优秀的翻译能力、傲人的翻译实绩，加上个人的魅力，让王蕴洁成为读者选书的依据，在翻译业界，这种"译者品牌"的现象并不多见，但对于王蕴洁来说，在译界深耕所获得的肯定与回馈实至名归。她就像横跨在日本作家与中国读者之间的那座隐形之桥，甘于译者的宿命——当一位无声的隐形者，却又无法让人不去注意她无法取代的存在。《山茶文具店》选择王蕴洁作为译者，自然会受到译者明星效应的影响，这也是其畅销的一个因素。

（三）读者定位

1. 向往"快节奏下的慢生活"

慢生活的最终目的是放慢身心且能真正地感受幸福。如今，在熙熙攘攘的城市中，慢生活成为一种遥不可及的奢侈。

《山茶文具店》的故事聚焦于现代社会的代笔人，文具店外是车水马龙、永不停歇的快节奏，文具店内则是雨宫鸠子为每一位委托人仔细挑选书写材料、琢磨字体、隔天封信的慢节奏，正是这种"快中之慢"的生活方式吸引了不少读者。节奏越快，人们对慢生活的向往越突出。《山茶文具店》正是抓住了大环境下的人心所向，把这种"快中之慢"的心理需求转化为读者需求，并以此为卖点进行读者定位。

2. 追求"深层次的情感表达"

东方人的感情偏向内敛，由于内敛，父母对孩子的爱往往从满心关怀变成了严苛要求；由于内敛，朋友之间的愧疚往往一直停留，成为隔阂；由于内敛，许多事情理智上总是十分清晰明确的，但却怎么也说不出口，差一分力，难以达到预期的效果。

《山茶文具店》中的鸠子一直以为外祖母不爱她。从小，外祖母对她非常严格。她 1 岁半就开始背诵五十音图，3 岁半就会写平假名，4 岁半能写所有的片假名，6 岁开始练习毛笔字。她的童年、少年时期都在无休止的练字中度过。楷书、行书、草书……不同字体的笔顺各不相同，永远也学不完。除此之外，从吃饭到说话，她的日常行为，都被严格管教。压抑了十几年之后，她开始叛逆。外祖母不允许她做什么，她偏要做。从设计学院毕业后，她出国游荡，直到外祖母过世，祖孙俩的隔阂也没有消除。有一天，偶然间收到了外祖母生前写的所有信件，这才发现，信里到处都是她的身影，字里行间都是对外孙女的爱。她才明白外祖母爱她，只是不善于表达。故事的最后，鸠子给外祖母写了一封信，与她达成了和解，但是外祖母再也看不到了。

书中的惋惜会吸引一部分想要表达自己内在情感但却羞于启齿的读者。随着故事的发展，看到渐渐与外祖母达成和解的鸠子，感同身受的读者往往会在内心产生共鸣，把自己代入"鸠子"或者"外祖母"。爱，需要表达，没有被认真表达出来的爱，可能会被误解，变成伤害对方的利器。如果说不出口，何不试试书写，让文字赋予这份感情一种保护，不论是简单的"谢谢"，还是难以启齿的"抱歉"，换一种方式来表达这份情感，人世间的离合悲欢，往往就藏在这一封封书信里。这种内心深处的情感共鸣对读者的吸引力非常强，因此，深层次的情感表达也是《山茶文具店》成为畅销书的一大原因。

（四）图书设计

1. 篇首附有手绘地图，增强读者的代入感

该书开篇便附有主人公生活之地——镰仓一角的手绘地图。与传统的地图重点标注知名景点和山川湖泊不同，该书所附的手绘地图在此基础上还标明了书中出现的店铺、站点及祈福的神社，甚至连主人公当时在某家饭馆吃了什么东西，也被仔仔细细地画下来。当读者阅读到后续相关故事情节时，所有的内容都有迹可循。读者可以切切实实地感受到生活在镰仓的真实感。如此细致的标注不仅可以提高小说情节和读者之间的互动性，更重要的是对于读者理解书中的各种情节、故事的发展很有帮助。

2. 16 封手写书信，直观感受代笔人的工作

代笔人的日常便是为委托人书写，根据客人不同的情况，雨宫鸠子会用不同的方式代笔写信。例如，构思好大致的内容之后，从选笔开始，笔的选择取决于委托人的心境及想表达的感情；再搭配合适的字体和墨水，墨水的浓淡、颜色都要细细斟酌；信纸的选择也很重要，要考虑质地、颜色、尺寸及与笔、

墨的适合度。笔、墨、纸选择好之后，开始写信，内容要字字斟酌，句句推敲，既要准确表达委托人的意思，也要考虑收信人的感受。写好信后，信封的质地、颜色、尺寸都要结合委托人的气质、身份及信的内容挑选，邮票的搭配也很重要。把信装进信封后，用封蜡封口、盖上印章，每一步都要反复揣度。最后称一下信件的重量，确定没有超过邮资限定的重量，方才寄出。

书中对于代笔人的日常描写很多，但如何能让读者更直观地感受到每一封信所包含的重量，图书设计便下足了功夫。书中包含的每一封手写书信都各有不同，不论是字体还是文字措辞（图1）。

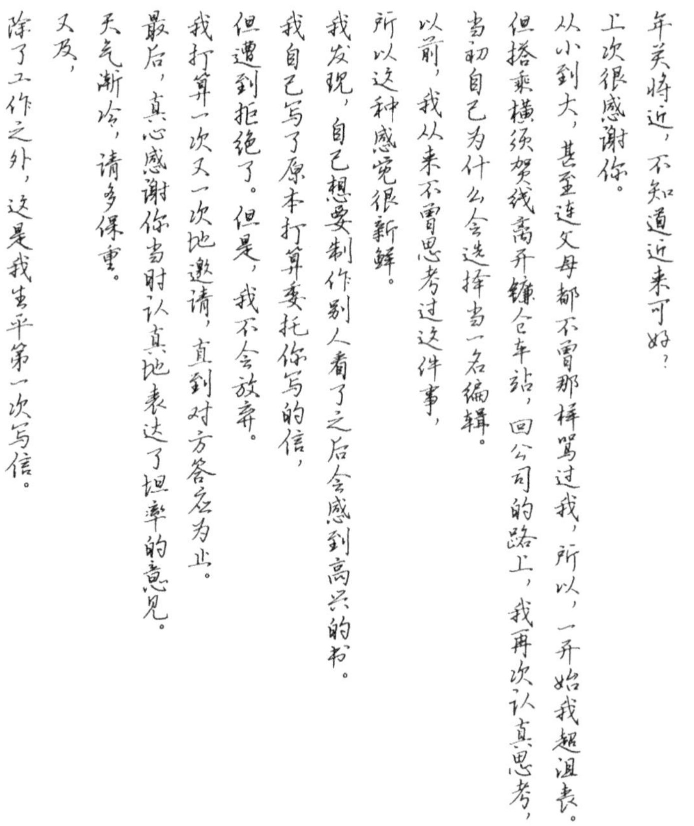

年关将近，不知道近来可好？
上次很感谢你。
从小到大，甚至连父母都不曾那样骂过我，所以，一开始我很沮丧。
但搭乘横须贺线离开镰仓车站，回公司的路上，我再次认真思考，
当初自己为什么会选择当一名编辑，
以前，我从来不曾思考过这件事，
所以这种感觉很新鲜。
我发现，自己想要制作别人看了之后会感到高兴的书。
我自己写了原本打算委托你写的信，
但遭到拒绝了。但是，我不会放弃。
我打算一次又一次地邀请，直到对方答应为止。
最后，真心感谢你当时认真地表达了坦率的意见。
天气渐冷，请多保重。
又及，
除了工作之外，这是我生平第一次写信。

图1　书信

在为园田先生写给青梅竹马的一封信代笔时，雨宫鸠子认为"使用玻璃笔，它最能传达园田先生那份纯净柔软的心意，笔尖的 8 根毛细沟槽吸附墨水后，就可以写出文字。搭配比利时制造的奶油帘纹纸，抄纸时所使用的竹帘会在纸上留下细微的凹凸螺纹，宛如涟漪，在白纸上留下微妙的阴影。墨水要用深棕色，再用防水功能的信封，因为担心遇到雨水，所以用黑色油性细头马克笔写下收件人姓名地址，苹果图案的贴纸邮票"。在这段文字之后便附上了这一封手写体书信，把文字表达的局限之处统统体现了出来（图 2）。

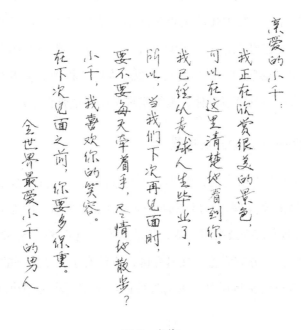

图 2　书信

结合手写体书信的附图，读者便可以更加直观地了解雨宫鸠子的工作成果，生动形象。书中的每一封委托信都是按照如上方式进行描写和呈现，读者不仅在文字上了解了代笔人的日常工作过程，也会在手写体书信附图中获得更加直接显著的感受。

（五）"双线"宣传

1.线上推广——多角度齐发力

《山茶文具店》在国内上市之时，博集天卷的官方微博第一时间发布了宣传广告并及时与读者互动。出版商与各大线上销售平台合作，通过微博、微信和豆瓣等社交媒体进行新书宣传，在宣传文中附有当当、京东、亚马逊 3 家图书销售平台的购书链接及博库、文轩、微博图书和凤凰新华这 4 家知名天猫店铺的购书链接，方便有意购书之人可以快捷跳转到购买页面，从流程处节省时间。

《山茶文具店》的影视化改编也为新书宣传带来了一定成效。在进行影视化之前，图书自身已经积累了一定的读者基础，这自然会带动影视化的收视率。而较高的收视率又会吸引大批量的普通观影人群，将他们从潜在读者转化为图书消费者，扩大图书的读者群体，最终实现了多渠道营销推广。

2.线下活动——还原经典场景

《山茶文具店》上市之后，博集天卷与诚品书店进行联合推广，在苏州诚品书店举行了诚品文具展，首度还原小说《山茶文具店》中那间治愈的"山茶文具店"，还原书中信件及书写文具，把故事发生地从镰仓搬到苏州，将小说照进现实。活动中，主办方设置了文具专区，不仅有小说中提到的各种书写工具，还有当下最为流行的文具用品，参与者可以尝试使用小说中出现的文具为亲朋好友写封信。

同时，在活动中，诚品书店邀请《山茶文具店》的作者小川糸与读者对话，活动现场吸引了一大批忠实书迷和潜在读者。为了还原书中"书写"情景，主办方特邀作家张嘉佳和张小娴与诚品读者以"笔友"之名，书写信件，读者有机会收到他们的回信。线下活动的举办，不仅可以满足忠实书迷交流心得的愿望，更重要的是可以吸引一大批潜在读者，活动中各个环节设置可以让潜在读者更加直观地了解该书的特色所在。

四、精彩内容欣赏

和守景父女道别后，我回到家，泡了京番茶。

我准备了三个茶杯，把茶壶里的热茶倒进杯子。杯子冒着热气。

我把其中一杯放在上代的照片前，另一杯放在寿司子姨婆的照片前，敲了敲铜磬后，合起双手。

我无论如何都不可能再见到上代和寿司子姨婆，过去我一直抱着一丝期待，希望能再见她们一面，让一切重来；但是，今天见到守景先生后，我了解到这是不可能的事，而我也必须在没有上代的世界继续前进。

我坐在椅子上，把自己的茶放在面前。芭芭拉夫人家走廊的灯今天也发出橘色的光。绣球花即将吐芽。

结果，芭芭拉夫人还是没把绣球花剪掉，去年就枯萎的绣球花仍然维持着地球仪般的形状。

我喝完第一杯茶后，把书信盒拿到桌子上。

然后，从书信盒里拿出钢笔。

这支沃特曼（Waterman）钢笔是我升上高中时，上代送我的礼物。原本在纽约当保险销售员的刘易斯·埃德森·沃特曼，制作出能让笔储存墨水的装置；换句话说，正是他发明了钢笔。上代送我的笔款是纪刘易斯·埃德森·沃特曼发明钢笔一百周年所推出的"Le Man 100"。

黑色笔身与金色的笔夹及饰环相互辉映，充满毅然之美的身影，让人忍不住叹息。不知道从什么时候开始，我便一直没有拿起这支钢笔。钢笔要经常使用，写出来的字才好看。虽然我明知这个道理，却不愿面对它，忽略它，一直把它丢在那里。

"对不起。"

我把笔捧在手心，轻轻抚摩着，向它道歉。

抚摩了一会儿，钢笔渐渐温暖起来。也许它觉得冷，于是我对它呵着热气。

希望你从长眠中醒来。我在内心祈祷着，打开了笔盖。笔尖闪着金色光芒。

怎么可能？但是，无论我再怎么仔细打量，笔尖上都找不到墨水的痕迹。我不记得自己曾清洗过，一定是上代为我洗干净的。

难道是钢笔在漫长的岁月中静静等待，等待我用全新的心情拿起它吗？

我打开墨水瓶盖，吸取蓝黑色的墨水。

遭到捆绑的话语正在寻求解放。想必是拜守景先生所赐，他对着我那些冻结的话语呵了口热气。

我写信的对象并非其他人，而是上代；我写了一封长长的信。

当我放下钢笔，全身顿时宛如潮水退潮般感到无力。我就这样把信纸留在餐桌上，像梦游者似的走向沙发。睡意立刻袭来。

睡梦中，我站在一座桥上。

阿嬷：

这辈子，我从未这样喊您，但我偶尔会在心里这样亲切地称呼您。每年春天，您都会带着我一边沿着段葛走向八幡宫，一边赏樱花；您却从不回头看我，只是专心抬头看着樱花。那时候，您心里在想什么呢？我总是走在您后头半步的距离，连轻碰您的手都不敢，但是，我相信您也一样。

您写了很多信给住在意大利的静子女士，在信中毫不掩饰地写了我的事，那是我所不认识的您。您无时无刻不在关心我，原本以为，您不会烦恼，不会受伤，也不会感到伤心……然而事实并非如此。当年的我太天真，太不成熟，无法想象您在"上代"的面具下，是一位和我一样在人生中痛苦挣扎的无助女士。

最近，我想起以前您经常做给我吃的奶油糖的味道，就是您把炼乳连同铁罐放在火炉上做出来的奶油糖。您还记得吗？老实说，我有很长一段时间都忘了，不过，在一个偶然的机会中，我想起了这件事。那天之后，奶油糖始终在我嘴里。心情沮丧时，那甜甜的味道就会激励我。

您住院后，一直在病床上等待我的出现，但我一直以为您不想再见到我，您过世的时候，正好是冬季。接到寿司子姨婆的电话后，虽然我立刻就赶到了镰仓车站，但我突然觉得害怕，无法再向前跨出一步。我知道，这只是借口。只是，我无法相信这个世界已经没有您，我不愿承认您已经死了。如今，我为此事感到追悔莫及。早知道，我应该亲手为您办理后事，如果能见您最后一面，好好向您道别，也许就不会像现在这样，总是悬着一颗心。对不起。

因为想告诉您这件事，所以我正在提笔写信。镰仓即将迎来绣球花的季节，这是我从住在隔壁的芭芭拉夫人身上学到的。即使在夏天，芭芭拉夫人也不会把绣球花的花剪掉，就这样一直留到冬天。我向来觉得枯萎的绣球花看起来很寒酸，但事实并非如此，绣球花枯萎的姿态依然美丽清爽。我也终于知道，除了花以外，枝叶和根，以及被虫咬的痕迹，所有的一切都很美丽。因此，我相信我们之间的关系也是一样，没有任何徒劳无益的时光——我真心希望如此。

刚才，守景先生在回来的路上说，他想和我交往。他是我笔友的爸爸，也许我将和您一样，选择养育一个并非自己怀胎所生的孩子。寿福寺的庭院真美，当我哭闹时，您曾背着我去看那庭院的风景对吧。相隔多年，我再度想起您后背的温暖，忍不住流下来眼泪。

谢谢。我想把当时无法告诉您的这句话送给您。您常说"字如其人"，我目前只能写出这样的字，然而这确实是我的字，请您在天堂和寿司子姨婆一起幸福生活。

此致 雨宫点心子女士
又及，我和您一样成为代笔人，以后也将继续以代笔为生。

鸠子 敬上

上代站在我的旁边。即使没看到她的脸，我也可以凭气息知道是她。
桥上还聚集了很多我认识的人。
牵着我的手的，是QP妹妹吗？站在她旁边的，应该是守景先生。
芭芭拉夫人和寿司子姨婆也在。

男爵和胖蒂穿着相同的横条纹 T 恤。

站在我身后的，大概是小舞和她的家人吧？可尔必思夫人和她的孙女木偶妹妹也在。

一个我不认识，却觉得非常熟悉的女人站在不远处。是母亲吗？她一定是生下我的母亲。

那座桥就是架在附近二阶堂川上的桥，潺潺流水愉快地哼着歌。

"啊！"

有人叫了一声，指着河面。

小小的亮光穿越黑暗。

是萤火虫。没错，每年都有萤火虫在这条河边飞舞。

许多人都站在小桥上看萤火虫。

"啊！"

又有人叫了一声。

萤火虫轻飘飘、轻飘飘地随兴优雅飞舞着。

许多人静静注视着萤火虫的微光。虽然只是如此而已，却令人备感幸福。

当我醒来时，一时分不清那是梦境还是现实。

我好像曾和上代一起在桥上看过萤火虫，却又好像从未有过这种经验。但我觉得这不重要，我的内心仍然有着照亮黑夜的微光残影。

改天我也要写信给母亲。我觉得上代希望我这么做。相信应该还来得及。

窗外，天色已经微亮。

八幡宫源平池的莲花说不定快开了。

我把放在桌上、写给上代的信折好，装进信封里。

鸟儿热闹地叽叽喳喳，似乎啄着夜晚的余韵。

（节选自《山茶文具店》第 305-315 页）

五、相关文献推荐

[1] 董志浩.引进版英国畅销书的出版启示 [J].出版广角，2020（24）：57-59.

[2] 唐云.磨铁畅销书的运营策略启示 [J].出版广角，2020（23）：61-63.

[3] 曾佑林.情感消费时代下的畅销书运作策略浅析——以《你当像鸟飞往你的山》为例 [J].新闻研究导刊，2020，11（14）：222-223.

[4] 张文红，孙乐.2018 年我国畅销书产业观察与分析 [J].出版广角，2019（4）：11-15.

（执笔人：李慧）

案例八：《摆渡人》

一、图书基本信息

（一）图书介绍

书名：《摆渡人》

作者：[英]克莱儿·麦克福尔

译者：付强

开本：32开

字数：220千字

定价：36.00元

书号：ISBN 9787550013247

出版社：百花洲文艺出版社

出版时间：2015年6月

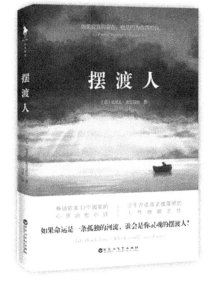

（二）作者简介

克莱儿·麦克福尔，居住在英国苏格兰地区的格拉斯哥，因2013年在英国首次出版的作品《摆渡人》而一举成为英国文坛备受瞩目的作家。在那之前，她是一名中学教师。书中的主角"迪伦"就是一名正在上中学的15岁女孩，当被问及"迪伦"的形象是否来自于她的学生，克莱儿表示更多是来源于自己，书中的那一片荒原就是她自己的荒原。

（三）译者简介

付强，四川外国语大学教师，主要从事翻译研究。熟悉英美文化，擅长写作与翻译；出版《摆渡人》《巫蛊之祸与儒生帝国的兴起》等译著 5 部。

二、畅销盛况

《摆渡人》于 2013 年在英国首次出版，一经推出就获得了该年度 12~16 岁苏格兰童书大奖，并入围了包括卡耐基奖章在内的多个奖项，同时对 33 个国家输出了版权。2015 年 6 月，《摆渡人》一书由北京白马时光文化发展有限公司引进，推出中译本，由百花洲文艺出版社出版。该书一经推出，就长期占据畅销榜前列。在亚马逊 2016 年图书销售排行榜中，《摆渡人》排在第 20 位；在京东图书 2016 年小说销量榜中，《摆渡人》排名第二。此外，该书在 2016 年的"双 11"当天，创造了天猫全网单日破 10 万册的销量。2017 年 2 月 7 日的数据显示，《摆渡人》的销量已经超过 100 万册。此后，《摆渡人》续集《摆渡人 2：重返荒原》与《摆渡人 3：无境之爱》分别于 2017 年 9 月和 2019 年 2 月出版，这两本新书的出版再一次带动了首册《摆渡人》的畅销。

北京开卷 2019 年 6 月发布的文章提到："'摆渡人'系列的首部图书《摆渡人》于 2015 年 7 月首次进入开卷虚构类榜单，并在同年 10 月登顶榜首，其后 3 年中始终保持在榜单前 10 名，至今已连续 47 个月在榜，可谓是经过了时间考验的畅销作品。"北京开卷发布的数据显示，截至 2021 年 4 月 31 日，《摆渡人》的销量已经突破 357 万册。

三、畅销攻略

（一）图书文本的魅力

1. 打动人心的主题——爱情、死亡与救赎

图书内容是图书能否畅销的内在决定性因素。图书内容如果能够满足大部分读者的心理需求，具有打动人心的普遍性，由此就具有了畅销的潜质。从《摆渡人》一书中，读者可以看到自己内心深处对于死亡与未知事物的恐惧，也能从中感受到我们每个人的生命中都会遇到许多珍贵的人，教会我们去爱，变得勇敢。《摆渡人》的主题与我们每一个人息息相关，体现了人们对于爱与温暖的渴望。

故事讲述了15岁的单亲女孩迪伦与母亲的关系紧张，在学校与其他同学格格不入，唯一的朋友也转学了。在又一次被同学捉弄之后，迪伦打算逃课去见自己从未谋面的亲生父亲，然而却遭遇了火车事故。她艰难地走出隧道，到达了一片荒原，遇到了等待在那儿的男孩崔斯坦，她以为他们都是这场事故的幸存者，于是跟随崔斯坦在荒原跋涉，去寻找救援，但在途中她渐渐发现了自己已经死亡的真相。崔斯坦也不是与她在同一辆火车上的幸存者，而是带她去往未知之地的"摆渡人"。迪伦与崔斯坦一起在荒原艰难行走，在与恶魔对抗的过程中，她渐渐接受了自己死亡的事实，与崔斯坦之间产生了爱情。这种爱让迪伦勇于打破规则，带领着崔斯坦一起重新回到了人间。在这个故事当中，崔斯坦是迪伦的"摆渡人"，迪伦同时也是崔斯坦的"摆渡人"，带他挣脱了无法选择的永远被困于荒原的命运，走向人世。面对冰冷的死亡与永恒的孤独，对爱的渴望让迪伦去寻找一切可能改变命运的机会。

该书的作者克莱儿·麦克福尔在一次采访中谈道："我认为《摆渡人》之所以能吸引如此多的中国读者，是因为它具有普遍性。其一，爱情的力量是这部作品的关键创作思路，也是和每个人都有关的主题。其二，作品中有关面对恐惧，即使困难重重也要战斗到底的决心，是我们大多数人都会经历的，只是迪伦的表现方式不同罢了。曾经有读者告诉我，《摆渡人》中的一些想法，类似于中国的神话故事，比如'黑白无常'。这部作品的普遍性之三，即所有人终将面对的未知领域——死亡的神秘性，它也是永远能够吸引读者的话题。"

2. 多种小说类型的结合——拥有更广泛的受众面

《摆渡人》是一部集各种小说类型于一体的经典小说，是一部青少年和成年人一起成长蜕变的小说，是心理小说、爱情小说、人鬼奇幻小说，还是青少年冒险小说。

首先，它是一部青少年成长小说。书中的主角是一个普通的 15 岁中学生，她在成长过程中缺失父爱，母亲由于常年的单身生活形成了强硬、尖锐的性格，不擅长表达对女儿的爱，迪伦常常与她针锋相对。她性格内向腼腆，在学校经常受到同学的捉弄。青少年读者能在迪伦身上看到自己成长过程中也会面临的烦恼、孤独与迷茫，而迪伦在荒原跋涉的旅途当中，渐渐变得勇敢、坚定，也会给青少年读者以正能量的引导与激励。

其次，对成年人来说这也是一部心灵治愈小说。崔斯坦从存在之初，就别无选择地做着被安排的工作，在荒原上引导着一个又一个的灵魂，在这个过程中渐渐变得冷漠、麻木，也不敢去挣脱自己的命运。他的身上有着当下在生活的重压下慢慢失去激情，被社会磨平棱角的芸芸大众的影子。

再次，它也是一部浪漫的爱情小说。迪伦与崔斯坦两人在共同面对险境、克服重重困难的过程中渐渐产生情愫，他们的爱是这片残酷、黑暗的荒原中一抹明亮的光，最终刺破荒原与人间的屏障，共同回到了人类世界。

最后，这部小说也有着神话传说的色彩。作者克莱儿·麦克福尔曾说，创作这本书的灵感来自她对人死后会发生什么的好奇与希腊神话中冥府渡船人故事的结合。希腊神话中，卡戎是冥王哈得斯的船夫，他不仅是在冥河上摆渡，还肩负着分辨来到冥河岸边的是死者的亡灵还是不应进入地府的活人的任务。作者据此塑造出"崔斯坦"这个人物，他是荒原上的"摆渡人"，在最后的旅途当中要划船穿过一片暗藏危险的湖泊，将灵魂送到未知的彼岸。

无论是青少年还是成年读者，都能在这部书中找到与自己相契合的部分与心灵所需要的养分。其中，爱情、冒险、神话等丰富的故事元素让这本书的内容充满了独特的魅力。

（二）有吸引力的图书装帧设计

1. 封面设计兼具视觉效果与内涵呈现

图书的封面设计决定了图书给读者留下的第一印象，影响着读者下一步的抉择。这种重要性对于名不见经传的作者和作品来说更为突出。当读者对一本图书毫无了解，在随意的浏览过程中是否能够被书名和封面设计所吸引从而产生进一步翻阅的兴趣，很大程度上决定了图书的命运。

首先，《摆渡人》的封面具有视觉冲击力，整体压抑的黑蓝色调，与璀璨的金光形成了鲜明的对比，能够在第一时间吸引读者，让读者产生进一步翻阅的兴趣。其次，《摆渡人》的封面设计很好地展现了文本的内涵，做到了形式与内容的统一。暗蓝的天幕、厚重的黑色乌云、黝黑的湖水，有人划着一艘小船浮于其上，从云层中透出的光将湖面照得金光璀璨。压抑、绝望的环境中那一抹刺破黑云的明亮曙光，给人以震撼心灵、充满希望的感觉。从封面的图景当中，读者可以感受到这本书想要传递出来的主题：关于我们生命中遇到的那些帮助我们走过黑暗的人，关于勇敢面对恐惧的勇气，关于救赎。每个人的生命中都会有一段孤独而黑暗的时光，但只要怀抱着爱与勇气，我们终究会冲破黑暗，到达光明的彼岸。

2. 宣传文字展现图书亮点

封面的宣传文字能够帮助读者进一步了解图书内容。准确提炼图书的宣传点，撰写有吸引力的宣传文字，能够使读者产生阅读兴趣，从而对图书的销售起到非常关键的作用。《摆渡人》封面上的宣传文字"如果命运是一条孤独的河流，谁会是你灵魂的摆渡人？""如果我真的存在，也是因为你需要我"打动了许多购买者。每个人的生命中都会有孤独难熬的时刻，也希望遇到那个帮助我们冲破黑暗、迎来曙光的摆渡人。这样一个关于爱、陪伴与救赎的故事，体现了人性对美好感情的渴望。

此外，图书的腰封也充分发挥了宣传作用。"畅销欧美33个国家的心灵治愈小说""令千万读者灵魂震颤的人性救赎之作"及"'布兰福·博斯奖'等五项图书大奖"，有力地传达出这样的信息：这是一本已经经过市场检验，并且被许多读者认可的作品，值得一看。在读者对一本图书毫无了解的情况下，这些内容显著增加了图书内容在读者眼中的价值及吸引力。

（三）丰富的营销活动扩大图书影响力

1. 作者参与宣传为图书营销造势

在《摆渡人》的宣传推广过程中，作者克莱儿·麦克福尔多次来到中国，参与图书线下营销活动，成为图书销售的重要推动力。在2017年1月12日的北京图书订货会上，白马时光邀请作者克莱儿·麦克福尔出席三周年庆典活动暨经销商大会。克莱儿·麦克福尔在接受采访时既谈到了《摆渡人》的创作灵感，也为即将出版的《摆渡人2:重返荒原》预热。紧接着，1月15日，作者在中信书店举行了读者见面会并进行图书签售，吸引了众多读者前来参与活动，现场气氛火爆。作者选择线下营销活动的时机恰到好处。《摆渡人》出版之前，克莱儿·麦克福尔并不为人所知。2017年年初，《摆渡人》已十分畅销，拥有了庞大的读者群，打响了克莱儿·麦克福尔的名气。此时组织图书签售会，能够收获热烈的反响，为图书的宣传造势。此外，《摆渡人2：重返荒原》在几个月之后也将出版，此时组织图书签售能够为新书的推出吸引足够的关注度。作为同一系列的作品，《摆渡人》续集如能热销，首册图书的生命力也将不断增强。

2. 开展跨界活动传播 IP 内核

新书品种层出不穷，图书更新换代速度加快，新书出版之后很容易淹没在茫茫书海之中。一本书的出版仅有好的内容和包装还不够，能否将图书信息尽可能地传递到更多读者手中，让图书触及更多潜在读者，是图书能否畅销的关键。在 IP 热大行其道的当下，开展跨界合作，将图书的 IP 内核进行全新的呈现，不仅能加深其在读者心目中的印象，也能够制造全新的宣传热点，吸引媒体的关注，为图书进行新一轮的宣传。

在 2018 年的北京国际设计周上，白马时光与斑马谷文化联合策划了"北京国际设计周·'摆渡人'创意艺术展"。其以《摆渡人》的 IP 为灵感，将"谁是你生命中的摆渡人"的主题贯穿其中，展现个体与生命中的"摆渡人"的故事。作为一场文学 IP 与艺术创作的跨界联合，此次活动吸引了许多机构和艺术家的参与，将图书信息进行了有效传播。展品征集活动的发起方有斑马谷文化、凤凰文化、时尚芭莎艺术、民国画事、为你读诗等多家单位。在展览开幕当天举行了媒体分享会，多位知名艺术家、插画师、设计师的出席吸引了众多媒体的目光，激起了新一轮的宣传热点。

3. 借势同名电影热播风潮

2016 年，根据张嘉佳的短篇小说集《从你的全世界路过》中的一篇改编而成的电影《摆渡人》播出，与《摆渡人》图书同名。《从你的全世界路过》在2013 年出版，成为当时风靡一时的畅销书，因此电影的播出也吸引到众多关注的目光。虽然在此之前已经有了《摆渡人》图书的热销,但此时同名电影的播出无疑进一步加强了"摆渡人"这个概念的传播度。二者具有相同的故事内核,即关于爱与救赎。电影的播出再次让图书《摆渡人》进入到更多观众的视野中。

(四) 续集的出版带动首册销量

"摆渡人"系列的第二部与第三部分别于 2017 和 2019 年出版,每两年出版一册的节奏延长了图书的生命周期,大大增强了首册《摆渡人》的生命力,为图书的销售注入新的活力。从开卷的畅销榜中可以看到,在《摆渡人 2:重返荒原》与《摆渡人 3:无境之爱》登上畅销榜时,总会看到其后紧紧跟随着《摆渡人》的书名。得益于后两部图书出版的带动作用,从 2015 年至 2020 年,《摆渡人》大部分时间都排在开卷虚构类畅销榜的前列。

四、精彩内容欣赏

她身边的崔斯坦沉默不语,神情紧张地兀自健步如飞,还不时快速地扫视周围。他的紧张感也传染给了迪伦,她不敢看四周,只是目不斜视地盯着前方,祈盼他们能不出什么岔子顺利通过。

她眼睛的余光只能分辨出蝙蝠们飞来扑去的模糊身影。不,不是蝙蝠,她突然意识到,那是恶魔。它们顺着岩壁一跃而下,然后在他们的头顶低空盘旋。迪伦紧抓着崔斯坦的手指,尽量不去看它们。

但她无法对它们视而不见。她觉得自己又听到了那熟悉而瘆人的吼叫。她现在一听到这样的叫声就会联想到恶魔。但空气中回荡的并不是那种高亢的哀号,而是另外一种噪声。

"你听得到吗?"她简短地问了一句。

崔斯坦点点头,表情阴沉。

这声音听起来像是一千个人在窃窃私语。尽管听不清说的什么，但却来势汹汹。

"这是什么？"她颤声问道。她的头来回转动，扫视着天空与悬崖，想找到声音的源头。

"不是从上面发出来的，"崔斯坦告诉她，"在我们下面，你听一下地面。"

对迪伦来说，这个要求太古怪了，但她还是凝神静气注意聆听可能会从她脚下发出的声音。一开始，她只能听到自己的脚嘎吱嘎吱地踏过散落在路上的沙砾和小石子时发出的声音。可是现在当她特意倾听时，才发觉那些古怪的嘶嘶声真的来自脚下。

"这是怎么回事啊崔斯坦？"她问道，声音小得几乎连自己也听不见。

"恶魔。它们正在我们脚下聚集，瞅准了机会就会发动袭击，它们会成群结队从地下冒出来。这是它们一贯的伎俩。"

"为什么呢？"迪伦轻声问。

"我们现在位于荒原的中心，"崔斯坦解释说，"这是成千上万的恶魔潜伏的地方，阴影在这里几乎永远不会消失。它们知道在这里有机会得逞。"

"它们要等什么样的机会？"她哽咽着几乎说不出话来。

"一旦我们在阴影里走得够深，它们就会袭击我们。在这里，它们无须黑夜。"他的声音非常严肃，但那种恐怖的语气比他说话的内容更让迪伦觉得不寒而栗。

"我们该怎么办？"

他惨笑一声说："什么都不做。"

"难道我们不应该赶紧跑吗？"迪伦并不怎么擅长跑步。尽管她身材不胖，但身体并不怎么好。她没有锻炼的习惯，学校开设的体育课更是一种折磨。她一直觉得自己要是被人追赶，就只能拼命地跑。她悲哀地想，看样子现在是时候逃跑了。

"除非迫不得已，否则不要跑。保存一下体力，把它们用在紧要关头吧。"他说着，淡淡一笑，笑容转瞬即逝。

"紧紧抓住我，迪伦。别放手。我告诉你该跑的时候，马上跑。你沿着这条路，穿过山谷就有一间安全屋。你只管朝着屋子跑，千万别回头。进了门你就安全了。"

"你会在哪儿呢？"她焦急地小声问。

"就在你身边。"他冷冷地说。

迪伦睁大了眼睛，眼神中满是惊恐。她尽力死死盯着前方的路，攥着崔斯坦的那只手由于太过用力，手指都在微微颤抖。地下的隆隆声似乎越来越响，整个地面都仿佛在冒泡、融化，好让恶魔们全都钻出来。她费了一会儿工夫才分辨清楚地上的图案，然后就意识到，那就是阴影。她看到周围的山谷正变得越来越黑，悬崖似乎也在不断向他们靠近，不禁呼吸越来越急促，大气也喘不匀了。他们已经走到了阴影深处，还有多久那些恶魔就会破土而出呢？

空气似乎在瞬间就变得冷飕飕的，一阵寒风顺着山谷的岩壁而上，吹得迪伦的头发盖住了脸。耳边是风的低语，和地面上的噪声相应和。她清晰地辨认出了其他恶魔的吼叫声，那哀号声就在他们的头顶。它们正从四面八方围过来。

在那一刻她感觉时间似乎在一片混沌的边缘停止了。她身体里的每一根神经都绷紧了，血管中肾上腺素汹涌澎湃。她的肌肉似乎也兴奋起来，随时准备接收她的命令。她深吸一口气，灌进肺里的空气让她的耳朵里呜呜作响。

她还没来得及把这口气呼出去，还没来得及眨一下眼睛，时间就一下子跳到现在，所有的事情都在一刹那发生了。无数恶魔像黑色的小蛇般突然冒出来，地上顿时黑烟滚滚。它们在空气中翻滚扭动，气势汹汹地发出嘶嘶声。成百上千，成千上万，铺天盖地，遮蔽了她的视线。迪伦目瞪口呆地傻看着，她之前从未见过这样的情景。一个恶魔从迪伦的胸口钻了进去，在里面抓来抓去，然后又从她后背钻了出来，她的心一下子结成了冰。不知什么东西卡在她的头发里，又扯又拽，头皮上一阵阵刺痛。还有利爪牢牢钳住了她的肩膀和胳膊。使劲拖拽着她。

"迪伦，快跑！"崔斯坦的声音穿过喧嚣与纷乱，直达她头脑正中。

跑！她自己也在心里重复了一遍。跑！可是她动不了，腿完全僵硬了，就好像它们已经忘记了该怎么挪动。她以前看的那些恐怖片里有些人遇事会吓得四肢瘫软，结果沦为抡着斧子的杀人狂的牺牲品，她还总是嘲笑人家，可现在轮到自己了，她吓得完全动不了。

他猛地拉起迪伦的手，她这才跌跌撞撞地迈开步子。快跑、快跑、快跑，她不断默念着，铆足了力气随他沿路飞奔。恶魔们尖叫着在她周围盘旋，但好在它们暂时没法跟上她的脚步抓住她。

身边的景物随着她的飞奔快速移动着，虽然还没看见安全屋，但她知道自己已经快要找到它了。可她在全力冲刺的时候就清楚自己没法这样跑太久，她感觉双腿火辣辣的，已经不太听使唤了。呼吸越来越急促，越来越不均匀，每吸一口冷气胸口都撕心裂肺地痛。她的胳膊还在匀称地摆动，奋力地让她继续跑下去，可步子却越来越慢。恶魔们的利爪已经抓住了她，使劲地把她往后拽，她的脚步更慢了。她知道，除非小屋就在眼前，否则自己坚持不下去了。

有东西使劲拉住了她的手，力道之强，几乎把她向后带倒。迪伦的肩窝一阵剧痛，不由得叫了起来。片刻后，她才醒悟过来是怎么回事。她的双手已经攥成了拳头，赤手空拳。

"崔斯坦！崔斯坦！救命！"她在喘气的间隙有气无力地说。

"迪伦，快跑！"她听到他在大喊。他不在自己身边。他去哪了呢？她不敢回头看，生怕摔倒。她全力以赴地按他教的去做——跑，尽力跑，越快越好。

那是什么？在她正前方，大约有四百米的距离，朦朦胧胧有一个正方体。那一定是安全屋了。她如释重负地呜咽起来，尽力绷住了自己本已疲惫不堪的肌肉做最后一搏。

（节选自《摆渡人》第 95-99 页）

五、相关文献推荐

杨永秀.克莱儿·麦克福尔的《摆渡人》赏析 [J].邢台学院学报，2017，32（1）：152-154.

（执笔人：彭诗雨）

案例九 :《麦田里的守望者》

一、图书基本信息

(一) 图书介绍

书名 :《麦田里的守望者》

作者 : [美] J. D. 塞林格

译者 : 施咸荣

开本 : 32 开

定价 : 42.00 元

书号 : ISBN 9787544775113

出版社 : 译林出版社

出版时间 : 2018 年 12 月

(二) 作者简介

J. D. 塞林格 1919 年 1 月 1 日出生于美国一个犹太富商家庭,青年时期就读于军事学校。《麦田里的守护者》是作者于 1951 年出版的长篇小说,它被誉为 20 世纪美国文学的经典作品之一。

他的作品除了《麦田里的守望者》,还包括 1953 年出版的短篇故事《九故事》、1961 年出版的《弗兰妮与祖伊》、1963 年出版的《抬高房梁,木匠们 / 西摩 :小传》。

（三）译者简介

施咸荣，翻译家。1927 年出生于浙江，1953 年毕业于北京大学西语系英语专业，先后担任过中国社会科学院美国研究所美国文化研究室主任、中华美国学会秘书长，中国作家协会会员，全国美国文学研究会常务理事。他对英美文化的研究及其严谨的写作风格，对我国文学界有重要影响。

他的译作除了《麦田里的守望者》，还有《土生子》《等待戈多》《美国文学简史》等。他的著作有《西风杂草》《莎士比亚和他的戏剧》等。

二、畅销盛况

《麦田里的守望者》（*The Catcher in the Rye*）最先于 1951 年在利特利＆布朗出版社（Little，Brown and Company）出版。1983 年被引入中国后，译林出版社和漓江出版社均出版了此书的中文版。

《麦田里的守望者》这本书在 1951 年出版的那一年，书中描写的主人公霍尔顿的穿搭及行为举止，成了当时美国年轻人所模仿的一种流行趋势。

1997 年，根据译林出版社官方发布的数据，《麦田里的守望者》的中文版销售量已经超过 150 万册，该书的全球发行量也已经超过了 6000 万册。从那年开始，这本全球销量过千万的小说被越来越多的中学和高等院校列为必读书目之一。

2016 年，《出版广角》公布了有关《麦田里的守望者》一书从 2013 年至 2015 年引进出版的开卷数据。从数据中可以看到，2013 年，《麦田里的守望者》占据开卷销量最高的引进作品第 4 名，由译林出版社出版的销量高达 96 051 册；2014 年，《麦田里的守望者》占据开卷销量最高的引进作品第 5 名，由译林出版社出版的销量高达 173 103 册；2015 年，《麦田里的守望者》占据开卷销量最高的引进作品第 9 名，由译林出版社出版的销量高达

161 337 册。从这组数据中可以看出，《麦田里的守望者》的销量在逐年上升，已然成为人人必读的经典著作。

2021 年，译林出版社的宣传海报提到关于《麦田里的守望者》的全球销量已经高达 7000 万册，是《时代》杂志推荐的 100 部文学经典之一。不仅如此，在电商发达的时代，《麦田里的守望者》一书的网络销售量也非常可观。截至 2021 年 4 月，当当网上多达 39 家店铺在售卖此书。译林出版社在当当网上的店铺销量多达 12 万册；在京东网上的店铺销量多达 10 万册。

从 1951 年到 2021 年，《麦田里的守望者》始终处于畅销一侧，甚至也变成了一本常销书。笔者相信，未来面对新一代的青少年人群，还会有新的纪录等待着这本经典书籍去打破。

三、畅销攻略

（一）"个人"魅力是前提

1. 具有批判意义的反成长主题

什么是"反成长"？这要从"成长"开始说起。成长小说起源于 18 世纪末期的德国，主要讲述的是主人公的经历和过程，以及最终成长为一个被社会所接受的人，一个符合社会期待的具有价值需求的人。而反成长小说则起源于 20 世纪中后期，这类小说受"二战"的影响，汲取成长小说的叙事模式，根据一些语境下隐藏的社会现象，还原主人公的成长历程。J. D. 塞林格笔下的《麦田里的守望者》一书则是反成长小说题材的主要代表。

"二战"后的美国经济发展迅速，人们的衣食住行基本上得到了解决，可隐藏在社会背景下的成年人与青少年的世界却没有想象中那么好。作者 J. D. 塞林格借着主人公霍尔顿，以一个青少年的角度去"看"及"讽刺"成年社会的荒淫与混乱，打造了一个具有讽刺意味反成长主题的故事。原文通过描写主人公霍尔顿的经历，展现"二战"后美国成年人和青少年的主要心理和社会现象。

《麦田里的守望者》小说中有很多细节描写，突出了当时美国社会对待青年人是多么不负责任。例如，霍尔顿多次出现在夜总会，还未成年却总能喝到酒。这些都讽刺了当时美国社会制度的糜烂，让很多当代人反省。

在小说的叙述中，主人公霍尔顿一开始因成绩不合格被学校开除，离开学校后发生了一系列事情。霍尔顿的内心从一开始的逃避到最后的面对，又似是一种坦然。面对曾经经历过的一切，他想念故事中的每一个人。这里有主人公霍尔顿对这段经历致使他幡然醒悟的感谢，也有作者最后对人物角色的怀念。与此同时，小说提醒读者：一切经历终将过去，逃避终究需要面对，每一个冲向悬崖的孩子，最终都会被救赎。

2. 使人深入思考的写作手法

（1）第一人称的内心叙事。

《麦田里的守望者》这部小说主要是以第一人称叙事的角度进行写作的。其以回忆式自述的方式，叙述了主人公霍尔顿的成长经历及心路历程。作者利用这些叙述，交代了故事的整体架构，也让读者更加深陷其中。

关于剧情时间及原因的叙述。小说开篇以回忆的方式交代了主人公霍尔顿的人物性格及家庭环境。在故事的第一场景中，介绍了霍尔顿和历史老师斯宾塞在对话中提到的小说时间线及引起后续一系列事件发生的原因——因为五门功课中有四门不合格而被学校退学。

关于主人公霍尔顿"三天两夜"经历的叙述——对霍尔顿和室友打架之后，离开学校后"三天两夜"的经历进行叙述。在这三天两夜里，霍尔顿误入成年人的世界，通过成熟打扮、故意低沉的嗓音伪装成大人样子参与成年世界的事务。在这个故事里，霍尔顿因为未成年而不能喝酒，从而被人嘲笑；在宾馆被引诱，却不敢发生什么，结果因为拒绝支付额外的费用而被毛里斯打了一顿；

在与萨丽谈到想要和她一起去格林威治村生活时而被拒绝；在喜欢的老师安多里尼家借住时，发现对方是一个性变态者……这些叙述都表现了霍尔顿在三天两夜里的悲惨经历、对社会的吐槽及对自己未来的彷徨。他处于孩子与成人之间，却妄图融合到成人的社会，想要独自生活、长大，可是现实世界却残忍地将他所有的幻想都逐一打破。

关于霍尔顿人物心理变化的叙述。小说开篇的介绍方式及霍尔顿和他人对话的心理活动，可以看出霍尔顿是一个对一切都厌烦、憎恨的叛逆少年。文中最先能体会到霍尔顿心理变化是在霍尔顿对女孩萨丽提出想去格林威治村生活的时候，这里能感受到霍尔顿对未来的逃避，又或者说是对于星期三因为退学回到家里这件事情的逃避。而后来在与妹妹菲苾的对话叙述中体现了霍尔顿的人生理想。他对菲苾说想要当一个麦田里的守望者，要站在悬崖边上捉住所有向悬崖边跑的孩子。从这段对话中，不难猜测，现在的霍尔顿就是那个在向悬崖边奔跑的孩子，而他内心却渴望有人能够像他所说那样，站在麦田里，抓住他这个不辨方向的孩子。

关于霍尔顿"爱"的叙述。原文中霍尔顿多次提到家人，如作家哥哥 D.B、弟弟艾里、妹妹菲苾、脾气不太好的爸爸，以及给他买东西的母亲。在这些叙述里可以看出霍尔顿对家人的爱及想念，尤其是当霍尔顿喝醉酒独自一人走在公园的时候。

这些叙事描写贯穿全文，将霍尔顿整个人物在这三天两夜里的现实经历及心理变化表现出来的同时，也使霍尔顿这个人物变得鲜明起来，让读者仿佛是在阅读自己的经历与心理活动一般。文中也有很多细节描写，如霍尔顿的红色帽子、提到妹妹菲苾的次数，以及霍尔顿与路斯聊天时提到的"精神分析"这个词。这些都在最后的结尾进行了呼应。

（2）文中暗含的矛盾。

在故事的叙述中，关于霍尔顿的描写是矛盾的，但这正是作者塞林格写作手法的体现。

在原文里,霍尔顿有一顶红色的帽子,在描写时多次提到霍尔顿很喜欢这顶帽子,可是当霍尔顿看到妹妹菲苾戴着那顶红色猎人帽子时,描写就变成了"那顶红色混账猎人帽"。故事中的霍尔顿有抽烟习惯,可是当他在妹妹的房间里发现烟的时候却严厉告诫妹妹以后不要这么做。当别人怀疑霍尔顿谎报年龄时,霍尔顿总是翻出头上的半边白发,想要借此来证明自己的年龄,可是当别人问起他的姓名时,他却总是报出真实姓名和家庭住址。霍尔顿痛恨电影,却总是通过看电影来打发时间;他喜欢琴·迦拉格,却总是约萨丽出去玩……所有霍尔顿内心的矛盾,通过细致描写,一点一滴地毫无保留地向读者展现出来。

上文中提及的这些矛盾,也是对主人公霍尔顿自我救赎的描写。通过那些矛盾描写,作者向读者传递着霍尔顿的内心并不是我们从表面上看到的那样——一个说脏话、不尊敬长辈、不负责任的人。同时,作者也是在向读者传递,每一个叛逆的少年内心都拥有一个属于自己的坚持和价值,只不过他们暂时陷入了成长的误区,需要一个人来引导他们走向正确的方向。

(二)现实意义是要点

《麦田里的守望者》是一本独特的书,它曾一度成为美国图书馆的禁书,其原因无疑是此书存在着大量的脏话和主人公霍尔顿叛逆的行为。但为什么会逐渐被大众接受成为畅销书呢?

这需要从当时美国的社会背景来谈。"二战"后的美国,经济、科技迅速发展,社会矛盾却不断激化,人们的精神状态和价值观念也在持续崩溃。塞林格的《麦田里的守望者》让很多少年乃至青年都开始正视这种社会现象,也让人们开始批判当时的社会。

村上春树曾说:"塞林格让我感觉到温暖,《麦田里的守望者》不再让自己感觉孤独。"这句话大概是所有认可这本书的人的感受。青少年时期的叛逆,是一种还没长大又想快速长大的矛盾的体现，他们困于学校、困于家庭、困于来自社会上的一切不和谐，而这些都令身为青少年的他们感到孤独。这是一种"不足为外人道也"的孤独，也是一种没人能理解的孤独。

然而，塞林格这本《麦田里的守望者》所讲述的，正好是所有青少年的现状——他们叛逆又从不出格；成绩不好却想要做拯救他人的英雄；犯了错也会想要逃避；离开家也会想念家人；明明没有让人瞩目的闪光点却戴着显眼的红色帽子来吸引大众。书里所描写的一切矛盾都是少年青春时期的体现，同时也证明了《麦田里的守望者》存在的意义，它使青少年阅读后能有所触动与自救，也使中年乃至老年人阅读后沉浸于回忆与思念。

（三）营销方法是手段

1. 文案宣传：制造传统图书卖点

每一件产品的投放都离不开文案宣传。译林出版社对于《麦田里的守望者》的宣传是这样的——"当个麦田里的守望者，抓住每个跑向悬崖的孩子。每个年轻人都觉得自己就是霍尔顿。"从这段话中可以看出，宣传文案选自《麦田里的守望者》这本书中最核心的内容，利用"年轻人"的语句，精准定位图书受众，激起年轻人的好奇心理，吸引年轻人阅读和购买。

此外，《麦田里的守望者》这本书的网店海报上还附有"'20世纪100本英文小说'之一""《时代》杂志推荐100部文学经典之一""无数中学、大学将其作为必读书目""全球热销7000万册"宣传语。这些宣传语，会激发读者的好奇心，也会给读者留下"此书一定好"的第一印象。有了这些宣传，即便不作过多的介绍，读者也会将其列入必买和必读书目当中。

2. 名人推荐：扩大知名度

对于畅销书而言，名人推荐是一个必备的营销方式。通过名人推荐的书籍，会通过名人的粉丝效应加大图书的销售量及传播范围。

《麦田里的守望者》这本书，网店图书海报介绍了一些名家的读书心得。此外，名人宣传不仅仅局限于文案宣传，还可以通过互联网、节目等渠道进行宣传。在 2018 年 12 月第 24 期《一本好书》节目中，展现了《麦田里的守望者》小说中的精彩桥段。同时，这档节目还邀请了著名学者、媒体人、书评家梁文道先生，对《麦田里的守望者》这本书进行评价。梁文道先生在节目中说道："这本书之所以有很多人喜欢它，是因为这本书所描述的是很多人或多或少经历过的一种生活状态。"这期节目达到了 3981.1 万次专辑播放量，图书宣传度大大提高。

3. 自媒体宣传：吸引年轻受众

随着网络的迅速发展，自媒体已经自成一派，并在网络宣传上扮演着重要的角色。对于《麦田里的守望者》这本书的宣传，早已在网络视频平台，如哔哩哔哩、抖音、腾讯视频等有很高的点击量和视频投放量，其中截至 2021 年 5 月，抖音视频中关于此书最高的点赞量已达到 35.7 万。

此外，一些微博、微信等社交软件的宣传力度也非常大。截至 2021 年 5 月，微博上关于《麦田里的守望者》的话题阅读量已高达 883.6 万，而微信上的相关文章也不在少数，最高一篇关于此书文章的阅读量也在 2021 年 5 月达到 10 万以上。

自媒体宣传对象是年轻群体，他们具有一个共同特征——喜欢在互联网上社交和浏览信息。因此，通过《麦田里的守望者》的视频点击量，可以达到宣传图书的目的。

四、精彩内容欣赏

你要是真想听我讲，你想要知道的第一件事可能是我在什么地方出生，我倒霉的童年是怎样度过，我父母在生我之前干些什么，以及诸如此类的大卫·科波菲尔式废话，可我老实告诉你，我无意告诉你这一切。首先，这类事情叫我腻烦；其次，我要是细谈我父母的个人私事，他们俩准会大发脾气。对于这类事情，他们最容易生气，特别是我父亲。他们为人倒是**挺不错** ❶——我并不想说他们的坏话——可他们的确很容易生气。再说，我也不是要告诉你他妈的我整个自传。我想告诉你的只是我在去年圣诞节前所过的那段荒唐生活，后来我的身体整个儿都垮了，不得不离家到这儿来休养一阵。我是说这些事情都是我告诉D. B.的，他是我**哥哥**，在好莱坞。那地方离我目前可怜的住处不远，所以他常常来看我，几乎每个周末都来，我打算在下个月回家，他还要亲自开车送我回去。他刚买了辆美洲豹，那是种英国小轿车，一个小时可以开两百英里左右，买这辆车花了他将近四千块钱。最近他十分有钱。过去他并不有钱。过去他在家里的时候，只是个普通作家，写过一本了不起的短篇小说集《秘密金鱼》，不知你听说过没有。这本书里最好的一篇就是《秘密金鱼》，讲的是一个小孩怎样不肯让人看他的金鱼，因为那鱼是他自己花钱买的。这故事动人极了，简直要了我的命。这会儿他进了好莱坞，当了婊子——这个D. B.。我最最讨厌电影。最好你连提也不要向我提起。

（节选自《麦田里的守望者》第1-2页）

接着我突然想起了这么个主意。

"瞧，"我说。"我想起了这么个主意。我在格林威治村有个熟人，咱们可以借他的汽车用一两个星期。他过去跟我在一个学校念书，到现在还欠我十块钱没还。咱们可以在明天早上乘汽车到马萨诸塞和佛蒙特兜一圈，你瞧。那儿的风景美丽极了。一点不假。"我越想越兴奋，不由得伸手过去，握住了老萨丽一只混账的手。我真是个混账**傻瓜蛋**。"不开玩笑，"我说。"我约莫有一百八十块存在银行里。早晨银行一开门，我就可以把钱取出来，然后我就去向那家伙借

---

❶ 作者注：原文黑体，余同。

汽车。不开玩笑。咱们可以住在林中小屋里，直到咱们的钱用完为止。等到钱用完了，我可以在哪儿找个工作做，咱们可以在溪边什么地方住着。过些日子咱们还可以结婚。到冬天我可以亲自出去打柴。老天爷，我们能过多美好的生活！你看呢？说吧！你看呢？你愿不愿意跟我一块儿去？劳驾啦！"

"你怎么可以**干**这样的事呢，"老萨丽说，听她的口气，真好像憋着一肚子气。

"干吗不可以？他妈的干吗不可以？"

"别冲我吆喝，劳驾啦，"她说。她这当然是胡说八道，因为我压根儿没冲着她吆喝。

"你说干吗不可以？干吗不？"

"因为你不可以，就是这么回事。第一，咱们两个简直还都是**孩子**。再说，你可曾静下来想过，万一你把钱花光了，可又**找不到**工作，那时你怎么办？咱们都会**活活饿死**。这整件事简直是**异想天开**，连一点儿——"

"一点不是异想天开，我能找到工作。别为这担心。你不必为这担心。怎么啦？你是不是不愿意跟我一块儿去？要是不愿意去，就说出来好了。"

"不是愿意不愿意的问题。**完全**不是这个问题，"老萨丽说。我开始有点儿恨她了，嗯。"咱们有的是时间干这一类事——所有这一类事。我是说在你进大学以后，以及咱们真打算结婚的话。咱们有的是好地方可以去。你还只是——"

"不，不会的。不会有那么多地方可以去。到那时候情况就完全不一样啦，"我说。我心里又沮丧得要命了。

（节选自《麦田里的守望者》第142-143页）

我说的那些话老菲苾到底听懂了没有，我不敢十分肯定。我是说她毕竟还是个小孩子。不过她至少在好好听着。只要对方至少在好好听着，那就不错了。

"爸爸会要你的命。他会**要你的命**，"她说。

可我没在听她说话。我在想一些别的事——一些异想天开的事。"你知道我将来喜欢当什么吗？"我说。"你知道我将来喜欢当什么吗？我是说将来要是能他妈的让我自由选择的话？"

"什么？别**咒骂**啦。"

"你可知道'你要是在麦田里捉到了我'那首歌吗？我将来会喜欢——"

"是'你要是在麦田里**遇到**了我'！"老菲苾说。"是一首诗。罗伯特·**彭斯**写的。"

"我**知道**那是罗伯特·彭斯写的一首诗。"

她说的对。那**的确**是"你要是在麦田里遇到了我"。可我当时并不知道。

"我还以为是'你要是在麦田里捉到了我'呢，"我说。"不管怎样，我老是在想象，有那么一群小孩子在一大块麦田里做游戏。几千几万个小孩子，附近没有一个人——没有一个大人，我是说——除了我。我呢，就站在那混账的悬崖边。我的职务是在那儿守望，要是有哪个孩子往悬崖边奔来，我就把他捉住——我是说孩子们都在狂奔，也不知道自己是在往哪儿跑，我得从什么地方出来，把他们**捉住**。我整天就干这样的事。我只想当个麦田里的守望者。我知道这有点异想天开，可我真正喜欢干的就是这个。我知道这不像话。"

（节选自《麦田里的守望者》第 187-188 页）

接着她干了一件事——真他妈的险些儿要了我的命——她伸手到我大衣袋里拿出了我那顶红色猎人帽，戴在我头上。

"你不要这顶帽子了？"我说。

"你可以先戴一会儿。"

"好吧。可你快去吧。你再迟就来不及了，就骑不着你的那匹木马了。"

可她还待着不走。

"你刚才的话说了算不算数？你真的哪儿也不去了？你真的一会儿就回家？"她问我。

"是的，"我说，我说了也真算数。我并没向她撒谎。过后我也的确回家了。"快去吧，"我说。"马上就要开始啦。"

她奔去买了票，刚好在转台开始转之前入了场。随后她又绕着台走了一圈，找到了她的那匹木马。随后她骑了上去。她向我挥手，我也向她挥手。

嘿，雨开始下大了。是**倾盆**大雨，我可以对天发誓。所有做父母的、做母亲的和其他人等，全都奔过去躲到转台的屋檐下，免得被雨淋湿，可我依旧在长椅上坐了好一会儿。我身上都湿透了，尤其是我的脖子上和裤子上。我那顶猎人帽在某些部分的确给我挡住了不少雨，可我依旧淋得像只落汤鸡。不过我并不在乎。突然间我变得他妈的那么快乐，眼看着老菲苾那么一圈圈转个不停。我险些儿他妈的大叫大嚷起来，我心里实在快乐极了，我老实告诉你说。我不知道什么缘故。她穿着那么件蓝大衣，老那么转个不停，看去真他妈的**好看**极了。老天爷，我真希望你当时也在场。

（节选自《麦田里的守望者》第 230 页）

五、相关文献推荐

[1] 聂文，张志强.近三年引进虚构类畅销书的出版状况——以开卷年销数据（2013—2015 年）为例 [J]. 出版广角，2016（12）：20-24.

[2] 蔡宇莎.论反成长小说《亲爱的生活》[J]. 名作欣赏，2020（17）：74-75.

[3] 陆维玲.《麦田里的守望者》的艺术魅力分析 [J]. 山东农业工程学院学报，2017，34（10）：176-177.

[4] 陈惠良.《麦田里的守望者》的反成长小说构成分析 [J]. 北华大学学报（社会科学版），2017，18（2）：124-128.

[5] 谭明华.《麦田里的守望者》的主题分析与叙事艺术 [J]. 武汉冶金管理干部学院学报，2018，28（3）：88-90.

[6] 杜芳，李昕，支瑾 . 现代精神荒原中的追寻——浅析塞林格的《麦田里的守望者》[J]. 电影评介，2008（17）：105.

[7] 甘瑶 . 从归化异化角度谈《麦田里的守望者》两个中译本的翻译策略 [J]. 名作欣赏，2021（11）：183-184.

[8] 张桂霞 .《麦田里的守望者》的叙事者和隐含作者 [J]. 洛阳大学学报，2004（3）：51-54.

（执笔人：李惠新）

案例十:《航海王》

一、图书基本信息

(一) 图书介绍

书名:《航海王》(卷一)

作者:[日]尾田荣一郎

译者:杭州翻翻文化传媒有限公司

开本:32 开

字数:60 千字

单册定价:18.80 元

书号:ISBN 9787534023903

出版社:浙江人民美术出版社

出版时间:2007 年 10 月

(二) 作者简介

尾田荣一郎(以下简称"尾田"),日本著名漫画家。尾田自幼喜欢绘画,并立志画出以海贼冒险为主题的热血漫画。1992 年,尾田在九州东海大学建筑学科就读一年后,为了磨炼画技选择退学,先后为甲斐谷忍、德弘正也、和月伸宏三位漫画家做过助理,这段经历使他的画法融合名家之长,最终形成自己的创作风格。1997 年，尾田开始在《周刊少年 JUMP》连载漫画《航海王》，正式以漫画家身份出道。迄今，《航海王》已在全球 40 多个国家和地区发行单行本，尾田也成为版税收入最高的日本漫画家。他在连载期间"每天凌晨 2 点睡、5 点起床，共睡 3 小时"，让《航海王》保持高品质水准和高效率更新，将其带到了世界漫画的巅峰。

（三）译者简介

翻翻动漫（杭州翻翻文化传媒有限公司），是集英社在中国大陆地区的独家版权代理，已引进包括《航海王》《火影忍者》《龙珠》《一拳超人》等数百部正版漫画作品。同时，致力于国产动漫与衍生周边的制作和开发，曾推出《快把我哥带走》《拾又之国》《识夜描银》等作品。

二、畅销盛况

2005 年,《航海王》连载 7 年后，创下日本史上漫画销量最快达到 1 亿册的纪录。自 2010 年第 57 卷起,《航海王》单行本已连续 10 年保持每卷初版发行超 300 万册的纪录。2015 年,《航海王》凭借自 1997 年到 2014 年全球累计发行量达 3.2 亿册，被吉尼斯世界纪录认证为"全球发行量最大的单一作者创作的系列漫画"。1999—2019 年的 20 年间,《航海王》单行本销量在日本 19 次占据榜首，最长曾 13 年连续登榜，打破了日本漫画销量"各领风骚"的格局，缔造了日本漫画界前所未有的畅销奇迹。2021 年 2 月，集英社宣布《航海王》全球总销量突破 4.8 亿册（日本 4 亿册），这是日本历史上第一个销量超 4 亿册的系列漫画。2021 年 6 月,《航海王》单行本发行至第 99 卷，平均每卷销量近 500 万册，其销量数据早已变为出版方定期唤起读者关注的营销手段。

三、畅销攻略

（一）内容自身的魅力

1. 目标明确、矛盾突出的新颖叙事

在《航海王》（卷一），主角路飞喊出的"我是要成为航海王的男人"这一口号，成为《航海王》明确的叙事主线，所有情节都朝向这个终极目标展开，引发了读者的阅读期待。《航海王》还将这个贯穿全程的长期目标拆分为许多同样明确的短期目标，每个目标的设立和实现，构成一个相对独立的叙事单元。这些短期目标通常是战胜一个强大对手，同时提高战斗能力或收获伙伴。随着故事的推进，对手越来越强，主角团队也越来越强，人物的升级与战斗的升级相辅相成，如此层层递进、螺旋上升。这样的故事矛盾突出且简单易懂，即使小学生也能理解。明确的目标可以牢牢抓住读者，主人公的成长经历又能带来强烈的代入感。

2. 贯彻爱、梦想与正义的普世价值

"传承的意志、人类的梦想、时代的漩涡，只要人们还在追求自由的答案，这一切就绝不会停下。"这是"航海王"罗杰的经典台词，也是对《航海王》价值观的高度概括。《航海王》所宣扬的，正是以自由、梦想、奋斗、羁绊、平等、正义等为代表的超越时空限制和文化差异的普世价值观，在浪漫主义的大背景下强调个人和梦想的力量。同时，尾田紧跟时代潮流，重视女性在社会中不可替代的角色和地位，塑造了娜美、罗宾等众多坚强、勇敢的女性角色，将作品置于社会发展的主流价值体系中，使之被不同文化背景的读者认同。"航海王"名"贼"实"侠"，其中人物既有中国古代侠客、西方骑士和日本武士的影子，又有类似现代美国漫画超级英雄的形象，实际是对世界各地存在的"侠义"精神的阐扬。在《航海王》中，海军代表世界政府执行"正义"，但也有为达目的不择手段的阴暗面（如直接毁灭一个国家的"屠魔令"）；海贼虽然大多是被通缉的"穷凶极恶之徒"，但也有路飞这种坚守原则、有情有义、从不滥杀无辜的好人。

3. 释放友情、博爱的正能量

《航海王》中每个人、每个动物或物品，都有其存在价值。路飞与伙伴之间平等相处，展现出了一种"四海之内皆兄弟"的和谐氛围。"我的船上没有手下，只有伙伴"，这是船长路飞经常强调的他与船员的关系。在路飞看来，伙伴是可以彼此信赖、同甘共苦的人，哪怕搭上性命他也会保护伙伴。在路飞的船上，虽有船长、船员之分，但不管是谁犯错，都可能会被伙伴们指着鼻子指责甚至暴打一顿。《航海王》平等博爱的意识还体现在路飞等人敢于打破一切不平等的规章制度，改变被暴力所统治的局面，让人们看到希望的曙光。路飞与伙伴的情感羁绊与互动是故事中所有宏大主题的直接案例与最终落脚点。

4. 增加作品内涵与生命力的趣味彩蛋

《航海王》中最著名的彩蛋就是"熊猫人"了，它的设计灵感源于我国的国宝——熊猫。熊猫人经常出现在很多不起眼的地方（如单行本的内封等），被戏称为《航海王》的最强龙套，是粉丝每话必找的重要细节。"寻找熊猫人"这一活动，就像"漫威迷"喜欢在漫威电影中寻找斯坦·李老爷子的身影一样，成为世界各地"海贼迷"互相沟通的重要话题和重大乐趣。《航海王》还通过扉页连载小故事和单行本独有的"SBS"等非正篇内容，对漫画剧情和设定等作补充解释或抛出新线索。SBS是一个作者和读者问答的互动交流平台。《航海王》每卷单行本会收录6~8页的问答组成SBS专栏，尾田会亲自从读者来信的问题中挑选提问内容并作出回答。SBS里无论是粉丝的提问还是尾田的回答都很轻松幽默，尾田关于《航海王》剧情、人设等的回答，还可以作为对漫画正式内容的补充说明。长期追随《航海王》的资深读者，会深度挖掘这些线索，对隐藏彩蛋进行分析和猜想。

5.大量新奇、严谨的跨文化细节设定

《航海王》巧妙地将日本文化元素与世界各国的文化元素相融合，对人类历史上的诸多文化资源进行了精细加工。很多国家的读者都能够在《航海王》中找到以自己家乡为原型的角色和场景。这种"混血"设计能将东西方代表性的文化元素兼收并蓄，如"鱼人岛"中就既有西方人鱼传说的影子，又有取材于我国的建筑场景。这种文化多元化的细节设定，可以弱化海外读者对异质文化的排斥感，提升内容与各国文化的契合度。

中国读者可以通过寻找以"熊猫人""龙宫""旗袍"等为代表的中国元素，在《航海王》中体验不同文化与中国文化的相似性和契合点。这些元素的出现和存在，使中国读者在阅读《航海王》时，能基于中国文化对其剧情和含义进行解码，从而不会因为文化差异而产生误解或排斥感。

《航海王》中最让人称绝的细节设定，自然是"ONE PIECE""最终之岛·拉夫德尔""历史正文""空白的一百年"等始终让人捉摸不透的秘密。而《航海王》更高明的、不可复制之处在于，构建了以自然系、动物系、超人系三系恶魔果实和武装色、见闻色、霸王色三色霸气为主的战斗体系，以海军（世界政府）、七武海（已被废除）、四皇（海贼）、革命军（发展中）为代表的多足鼎立、互相制衡的世界格局，还有以东、西、南、北四海和红土大陆、伟大航路为主体的宏大世界观。尾田把这些纷繁复杂的细节设定严谨地交叉组合到一起，形成了一个庞大且独一无二的故事架构。

6.多手法并用、特色鲜明的角色设定

《航海王》中很多角色的性格弱点都被成功转化为亮点，大大增加了人物的魅力。例如，强大帅气的剑士索隆，因为经常莫名其妙地迷路，与他平时稳重可靠的形象形成了鲜明反差，更受粉丝喜爱。同时，《航海王》中的角色在表达高昂情绪时，往往都会咧开大嘴，露出牙龈和牙齿，折射出海贼的放

浪形骸。除了奔放、夸张且感染力十足的面部表现手法，《航海王》在人物的身高设定上也极为夸张，身高超过三四米的人物比比皆是，更有身高超过七八米且气场强大到令人生畏的众多强者。尾田将这种夸张手法用到角色设定中，既可强调角色自身的各方面特征，又能增强角色创作带给《航海王》剧情的叙事效果。而随着剧情的逐步深入，《航海王》中出场的角色越发扭曲怪异、不合常理，既折射出前路的艰险，又暗示未来充满了许多未知和光怪陆离的可能性。

除了人物角色外，《航海王》中还有众多让人印象深刻的动物角色，如体型大如岛屿的巨象"佐乌"和形态各异的海王类等。在描绘动物角色时，尾田常用拟人手法，赋予动物以人类的行为、性格、表情甚至思想，让他们与人类结下深厚的情谊，如在颠倒山下苦苦等待伙伴 50 年的鲸鱼拉布。他们与人类一样拥有喜怒哀乐与爱恨情仇，他们恪守信念约定、忠于内心的不屈精神，使人敬佩。

在《航海王》的创作过程中，尾田坚持亲自绘画所有角色，助手只负责部分背景绘制。即使是龙套角色，尾田也会用心绘制，甚至在整部漫画出现过的角色里几乎看不到完全重复的设定，大多数角色都有着独特的风格，如各种各样的笑声、外号和果实能力等。此外，《航海王》的角色设定基本遵循"有据可查"的原则。在人物的命名上，麦哲伦、汉尼拔、恺撒等均有原型，多为知名的大人物，能够给读者天然的熟悉感，便于读者识别和记忆多如牛毛的角色。在角色的外型塑造上，海军大将的外貌原型多参考日本老牌男星。甚至很多动物角色也都有原型，如鳄鲨就出自日本浮世绘大师歌川国芳的古画。《航海王》通过借鉴真实历史或其他文艺作品中的经典形象，赋予了重要角色历史厚重感，又为读者增添了寻找角色原型及故事背景的阅读乐趣。

7. 揭露世界阴暗面的尖锐隐喻

《航海王》里除了人类和动物，还有鱼人族、人鱼族，以及"至高无上"的世界统治者——"天龙人"，甚至存在种族歧视和种族压迫。《航海王》中，"天龙人"最为神圣，他们能在背后干预和操控世界，利用手中的特权奴役其他种族。而那些被"天龙人"奴役和被普通人类歧视甚至屠戮的种族，会积累百年的仇怨从而对人类恨之入骨。例如，鱼人海贼团"恶龙"一伙用暴力手段统治了某个小岛上的人类村镇，以报复人类在历史上对他们的族人犯下的罪行。这些令人感到愤怒、压抑的阴暗情节，直接且尖锐地隐喻了现实中的种族歧视、不平等等现象，同时对那些被虚无的仇恨和疯狂的欲望支配的人进行了无情嘲讽。

尾田活用隐喻、反转、对比等手法，在影射和揭露社会阴暗面的同时，又留出了无限的光明。虽然世间有种种不公，但也从不缺乏种族之间追求和平共存的例子——人鱼族的王后乙姬，为了寻求与人类和平相处的道路耗尽心力，最后虽不幸献上了自己的生命，但仍给无数后人留下了和平的希望。

另外，尾田常在标题、扉页及正文的人物、场景等设定上用隐喻手法，甚至引用了很多歌词和诗句对剧情进行暗示。例如，艾斯（Ace）、萨博（Sabo）、路飞（Luffy）三兄弟身上的名字缩写 A、S、L，尾田就用了传唱度极高的"Auld Lang Syne"（友谊地久天长），隐喻他们即使面对生死离别却依然坚深如故的友情。再如，第292话标题《云遮月，难相逢》（あふことは片われ月の雲隐れ）出自日本歌集《拾遗和歌集》，对应本话当中诺兰度和卡尔加拉两位惺惺相惜的英雄就此永别的悲凉气氛。尾田通过日本古代诗歌隐喻作品中人物壮志未酬、空留遗恨的孤寂感，为剧情增加了一层浪漫主义色彩，使故事的展开呈现无比风雅的意境，既增强了故事的可读性和叙事效果，又使读者借着融入作者情感的隐喻置身剧情中，通过一些别有意味的画面自行品出"前因后果"。

8. 契合时代背景与需求的成长主题

在寻找"ONE PIECE"的过程中，路飞与伙伴遭遇了各种要突破自我才能克服的磨难和危机，他们在经历了一系列的痛苦与挣扎后变得更强大。路飞一行能获得超高人气，不仅是因为他们坚持梦想、永不放弃的人格魅力，而且因为他们都是活生生的人，有从弱到强、战胜恐惧的成长历程，有正常人的负面情绪。主角在追逐梦想的过程中历经磨难而蜕变成长，这样的主题放之四海而皆准。《航海王》以路飞等人自我实现和拯救他人的成长经历，鼓舞着世界各地心怀梦想的少年，引发广泛共鸣。

（1）对日本时代创伤的响应。

日本自 20 世纪 90 年代以来的经济低迷和 21 世纪的"新自由主义"政策使人们在激烈的社会竞争体制中被迫压抑自我，社会急需转移人们焦虑心理和振奋人心的文化武器。热血少年漫画在当时是处于主导地位的题材。但1996 年，随着《龙珠》等大热作品相继完结，以"王道热血系少年漫"❶著称的《周刊少年 JUMP》发行量急剧下滑，迫切需要一部人气新作来填补市场空白，《航海王》的横空出世恰逢"天时"，这使得它的起点就高于刊载在一般杂志上的漫画。

（2）对中国读者心灵的慰藉。

《航海王》进入中国后，尽管中国的社会环境与日本不同，但那种焦虑感却有相似之处。20 世纪末 21 世纪初，随着中国经济快速增长，社会进入转型期，城乡、地区之间的发展出现失衡，人们的焦虑感和压力增强。在这样的时代背景下，像《航海王》这种价值取向的作品能为人们的心灵带来慰藉，亦能唤醒年轻人的斗志，激励他们奋发图强。21 世纪初至今，《航海王》在中国传播的这段时期里，中国经济持续发展，人们的需求逐渐从温饱转向了精神享受，越来越多的读者持续关注《航海王》。

---

❶ "王道热血系少年漫"：指一种漫画类型，主要讲少年一路冒险，面对挑战不断收获和成长的励志故事。剧情通常通俗易懂，积极励志。

(二) 作者深厚的功力

1. 涉猎广泛、勤奋博学的考究态度

尾田十分擅长引经据典,甚至能将其隐藏在很多不起眼的细节里,可谓涉猎广泛。他还有着非凡的想象力和创新力,经常会有新的灵感迸发出来。尾田不仅经常在休息时间外出采风观察、积累素材,也会通过查阅世界各国的资料扩充知识面。久而久之,尾田的勤奋博学让《航海王》成为一部博采众长的著作。他的书架上常常摆放着收藏的图书,以便为了创作出"奇形怪状"的角色从中寻找资料、获得灵感,如美国漫画家迈克·米格诺拉的《地狱男爵》系列画集,日本人偶师辻村寿三郎的《辻村寿三郎人偶集》等。

2. 构思严谨、设想荒诞的工匠精神

尾田学建筑设计出身,他在漫画中构建的世界观和所画的分镜,以及各种光怪陆离的场景,如同一座迷宫,读者在阅读过程中总能发现惊喜。尾田为《航海王》构建的世界观,集"严谨""荒诞"于一身:"严谨"在于遵循现实的冷热原理、区域地理、气象学及有关航海的一系列知识;"荒诞"在于将这些理论原理进行了一定程度的夸张与变通,保持逻辑严谨的同时,插入富有创造力的画面语言。尾田在漫画中埋下大大小小的伏笔,以主线剧情为时间进程的主干道,衍生出密密麻麻的支线与岔路,最终形成一张完整繁荣的地图,主角和配角在其中各行其路,中途或有交叉有平行,又或最终汇入主干道。这样时间上清晰、空间上密集的大型叙事漫画,犹如一座宏伟的大型建筑,严谨而富有创造力。

3. 给予漫画电影般观感的作画手法

尾田平时很注重作画练习,经常逐帧播放迪士尼动画或在观看时装秀节目时跟着模特登场的速度将看到的场景画下来。尾田不会一边连载一边做设定,

他会先把设定的草图迅速画好，等实际画原稿的时候根据已有的设定草图进行完善，保证连载时作画的准确性。

尾田对漫画分镜的处理有很多独到手法，分镜中可以同时进行多个时间线索的并置与交错。《航海王》的剧情越向后推进，画面越饱满，分镜格中几乎没有留白。尾田常常在一段描述主线剧情的分镜格中加入其他的细小剧情，且不是以一个静止场景进入画面，而是以有生命力的动作进入画面并在最终汇入主线剧情。有的线索仅仅增添喜剧色彩，有的却是尾田埋入的重要伏笔。尾田的这种作画风格类似于电影画面，虽使漫画稍显杂乱，但静态的画面阅读起来会营造一种动态感，既扩大了叙事范围，丰满了叙事内容，增强了叙事趣味性，又让人物形象和故事情节更加饱满。

《航海王》分镜中的构图很有尾田的个人特点，他利用大量的大透视来表现战斗场面。这样的画面处理可以将分镜格布置得非常饱满，并且不需要大量表现动态的线条进行装点也能最大限度地展现战斗场面的惊心动魄，从而更好地烘托气氛。尾田还常常采用渐变手法，用一小格分镜将同一场景的镜头分成两部分，产生一种镜头转换的淡入式效果。

4. 内外呼应、构图巧妙的封面设计

《航海王》单行本封面都由尾田亲自设计绘制，他常将两个不同的封面联系到一起，形成一种奇妙的呼应，如《航海王》卷一和卷六十一不仅标题互相关联，甚至连封面图案的设计也彼此对应、各有特点（图1）。卷一讲述的是路飞初次出航的故事，卷六十一讲的则是路飞和伙伴们修炼两年之后再度启航的故事。这种前后呼应的工整对称，既有纪念意义，又能给读者一种熟悉的怀念感和成长的陪伴感。

图 1 《航海王》封面（卷一、卷六十一）

　　尾田还多次在大战章节的连续两册单行本封面中让反派与主角团队先后列阵，两本书的封面拼合起来就是两军对阵之图。两个封面的构图往往也很相似，形成一种对称的美感，同时为读者营造出一种大战一触即发的紧张感。如"阿拉巴斯坦篇"卷二十一和卷二十二的封面，就能拼合成一张大海报，在一定程度上起到了捆绑促销作用（图 2）。

图 2 《航海王》封面（卷二十一、卷二十二）

此外，尾田喜欢在封面隐藏一些暗示信息等待读者发现，既增添了阅读趣味，又激发了读者的探索欲。例如，"七水之都篇"的卷三十九（图 3），封面中弗兰奇手臂摆成"W"形，路飞的拳头代表一个"."，索隆手臂摆成的是数字"7"，连起来就是"W.7"，即"WATER SEVEN"（七水之都）。

作为一部少年漫画，《航海王》的封面充满童趣的元素，如彩虹曾先后出现过 4 次，且都是出现在有童话或传说色彩的篇章——卷五十三以《西游记》中女儿国为原型的"女儿岛篇"，卷八十三借鉴了《糖果屋》《阿拉丁》等童话故事的"Big Mom 万国篇"，卷六十二和卷六十六以《海的女儿》等人鱼传说为原型的"鱼人岛篇"（图 4）。

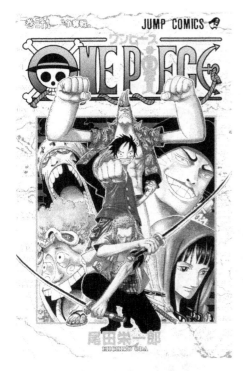

图 3 《航海王》封面（卷三十九）

图 4 《航海王》封面中的童趣元素

　　《航海王》每册单行本封面的"ONE PIECE" Logo 都会根据背景色和构图设计的不同改变颜色，有时还会透明化。除此之外还有些特别的：卷五十七的"ONE PIECE" Logo 由单色变为燃烧的火焰状，暗示了被押上处刑台的"火拳"艾斯性命危在旦夕；卷六十八的"ONE PIECE" Logo 被积雪覆盖，暗示了故事发生地——"冰火岛"庞克哈萨德的环境；紧接着，卷六十九封面中的"ONE PIECE" Logo 就被斜向切开了，暗示反派所保护的机器"SAD"在最后会被一刀斩为两段；卷八十四封面的"ONE PIECE" Logo 则呈横向间隔彩色条纹状，由多个不同色彩的横纹所组成，既暗示了该卷内容中色彩各异的"杰尔马66"家族，又带有"杰尔马66"原型之一"恐龙战队"的特摄风格（图 5）。

图5 《航海王》封面"ONE PIECE"设计特点

（三）出版机构的实力

1. 主题明确、风格统一、定位清晰的经营模式

《航海王》出版方集英社是世界最大的漫画版权机构，它旗下的《周刊少年JUMP》是日本发行量最高的连载漫画杂志。《航海王》作为一部典型的"JUMP系"少年漫画，它的畅销离不开其赖以生存的"JUMP模式"。《周刊少年JUMP》的"JUMP系"少年漫画有三个重要的特征，既决定了《航海王》等刊载漫画的主体风格，也有效地保证了其销量：其一，主题关键词是"友情"

"奋斗"和"胜利"，刊载的作品以超能力战斗、体育竞技等热血题材为主；其二，以读者需求为出版导向，目标受众是青少年人群，连载的作品以所有人都能看懂、都可能感兴趣为终极目标；其三，以读者喜好为评价标准，采取"问卷至上主义"的优胜劣汰策略，严格根据读者反馈分析市场偏好，决定作品排位，如果问卷调查结果不好，即使是经典作品也可能被腰斩。以上三个特征催生了《周刊少年 JUMP》最典型的作品风格："王道热血系少年漫"。这类作品在日本漫画产业中始终占据着统治地位，只要有新一代的青少年出现，必然会对这类漫画产生巨大需求，从而形成长期稳定的市场。

2. 要求严格、慧眼识珠、与时俱进的编辑制度

尾田成名前曾将短篇漫画《Romance Dawn》（《航海王》雏形）向《周刊少年 JUMP》投稿，当时的责任编辑久岛是对《航海王》影响最深远的一位责编。久岛认为《Romance Dawn》画风稚嫩且剧情浅薄，高潮部分很难触动读者。尾田由此受到启发，重新绘制并加入了"香克斯为救路飞断臂"的经典剧情，《Romance Dawn》最终通过了初审。之后的《航海王》第 1 话中，开篇"航海王"罗杰死刑前的宣言，和中间香克斯的断臂、托付草帽，以及最后路飞独自出海，共同构成一个充满玄机和富有阅读诱惑力的精彩开场，吊足了读者胃口。

想在《周刊少年 JUMP》连载漫画，还必须得通过连载会议的讨论才行。《航海王》漫画的最初方案曾 3 次在会议当中落选。当时担任总编的鸟岛和彦对《航海王》保持怀疑态度，但最终在佐佐木尚（《浪客剑心》责编）等人的强烈推荐下《航海王》得到了连载许可。

2007 年起，随着《航海王》逐渐打开中国市场，《航海王》开始采取更有效率的"双编辑模式"，将责编分为漫画责编（原作责编）和媒体责编。媒体责编，就是漫画作品在改编成其他媒体形式的时候，其作为尾田的代表跟进出版事务，一般由做过原作责编的人担任，主要负责协调《航海王》的

媒体宣传和各种衍生开发等，有时还要亲自参与直播采访等活动。漫画责编被简称为《航海王》责编，就像作者的贴身秘书或保姆，除了负责催稿、审稿并对漫画内容给出看法和建议，甚至还要掌握作者的身体状况、精神压力、连载时期的行踪等。除此之外，《航海王》责编还要审核单行本的内容，并在单行本中修改连载时未发现的作画、台词或设定错误，进一步优化、保证作品的质量。

3. 跨越时空、打破圈层、因地制宜的传播策略

经过 20 余年的经营，"航海王"作为世界顶级漫画 IP 之一，形成了良性循环的完整产业链，围绕《航海王》漫画创意这一核心，开发了动画、电影、舞台剧、食品、玩具、游戏、服饰、主题娱乐场景和生活用品等一系列衍生品。《航海王》还推出了一系列的衍生图书，与单行本等核心商品捆绑营销，如资料设定书、角色图鉴、番外小说等。

《航海王》的畅销有一定周期性，基本上是每卷单行本发售之初的一个月内销量暴增，之后快速回落趋缓。为了不断刺激粉丝购买欲望，防止粉丝流失，尾田和《航海王》出版方十分重视与粉丝的情感互动。除了前文所述的"SBS"，尾田还会在每册单行本勒口处发表"卷首语"，内容一般是分享自己的近况或者讲笑话活跃气氛；日本原版单行本的勒口有时还会附上官方各大平台账号的二维码和最新的衍生图书宣传信息，引导粉丝积极参与线上互动和线下消费；另外设计了半透明腰封，宣传语主要强调最新销量及本册单行本看点。《航海王》单行本的后面还设置有"乌索普画廊"特别栏目，刊登来自世界各地粉丝投稿的画作，有时会附上其他周边产品的宣传专页。《航海王》还通过作者对谈、角色客串等方式，与其他热门漫画作品联动宣传。

为了便于读者理解，避免读者遗忘前期剧情，《航海王》每册单行本开头都会有前情提要、登场人物简介，甚至有敌我阵营分布图。当《航海王》

的一个篇章完结时，官方会将包含这一篇章内容的单行本通过盒装的形式打包销售，其外观设计也根据篇章和出版地域的不同各具特色。随着《航海王》剧情开始收尾，这部长篇作品已进入"完结倒计时"，它的总销量成为出版方每年官宣通告的标志性行为，不断刺激新老读者的集体回忆和购买欲望。

《航海王》官方一向重视在海外市场的本土化传播。以中国市场为例，集英社向翻翻动漫进行直接投资，并推动《航海王》在翻翻动漫旗下的《漫画行》实现了在中国首次杂志连载。2011 年，《航海王》在《钱江晚报》实现了《航海王》的全球首次报纸连载，让《航海王》在中国得到了更大范围、更深层次的传播。近两年，《航海王》在中国市场的传播动作愈加频繁，不仅开通了官方微博和淘宝店铺，还策划推出了一系列联名商品和线上线下各种营销活动。

（四）名人效应的助力

《航海王》连载至今，粉丝逐步渗透至各个年龄层和各行各业。在这一群体当中，有人迎着自媒体浪潮，组建了以《航海王》为话题的社群和论坛，聚集粉丝流量和注意力（如"鹰目话道"创建的"Talk OP 海道"航海王论坛）；有的"海贼迷"成了"意见领袖"，尤其是明星群体，他们本身就是连接《航海王》与粉丝的媒介，同时起到"扩音器"的效果。《航海王》的一些经典台词和标志性动作，也成为广大粉丝争相模仿和引用的对象，创造了一系列的流行语和流行符号，形成了独特的文化潮流。《航海王》借助名人效应和自媒体的推荐，进一步向多元群体快速扩散，带动了单行本纸质图书的畅销。

四、精彩内容欣赏

（节选自《航海王》（卷一）第 44-47 页）

五、相关文献推荐

[1] 李俞霖 . 亚文化资本视角下《航海王》在华传播研究（1999—2019）[D]. 广州：华南理工大学，2020.

[2] 丁可 . 图像叙事视野下的日本热血类漫画研究——以《ONE PIECE》为个案 [D]. 芜湖：安徽工程大学，2018.

[3] 史红星 . 日本动漫《航海王》的跨文化传播研究 [D]. 重庆：西南政法大学，2014.

[4] 韩博韬 .《航海王》经典成因论 [J]. 唐山师范学院学报，2018，40（1）：90-96.

[5] 腾云 . 日本"少年漫"进化简史：从《航海王》到《鬼灭》的变与不变 [EB/OL]. [2021-01-29]. https：//mp.weixin.qq.com/s/JAudy052aWfz7ePvw6vpwA.

（执笔人：王子乾）

案例十一：《蛤蟆先生去看心理医生》

一、图书基本信息

（一）图书介绍

书名：《蛤蟆先生去看心理医生》

作者：[英]罗伯特·戴博德

译者：陈赢

开本：32 开

字数：108 千字

定价：38.00 元

书号：ISBN 9787201161693

出版社：天津人民出版社

出版时间：2020 年 8 月

（二）作者简介

罗伯特·戴博德毕业于剑桥大学塞尔文学院，曾任教于英国亨利商学院，拥有 20 多年心理学研究及临床咨询的专业经验。他的两本专业著作《咨询技巧》和《组织的心理分析》都是英国心理学类畅销书。该书是他最著名、最畅销的一本大众心理学著作。

（三）译者简介

陈赢，上海外国语大学社会语言学博士，国家二级心理咨询师，上海师范大学英语系讲师。

二、畅销盛况

《蛤蟆先生去看心理医生》是英国畅销 20 多年的国民级大众心理学畅销书，被翻译为 10 种语言。在中国上市后口碑极佳，豆瓣网评分 8.7 分，超过一半的读者为该书打出了 5 星满分。其销量在 4 个月内就突破 40 万册，在各大畅销图书排行榜迅速飙升，荣登当当网 2020 年度非虚构新书榜、心理学著作畅销榜；入选豆瓣网 2020 年度读书榜单；入围《新京报》2020 年度阅读推荐榜单；荣获 2020 书业年度评选"年度生活类图书"荣誉榜单。截至 2021 年 4 月，累计销量超过 100 万册。根据该书版权方 Routledge（劳特利奇出版社）的规定，每一本授权海外发行的著作都要贴上版权方特制的防伪贴标。由于《蛤蟆先生去看心理医生》在中国的意外"走红"，版权方在 2020 年 10 月向果麦文化传媒股份有限公司发出了咨询邮件，希望了解是什么原因致使该书以 10 万册的基数不断加印，以至于 2021 年需要把全社 95% 的防伪贴标都发给《蛤蟆先生去看心理医生》这本书。

三、畅销攻略

（一）优质的文本内容

1. 理论根基的科学性

该书讲述的是原本热情开朗、喜爱冒险的蛤蟆先生不知什么时候开始抑郁了，朋友们不忍心看着他对生活失去兴趣，帮他找了心理医生，希望他能通过心理咨询的方式走出阴霾。故事完整地讲述了蛤蟆先生 10 次心理咨询的过程，蛤蟆先生在这一过程中全面回顾了自己的人生，读者跟随蛤蟆先生完成了一次次特殊的心理疏导。书中的心理咨询师苍鹭医生把人的心理状态划分成三种：儿童自我状态、父母自我状态和成人自我状态。儿童自我状态是由儿时所经历的情感演变出的行为模式，如习惯讨好身边的人，习惯把自己放在情感弱位去依赖和迎合他人等；父母自我状态是儿童自我状态的对立面，许多处在儿童状态的人在某些时刻会走向另一个极端，模仿父母的行为习惯，扮演起审判者的角色，如挑剔别人的毛病，责备、教育别人等；真正成熟理性的状态是成人自我状态，该状态下的人不会再被童年困扰，意识到自己掌握着自主权，能正确理解和看待自己的种种情绪和情感需求，为自己的行为负责。

苍鹭医生所讲的心理学内容，来自人际沟通分析学（Transactional Analysis，简称 TA）。20 世纪 60 年代，美国心理学家埃瑞克·伯恩创立了这一人格理论，这是一种系统的心理治疗方法，被广泛应用于咨询、企业管理、教育等领域，甚至用于治疗毒瘾、酒瘾和精神分裂症。这一理论的核心在该书中被通俗地表达出来，其中还涵盖了移情和反移情、危机干预、情绪智商等多个心理学基础概念。

2. 咨询情景的真实性

该书中的动物角色都是虚拟的，但主人公蛤蟆和心理咨询师苍鹭进行心理咨询的情景却高度还原了专业的心理咨询状态，让读者仿佛亲临心理治疗的现场，这是在同类书籍及影视剧中不曾展现的东西。例如，初次咨询时"苍鹭医生"对咨访关系的确定、对话中引导式的发问和鼓励、对蛤蟆的极端情绪和意外情况的处理都体现了专业性和真实性。

书中大量的对白和细节描写给人极强的代入感。在每次咨询之前，作者都会用一定的篇幅进行环境描写和心理描写，如"过了一周，蛤蟆又与咨询师见面了，还是坐在老位子。他很诧异自己那么快就习惯了咨询的常规，连这把椅子都被他视作'自己的椅子'。有时他会想，不知别人是否坐过这个座位，还是这间咨询室每周只因为他才使用一次"。有这样的描写作铺垫，容易让人产生很强的代入感，仿佛苍鹭的发问是对自己的发问，蛤蟆的困惑也是自己的困惑，读者常常带着主人公蛤蟆的所见所想，开启一次次心理咨询。

3. 文本的易读性

该书的易读性主要体现在三个方面：第一，文本体量小。该书是英国畅销书 *Counselling for Toads: A Psychological Adventure* 的中文版本，正文部分共计约 10 万字，199 页。读者可以利用碎片化时间，十多分钟读完一个章节，即使一次性通读整本书也只需要大概三四个小时。与市面上许多相同类型的心理学书籍相比，该书内容篇幅短小精悍，不容易让人产生阅读的畏难情绪，更容易被读者选择。第二，主题切口小。该书的定位是心理自助类图书，将主题聚焦于人的自我状态，对于"我的问题到底出在哪""我要不要去看心理医生""心理咨询是什么样的体验""心理治疗能让我变得更好吗"等这些人们最关心、最迫切想要解决的问题予以回应。也就是说，该书能够为读者更加精准有效地提供价值。第三，语言趣味性强。这也是该书区别于其他心理自助类图书最鲜明的特点。该书沿用了英国经典童话《柳林风声》中的动物主角，将其行为特点、性格特点、心理活动、角色关系充分拟人化，大大增强了内容的趣味性，加之语言风格轻松朴实，充满想象的色彩，处处隐喻，令人回味无穷。

（二）社会对心理健康的空前关注

1. 心理健康受到重视

在现代社会，人们工作、生活压力大。2021 年 3 月，中国科学院心理研究所发布了我国 2020 年心理健康蓝皮书《中国国民心理健康发展报告（2019—2020）》。报告显示，中国抑郁症患病率达 2.1%，约 9500 万人。微博、知乎、豆瓣等各大互联网社交平台上，抑郁症、心理健康类相关话题有着十万、百万级别的超高搜索量和讨论量。

与此同时，报告还显示，与 2008 年的调查相比，2020 年国民心理健康意识显著增强。2020 年，94% 的调查对象认为心理健康工作是重要的，比 2008 年的调查数据提高了 6.1 个百分点。在预测未来 5 年心理健康状况的变化时，有一半以上的人认为自己和周围的人在未来 5 年心理健康状况会变好。在针对人们所需要的心理健康知识进行的调查中，最高的被选项是自我调节，有七成调查对象选择了这一项。由此可见，大多数人已经意识到心理健康的重要性，对未来的情况有信心，愿意通过自身努力做出积极的改变。同时这也充分表明，当下中国社会存在着心理学书籍的文化土壤，以解决读者问题为导向的心理自助类图书有着巨大的市场潜力。

2."原生家庭论"的流行及自我意识的觉醒

近年来，"原生家庭"受到空前的广泛关注，特别是继《欢乐颂》《都挺好》等国产电视剧大热之后，依托传统大众媒介，比图书传播更快更广，比互联网使用门槛更低的影视剧似乎越来越多地涉及原生家庭的讨论，如《我的姐姐》《隐秘的角落》等。无论是以《奇葩说》《圆桌派》为代表的语言文化类综艺节目，还是自媒体博主等都曾对原生家庭这一话题进行探讨，形成了广泛的社会影响。与之相伴的是个体自我意识的觉醒，人们不只局限于原生家庭，开始从各种关系中寻找独立的自我。"PUA""讨好型人格"等热词在互联网社交平台掀起了讨论热潮。

这充分表明，越来越多的人开始有意识地反思自己的性格、行为、人际关系，并且尝试剖析现象背后的问题根源，关注人格独立和自我成长。

（三）良好的市场环境

1. 同类书竞品少

通过对当当网、京东图书网两大主要图书电商网站及西西弗书店、Pageone、言几又、王府井图书大厦等实体书店所售心理类图书销售情况的调查，笔者发现当前图书市场上心理学类比较畅销的书籍除了《蛤蟆先生去看心理医生》之外，还有《非暴力沟通》《乌合之众：大众心理研究》《自卑与超越》《社会心理学》《天才在左，疯子在右》《别想太多啦》《亲密关系》等。笔者对这些心理学类畅销书进行梳理和比较，发现《蛤蟆先生去看心理医生》的风格有明显的独特性：主题切口小，把专业的知识融入生动的故事中，带领读者完成一次关乎自身的、轻松的自我疗愈。从这个层面上来看，市场上与该书类型相同、风格相当的竞品图书非常少，这就凸显了该书独特的市场竞争力。

2. 受众阅读对象"精简化"和消费动机多样化

畅销书无疑是一种重要的大众文化产品，它伴随着工业文明产生，在内容上传达了人们的集体潜意识，得到普遍的社会认同和集体共鸣，又在形式上采取通俗化的表现方式，使其易于为大众所接受，具有较强的商业运作性特征。这就决定了畅销书的选题、表达方式和目标设定必须高度符合大众的阅读喜好、习惯和需求。

人们普遍喜欢选择有趣的、浅显的、干货满满的内容进行阅读，希望付出较少的成本（时间、金钱）获得较多的收益（知识、解决方案）。在现代社会，移动互联网的发展进一步加深了这种阅读偏好，短平快、小而精的内容往往更受欢迎。《蛤蟆先生去看心理医生》是一本体量小、切口小、趣味性强且具备很强的易读性的书，但作为一本心理学入门书，它又蕴含着丰富的科学理论，解释了读者关心并且亟待解决的问题，具有不容忽视的社会效益。由此可见，该书从内容到形式都高度符合大众文化的特点，而这本书的内容和语言风格在同类书中又是一种创新，使其具备自身的独特性，这成为该书能够如此畅销的关键原因。

与此同时，大众的消费动机也变得多样化，也就是说，除了图书本身的内容价值之外，其他附加价值也可以触发读者的消费行为，消费的理由变多了。相对于电子书，实体书消费显然能带来更多的附加价值。例如，随着读者阅读行为的社会化、图书消费的场景化，人们购买一本书，不仅仅是为了读完之后从中获取相应的知识信息，还希望参与讨论和互动，在社交媒体上进行拍照分享来获得满足感。相对于其他同类书，无论是获取使用价值还是附加价值，《蛤蟆先生去看心理医生》需要的时间和金钱成本都是更低的，因此更容易触发读者的消费行为。

（四）出版品牌方的运营

1. 果麦文化的品牌背书

果麦文化成立于 2012 年，全称果麦文化传媒股份有限公司，主营业务是图书策划与发行，后来逐渐涉足影视投资、数字内容、IP 开发等业务。其创始人路金波是中国第一代网文作家的领军人物。自成立至今，果麦文化先后出版了《浮生六记》《小王子》《人间失格》、易中天"中华史"系列、《我与世界只差一个你》等畅销书，在文艺、社科、历史、少儿文学等细分领域表现不俗；参与投资了《万物生长》《后会无期》《乘风破浪》《万万没想到》等知名影视剧，与易中天、韩寒、冯唐等作者保持长期的深度合作关系。2019 年，果麦文化启动了"2040 书店"项目，发展自有实体书店。现如今，果麦文化以其丰富的作者资源、优质的产品质量、高超的策划和运营能力积累了一批忠实读者，形成了鲜明的出版品牌，成为出版业中一股发展迅速的年轻力量。

《蛤蟆先生去看心理医生》的巨大成功离不开果麦文化对其进行的一系列打造。无论是在编辑方案、翻译水平方面，还是在整体设计上，都将这本书原有的价值发挥得淋漓尽致，加之果麦文化一流的营销推广，该书迅速成为当下最热的心理学入门书。

2. 选择合适的译者，重视书名的翻译

引进外版书，最重要的是找到合适的译者，好的翻译作者能够很大程度上还原原著的意思，同时还能对文本进行本土化的润色，为其增光添彩。该书的译者陈赢是上海外国语大学社会语言学博士、上海师范大学英语系讲师，同时也是国家二级心理咨询师。译者的双重专业背景使该书的中译版语言更加流畅、准确，特别是在细节的翻译上更加翔实。同时，译者风趣幽默的语言风格为文本增添了趣味性。例如："还有一个乐呵呵的怪人，会变戏法，有一次他俩单独在一块时，他居然用屁点火，让蛤蟆吃惊不已。还有个老大叔，脖子上挂着的金表链在大肚腩前晃来晃去，他给了蛤蟆一个金币，还用非常惊悚的方式在蛤蟆腿上捏了一把。"

果麦文化对该书的成功运营来源于其用户思维。通过观察读者逛书店买书的过程，编辑们发现书名是打动读者的第一要素，因此十分重视书名的翻译。该书的英文原版书名 *Counselling for Toads: A Psychological Adventure*，直译为"蛤蟆的咨询：一场心灵的冒险"。直译过来的书名有两大问题：一是冗长复杂，这样一本小而精的图书并不适宜；二是缺少美感，让人没有想要翻开阅读的欲望。经过译者和编辑的反复推敲，最终将译名定为"蛤蟆先生去看心理医生"，把主人公蛤蟆进一步拟人化，整个书名长短适中、概括内容，又兼具童话的美感，成功吸引了读者的注意力。

3. 符合定位的编辑方案

作为一本心理学入门读物，该书的受众是不懂心理学理论的初学者，针对这样的受众，该书从体例编排到章节划分都兼顾吸引力和易读性。果麦文化把目录视作除了书名之外吸引读者的第二大因素。全书一共 16 个章节，

编辑给每个章节都设置了高度凝练并极具悬念的小标题，让读者在浏览目录时就对其内容产生浓厚的兴趣。书中蛤蟆的每次咨询都是一个独立的章节，根据不同的内容，每个章节长短各异但差量至多不超过 10 页。蛤蟆的每次咨询都卡在合适的节点结束，既包含一定量的新信息，让读者可以从该次咨询中获得思考，又留下了问题，为下一篇设置悬念，让读者忍不住继续读下去。

4. 简洁的封面设计与装帧

图书的封面和封底与书名一样，是吸引读者阅读的重要元素。英文原版 *Counselling for Toads*: *A Psychological Adventure* 的封面色调较暗，一个张着大嘴、抽着烟卷的大腹便便的蛤蟆形象占据整个页面的四分之三。该书的中文版封面由屡获大奖的果麦文化设计总监董歆昱先生亲自设计。色调选用明快的白色和绿色，蛤蟆的形象以剪影的方式呈现，采用比原版封面图案缩小数倍的尺寸，放在封面的正中央，为页面进行了充分且适宜的留白。封面的设计配上小开本的尺寸使整本书显得非常精巧、独树一帜。仔细观察不难发现，中文版封面蛤蟆的形象更加乖巧内向，又有一点忧郁，弱化了蛤蟆的年龄特征和封面形象的视觉冲击。笔者认为这样的改动实际上是对蛤蟆先生内在自我的彰显，更符合书中蛤蟆先生的形象，也暗示了该书所讲的内容并非仅适用于某一年龄段的读者，心灵的疗愈、自我成长等话题是所有人都可能面临的。

中文版图书的整体装帧采用平装 32 开，用纸是环保的轻型纸。这样的设计既与图书的整体风格相吻合，又方便读者作为口袋书随身携带，利用碎片化时间进行阅读。更重要的是，简洁的装帧设计大大压低了图书的成本，不同的销售终端都能够有打折的空间，使读者能以一个较低的价格买到这本书，容易获得物有所值的满足感。

5. 宣传推广

2020 年 7 月 1 日，"果麦文化新品预告"公众号首先在当日的推文中预告了《蛤蟆先生去看心理医生》这本书。该书上市当天，果麦文化官方微博"知书少年果麦麦"和公众号"2040 书店"对其进行了新书宣传，浏览量非常可观。同年 8 月，著名心理学者李松蔚在自己的微博上强烈推荐了该书；小红书博主"昀仔非读 book"的一篇推荐笔记收获了超越其账号往期数据 10 倍的点赞量，爆款笔记"横空出世"。此时果麦文化意识到该书的专业水平和受众群体可能远超预期，这大大增强了果麦文化营销团队的信心。

果麦文化是出版业中最早引入专职信息流投放经理的企业之一，其广告投放策略的精准度超出行业平均水平。该书的畅销潜力显现之后，营销团队充分介入该书的推广工作，建立豆瓣讨论组，维护其活跃度，实时收集优质、真实的读者反馈；邀请优质书评人撰写评论，并在微博、微信平台大量推送，如心理学头部公众号"壹心理"头条推文，《新京报》、凤凰网等媒体的书评，"思想聚焦"等微博大号的书摘、赠书活动等；还分别联手"喜马拉雅"App 和"网易蜗牛读书"App，参与"423 听书节"和"423 共读挑战"；发起带话题转发微博参与抽奖的活动等。

营销团队意识到传统渠道的销量天花板很快就会显现，必须在短视频领域发力，打破该书的增量瓶颈，于是"小嘉啊""哈佛学长 Leo""EMY"等读书博主、知识达人的爆款视频带来了巨大的流量，使该书一时卖到脱销。此外，果麦文化还尝试通过头条号推文带货的形式将渠道继续下沉，撬动大量的新流量。

除此之外，在重点营销期内，果麦文化自有库房的发货包装上都印有《蛤蟆先生去看心理医生》的文案。随着销量的逐渐累积，图书销售界面的宣传文字也得到即时更新，如推荐者信息、销量信息、豆瓣评分等，让准备购买该书的人直观地看到该书的火爆程度，增加购买欲望。

四、精彩内容欣赏

就这样，在朋友们的一连串电话联络、约定日期、施压恳求之后，蛤蟆来到了一个叫"苍鹭小筑"的大房子。这是一栋四四方方的三层建筑，红砖是柔和的陶瓦赤土色，夹杂着几抹斑驳的黄色。它散发着老建筑的历史气息，似乎存在很久了，看着朴素却实用，像是世代有人居住的样子。

按过门铃后，蛤蟆被带入了一间书盈四壁的房间，房间里有几把椅子，还有一张大书桌，上面摆放着零散物件，还有一颗陶瓷头颅，上面写满了文字，是关于福勒所创的颅相学传说的。

苍鹭走进了房间，他个子很高，看上去富有智慧。他在蛤蟆对面的椅子上坐了下来，道过早安，接着便无声地看着蛤蟆。

蛤蟆早已习惯人们同他说话，正等着苍鹭开启一场冗长的训诫，可什么动静也没有。这一阵沉默让蛤蟆感到血液涌上头部，仿佛房间里的紧张气氛也瞬间加剧了。他开始感到相当不舒服。苍鹭依然看着他。终于，蛤蟆再也忍不住了。

他哀怨地问："你不打算告诉我该做什么吗？"

"关于什么？"苍鹭答道。

"呃，告诉我怎么做才能觉得好受一些。"

"你感觉不好受？"

"是的，不好受。他们肯定把关于我的所有事情都跟你说了吧？"

"'他们'是谁？"苍鹭问。

"哦，你知道的，獾、河鼠他们几个。"说出这几个字时，蛤蟆哭了起来，不快的感受也更汹涌地释放出来。这不快，他竟不知不觉闷在心里很久了。苍鹭依然不语，只把一盒面巾纸推到了蛤蟆这里。良久，蛤蟆的抽泣渐渐平息，他深吸一口气，感觉好了一点儿。接着，苍鹭开口了。

"你能告诉我，为什么来这儿吗？"

蛤蟆说："我来这儿，是他们让我来的。他们从报纸上看到了你的名字，说我需要咨询。现在我准备好听你的。不管怎么做，只要你觉得是最好的，我都会照办。我知道他们都是为了我好。"

咨询师在椅子上挪了一下身体。"那么，谁是我的来访者？是你，还是他们？"

蛤蟆不是很明白。

"你看，"咨询师说道，"你的朋友们想让我给你做咨询，以便减轻他们对你的担忧。你似乎也想得到帮助，为的是让他们高兴。所以依我看，你的那些朋友们才是我真正的来访者。"

蛤蟆听完一头雾水，困惑全写在脸上。

"也许我们可以澄清一下现在的情况。"咨询师说道，"这几次面谈，是由谁来支付费用？"

"我早该猜到的，"蛤蟆想，"他就和其他人一样，只关心怎么挣钱。"

"这个你无须担心。"蛤蟆说起这个，竟有几分像从前的自己了，"獾说了，钱的事他会处理好的。你会得到报酬的，完全不用顾虑。"

"谢谢你，但恐怕这样行不通。我建议今天会谈后就结束咨询，就当是一次体验。"咨询师说。

这么久以来，蛤蟆头一次感到愤怒。"听着，"他提高了嗓门，"你不能这么做。你说你是咨询师，我为了咨询来到这里。我坐在这儿等着你跟我说些什么，可你说的居然是我的钱还不管用。到底还要我再做什么才行得通？"

"这是个非常好的问题，我来回答你。"咨询师回应道，"心理咨询向来是一个自发的过程，咨询师和来访者双方都得出于自愿。所以这就意味着，只有当你是为自己而不是为取悦朋友们才想咨询的时候，我们才能真正合作。如果我们约定要合作，就需要拟一个合同，咨询结束时，我会把收据寄给你。你看，这并不是钱的问题。为咨询负责的只能是你，而不是其他任何人。"

蛤蟆的脑子急速运转，虽然没完全理解这一番话的意思，但他意识到一件事：他得为自己的咨询担起责任来。可他又不是咨询师！

同时，咨询师用了"合作"一词，这意味着不管咨询中发生什么，蛤蟆都是主动的参与者。所有这些要求，和他原先打算坐等受教的态度相去甚远。这些想法困扰着他，也让他兴奋。或许，他真的能够靠自己摸索出摆脱痛苦的办法来。

（节选自《蛤蟆先生去看心理医生》第15-19页）

能像讲故事那样向苍鹭讲述自己的过往，对蛤蟆的影响比他愿意承认的更大。将自己的经历告诉别人，而不会因此被嘲笑或排斥，是多么大的慰藉。无论好坏，这就是蛤蟆的人生，他既不是伟大的圣人，也并非十恶不赦的罪人，他就是他自己。最让蛤蟆高兴的是，苍鹭倾听的样子看起来是真的感兴趣。

在叙述中，蛤蟆有机会全面回顾他的人生。他开始意识到，某些人，某些事，在很长时间里都是怎样影响着他。他看到自己倾向于怎样行事，也看到一个事件是怎样引发另一个事件。以往，当他回忆过去时，那些发生过的事件都只是孤立的闪回，无法拼凑在一起。偶尔他能在回忆里思考长一点儿的片段，比如入狱的日子，可随后他便急着赶走不愉快的想法，去想别的事儿了。

但现在，他渐渐获得了一种能力，让他在回忆时不再谴责自己。他能找到事件之间的联系，能客观地去看，而不再感到内疚。慢慢地，他开始理解为什么有些事情会以那样的方式发生，以及它会带来怎样的影响。换句话说，蛤蟆在反思自己的所作所为，并从中学习领悟。

当他用战略的眼光审视人生时，发现从苍鹭那儿学到的某些想法对他帮助极大。比方说，把生活比作舞台并不新鲜，可或许他有专属自己的"人生剧本"，一有机会就出演，这个想法让他耳目一新。蛤蟆甚至不安地想到，也许正是他在无意识中一手策划了各种情境，好让自己的剧本时不时上演。甚至，这是否意味着在他的潜意识（这个词不再让他尴尬）里，关于他人生的"故事情节"早已布局好，一股未知的力量正将他推向某个特定的结局？

苍鹭说过"这些想法里存在着真相"，果真如此的话，那么蛤蟆在出演一个怎样的剧本呢？有时他看起来像是在演喜剧，饰演的是众人嘲讽讥笑的对象，无论他怎样尝试，都无法改写剧本。但最近他开始意识到，也许还有另一种活法，无须跟着预先预设的剧本走，甚至可以没有剧本，或者说，可以即兴发挥。不过，这会让人感到害怕，没了剧本，你怎么知道该做什么或者说什么呢？剧本至少能让你不用思考，不用为自己做决定。没了剧本，说完"你好"后，要说什么呢？

可反过来，想到每一个全新的时刻都意味着独一无二的机会和挑战，又让人无比激动。蛤蟆认定，所谓活得真实，就是真诚地回应当下的需求。这能打破从童年延续而来的因果循环，让真实的自我摆脱过去经历的束缚，在自由中成为真正的自己。他决定要让自己活得更真实一点儿。

（节选自《蛤蟆先生去看心理医生》第 138-140 页）

五、相关文献推荐

[1] 中国科学院心理研究所 . 中国国民心理健康发展报告（2019—2020）[M].北京：社会科学文献出版社，2021.

[2] 杨虎 . 大众文化视野下的畅销书出版历史进程与文化格局 [J]. 出版发行研究，2014（7）：22-25.

[3] 文浩，张爽 . 果麦文化全梳理：汇集优质版权与作家，重塑经典与打造畅销并行 [R]. 武汉：天风证券股份有限公司，2020.

[4]36 氪 . 打造超级畅销书背后，果麦文化的出版逻辑 [EB/OL]. （2019-11-13）[2021-05-15]. https：//baijiahao.baidu.com/s?id=1650524828443093677&wfr=spider&for=pc.

[5] 施明喆 . 日销 3000 本，每月加印 10 万册，我们怎么把这本书卖起来的？[EB/OL].（2021-02-20）[2021-05-15]. http：//www.cptoday.cn/news/detail/11071.

（执笔人：徐然）

案例十二：《原则》

一、图书基本信息

(一) 图书介绍

书名：《原则》

作者：[美] 瑞·达利欧

译者：刘波　綦相

开本：32 开

字数：406 千字

定价：98.00 元

书号：ISBN 9787508684031

出版社：中信出版集团

出版时间：2018 年 1 月

(二) 作者简介

　　瑞·达利欧，世界顶级投资家，1949 年出生在一个意大利裔美国家庭。达利欧的父亲是一名出色的爵士乐手，母亲是一名家庭主妇。用达利欧的话来说，自己的家庭出身"十分普通"。1957 年，达利欧进入一家公立学校学习，但是由于不擅长"死记硬背"，他在学校的表现一般。1961 年，达利欧在离家不远处的一家高尔夫球场俱乐部当球童，在此期间买了东北航空公司的股票并获得三倍收益，由此开启他传奇的投资生涯。1967年，达利欧进入长岛大学学习，主修金融学，因为可以自主选择课程，他从曾经的"坏学生"摇身一变成为"尖子生"。1971年，达利欧以几乎完美的成绩被哈佛大学商学院录取，毕业后去了一家证券公司做大宗商品业务主管。1975年，达利欧创办了桥水公司。2008年，达利欧成功预测金融危机，使桥水公司在低迷的市场环境中仍然获得了近10%的收益，同时也成就了达利欧的投资传奇，诞生了备受金融市场推崇的"全天候策略"。2018年，达利欧正式成为中国境内私募管理人。

二、畅销盛况

2010年，达利欧将简略版的《原则》公开发表在桥水公司的网站上，收获了无数企业、管理者和职场人士的好评，下载次数超过300万次。2017年9月，英文版的《原则》一经问世就引起了美国金融圈的轰动，发售第二天便被抢购一空，成功斩获2017年亚马逊、《纽约时报》畅销书总榜第一名，迅速成为超级畅销书。同时，其热度从美国迅速蔓延到中国，以至英文版《原则》的销量创下了亚马逊中国销售总榜前十名的纪录。译成中文出版以后，《原则》一书在预售阶段即冲上了畅销书排行榜。

2018年1月，中文版《原则》正式出版，立即受到了中国金融投资圈人士的广泛关注，甚至在金融界朋友圈开启了强势刷屏模式。在之后的数月中，《原则》一书稳坐各大图书销售榜榜首，并斩获了2018亚马逊中国年度纸质书畅销榜、纸质书新书榜和Kindle付费电子书新书榜三料冠军，成为5年以来首次夺得亚马逊中国年度纸质书畅销榜冠军的经管类图书。上市不足两个月，其销量便突破了50万册。截至2018年年底，《原则》已加印十余次，销售码洋也突破了亿元大关。

除了170多万册的销售量，这本书也收获了无数好书评选的奖项：豆瓣网

2018 年度商业经管类图书畅销榜第一名、第一财经网"年度人气书籍"、微信读书 2018 年度好书、彭博新闻社 2018 年度最佳书籍等。

三、畅销攻略

打造畅销书，是每一个出版人的理想和追求。中信出版集团前总编助理方希曾表示，"畅销书对于中信出版社的意义犹如金字塔的两端，品种不过是塔尖而已，为数不多，但其创造的价值恰恰是金字塔的塔基，占绝大部分"。而一本畅销书的诞生，必然是作者知名度、文本内容、装帧设计和宣传营销等多方面因素相互影响、相互作用的结果。笔者对现有资料进行整理和分析，将《原则》的畅销攻略详述如下。

（一）极具影响力的图书作者

畅销书研究专家李鲆曾提出一个关于畅销书的"3214 法则"，即"一本书能否畅销，除不可测因素外，作者（或主人公）的知名度占 30%，主题（写的是什么）占 20%，品质（写得怎么样）占 10%，另外 40% 是出版商的策划营销功力"。这表明作者的知名度越高，其作品越容易获得更多读者的认可。

该书的作者达利欧是全球顶尖投资企业家之一，也是全球最大的对冲基金公司——桥水公司的创始人。达利欧出生于美国纽约一个普通的中产阶级家庭，12 岁时买下人生第一支股票并大赚了一笔，22 岁时考上了哈佛大学商学院，26 岁在自己的两居室公寓内创立了桥水公司。经过 40 多年的发展，截至 2020 年 3 月，桥水公司管理资金超过 1600 亿美元，成为世界上规模最大最赚钱的对冲基金。达利欧也跻身 2016 年全球富豪榜前 100 位之列（《福布斯》评选）。由于他独到的投资原则改变了美国乃至整个世界的基金行业，美国《CIO IT 经理人》杂志称其为对冲基金"教父"、投资界的"史蒂夫·乔布斯"。

在注意力经济时代，"名人效应"已经成为推动图书畅销的重要保证。达利欧这一名字对于普通读者来讲可能并不熟悉，但是他在财经领域尤其是创投圈可谓风云人物，拥有着极高的知名度与巨大的影响力。作者的名气使《原则》一经问世就受到了金融投资圈人士的广泛关注。

（二）丰富翔实的文本内容

内容是图书的核心和灵魂。高质量的内容是图书赢得读者的关键，也是其成为畅销书最基本的要素。笔者认为，几乎可以用"倾囊相授"来形容《原则》这本书的内容。

全书分为三个部分。第一部分讲述了达利欧的人生历程，分享了他的投资、成家和创业经历，以及不同阶段对于人生的解读与思考。第二部分和第三部分分别阐述了达利欧的生活原则和工作原则，从多个角度分享了他在为人处世与投资管理方面的经验和教训。

在《原则》中，达利欧根据几十年来的投资经历，总结出"21条高原则、139条中原则和365条分原则"，并将工作和生活紧密结合起来，运用金融投资方面的知识来隐喻人生的真正意义，并通过翔实的案例告诉我们：不断地总结原则能够帮助我们不断地达成目标。这本书所阐述的生活原则和工作原则，是达利欧历经几十年投资市场的血雨腥风凝练而成的，是达利欧多年来世界观和人生智慧的总结，具有很强的实用性和可读性。它不仅适合西方读者阅读，也适合中国读者阅读，不仅是金融圈人士的必备读物，也是其他行业管理层提高管理能力和普通大众读者提高自身素质的必读书目。

诚如这本书的书名，《原则》是一本有原则的好书。作者达利欧并没有为了销量一味迎合读者的观点，也没有利用各种噱头吸引读者的注意力，而是坦诚地将他毕生所学提炼成一系列实用的原则，以飨读者。正如比尔·盖茨所说："瑞·达利欧曾向我提供的非常宝贵的指导和忠告，你在《原则》一书中都能找到。"

（三）极简轻奢的整体装帧设计

图书的价值主要体现在内容方面，但是优秀的装帧设计能够为图书内容加分。日本著名书籍设计大师杉浦康平就图书的装帧设计发表了自己的看法，他认为"一本书不是停滞在某一凝固时间的静止生命，而应该是构造和指引周围环境有生气的元素"。

1. 外部装帧设计

凡事都要把握好度，所谓过犹不及，图书设计亦是如此。在封面设计上，中信出版集团沿用了原版极简的设计风格，仅使用了黑、白、红三个色调，使书名十分醒目。在材质选择上，内文采用了纯质纸，封面则选择了高级唯美装帧布，用精装工艺缓和了极简主义设计所造成的冲击力的缺失。在腰封设计上，采用白色宽腰封，与黑色封面产生了强烈的对比，给读者带来视觉冲击。封面推荐语是由比尔·盖茨和张瑞敏撰写的，底封推荐语则由常振明、朱民和高西庆等著名企业家或金融专家撰写，而腰封内折页上则展现了关于作者的信息，这样的腰封信息使该书更加具有可信度和说服力，可以吸引读者眼球，引发购买和阅读的欲望。

2. 内文版式设计

在版式设计上，图书内文采用黑色和红色双色印刷，重点语句加粗或者标红序号，必要之处配以简单的线条图，章节页则采用红底黑字或红底白字的形式。这种设计既便于读者抓住书的筋骨脉络，快速掌握重点内容，又可以帮助读者读完此书后回顾书中要义。简约疏朗的版式更加能够引起读者对于文字和图片的视觉凝聚力，从而提升读者的阅读体验。同时，这本书特意加入了黑红两条丝带，与其内文黑色和红色的排版样式相搭配。由于市场需求巨大，该书上市后经历了数次重印。有不少读者在购买该书后表示，"《原则》是一本有自己原则的好书"。笔者认为这不仅是对图书内容的评价，也是对图书装帧设计的评价。

（四）精准有力的宣传营销

策划一本超级畅销书的要诀有三点，即内容优质、装帧精美和宣传到位。在信息大爆炸的互联网时代，"酒香不怕巷子深"已经成为过去式。在"酒香也怕巷子深"的时代，图书的内容质量固然重要，但是宣传营销的重要性也不可忽视。在《原则》这本书的宣传和推广方面，策划人做的第一步是把作者当作一个超级IP来运作，同时将该书的宣传营销做到极致。

1. 前期宣传工作为销售做铺垫

目前，微信已经成为人们使用频率最高的社交软件之一。与传统的推广方式相比，利用微信公众号进行推广，信息内容被用户获取的可能性会大大增加。在《原则》一书正式出版前一个月，中信出版集团就开始邀请微信公众号"大V"及知名财经类和科技类微信公众号对该书进行宣传。如猎豹移动董事长傅盛发布推文《自我进化是一切》，阅读量突破百万。"正和岛"发布推文《曾犯错公司只剩一人，今管理1500亿财富，秘诀竟是"超级现实"》，阅读量突破5万。"华尔街见闻"发布推文《〈原则〉译者独家解读：无知是一种优势》，阅读量破万。另外，财富中文网发布的"2018年必读书单"中推荐了《原则》一书。这些文章推送后，被网友纷纷转发到自己的微信朋友圈，使此书即将面市的消息迅速传播开来。

2. 作者巡回演讲引发销售热潮

2018年2月，《原则》上市近两个月，中信出版集团邀请作者达利欧开启了四天两地的巡回演讲。2月26日，达利欧在北京以"我的生活和工作原则"

为题发表了演讲。2月27日，达利欧在《财富》杂志举办的"瑞·达利欧：看中国、看市场、看投资"见面会上发表了以"投资的圣杯"为题的演讲。2月28日，达利欧来到上海，在"华尔街见闻"举办的脱口秀活动中向中国投资者分享了经济学理论和投资原则，并与高毅资产董事长邱国鹭进行了深度交谈。3月1日，达利欧与我国知名投资人徐新展开了一场精彩的对谈。

包括"中信出版""吴晓波频道"在内的多家微信公众号都在第一时间发布了达利欧的演讲全文，收获了相当可观的阅读量。如"吴晓波频道"发布了题为《达利欧：一切解读都不及作者自己用16页PPT彻底讲清〈原则〉》的文章，阅读量迅速突破10万。随后，"笔记侠"发布的《傅盛：这本决策圣经我在公司内部已经分享过10遍》阅读量达6万，傅盛发布的《开放比勤奋更重要》阅读量近10万。与此同时，《财经》杂志等一大批媒体推荐该书的文章不断涌现。四天两地的巡回演讲帮助达利欧和《原则》收获了超过2000万次的中国主流人群的关注，由此，《原则》迎来了又一轮的销售高潮。

3. 知名人士推荐促进图书销售

在专家推荐方面，策划人并没有完全考虑财经圈内部人士，而是选择了许多著名企业家和互联网产业领军人物。《原则》一书出版前后，微软联合创始人比尔·盖茨、海尔集团创始人张瑞敏、"得到"App创始人罗振宇等知名企业家和商界名流都给予了该书极高的评价，纷纷向公众推荐此书。众多意见领袖的推荐也促进了该书的销售。

4. 延伸产品开发推动持续销售

中信出版集团自成立以来，依托于母公司中信集团在金融财经领域的丰富积淀，成为我国最早引进经济管理类图书的出版社，并且凭借极强的内容发掘和版权获取能力逐渐成为我国经济管理类图书的出版龙头。近年来，中信出版集团打造了如《基业长青》《谁说大象不能跳舞》《竞争论》《伟大的博弈》《长尾理论》《黑天鹅》《滚雪球》《思考,快与慢》《大繁荣》《从0到1》《货币战争》《灰犀牛》《爆裂》等一系列经济管理类爆款图书,积累了极其丰富的版权运营经验。

在《原则》成功出版发行后,桥水公司官网发布了《原则》的动画短片,将书中核心内容提炼成一部28分钟的迷你探险动画,帮助读者了解达利欧的成功原则。2019年3月,中信出版集团出版了达利欧的另一部著作《债务危机》,讲述了达利欧应对三次债务危机的原则。2020年3月,中信出版集团出版了《苏世民:我的经验与教训》,解密了另一位华尔街投资巨头——作为黑石联合创始人之一的苏世民的成功法则,同样引起了金融投资领域的高度关注。中信出版集团随后将《原则》和《苏世民:我的经验与教训》组合成套装进行售卖,以"看桥水,读黑石,读懂华尔街投资巨头的传奇人生"为宣传语,赢得了广大读者的喜爱。2020年6月,中信出版集团出版了《原则》(绘本版),以简单易懂的语言和图画帮助孩子们用更广阔的视野去看待生活。此外,中信出版集团于2022年1月出版了达利欧新作——《原则:应对变化中的世界秩序》,以全新的视角解读当今世界的变化。《原则》一书的畅销带动了这一系列图书的出版,而这些图书的出版也反过来推动了《原则》的持续销售,形成了图书销售的良性循环。

四、精彩内容欣赏

理解你和其他人的"意境地图"与谦逊性

有的人很擅长自己把问题和解决办法搞明白,这样的人拥有良好的"意境地图"。也许他们通过学习掌握了这种能力,也许他们天生就富有理性和常识。无论是哪种情况,他们自己找到解决方案的能力更强。同时,还有一些人比其他人更谦逊,头脑更开放。如果谦逊能引导你找到比自己想出来的更好的解决

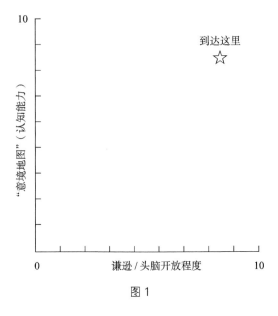

图1

办法的话，就可以说谦逊比拥有良好的"意境地图"价值更大。既头脑开放又拥有良好"意境地图"的人是最强大的。

为了说明这个简单的概念，我们可以画一个坐标系，Y轴代表一个人的"意境地图"（换句话说就是认知能力），X轴代表一个人谦逊和头脑开放的程度，从1到10依次增强，如图1所示。

所有人一开始都位于左下方，"意境地图"不好，头脑也不开放，而大多数人一生都会悲剧性地、顽固地留在那个位置。你可以沿着Y轴进步（通过学习如何更好地做事），也可以沿着X轴进步。这两种方式都能增强你认知和解决问题的能力。如果你的"意境地图"好而头脑不够开放，这也不错，但不能说太好，你仍将错过很多有价值的东西。类似地，如果你头脑很开放而"意境地图"不好，你或许将难以选择正确的人来请教，难以选择正确的观点来借鉴。既有良好的"意境地图"又有开放的头脑的人，总是可以击败不是两者皆有的人。

现在花点时间来想想你应该走哪条路来增强自己的能力。你觉得自己处在这个坐标系的什么位置？也问问别人，他们觉得你在什么位置。

一旦你明白自己的短板在哪里，并变得头脑开放从而可以得到其他人的帮助，你将会发现，你几乎没有实现不了的东西。

（节选自《原则》第179-181页）

理解人与人大不相同

因为不同人的大脑构造不同，所以我们体验现实的方式千差万别，而任何人的单一体验本质上都是存在扭曲的。我们应该承认和认真对待这一点。所以，如果你想知道事实以及怎么做的话，你必须理解自己的大脑。

基于这一认识，我和许多心理学家、精神病学家、神经科学家、人格测试专家以及该领域其他可信的人交谈，并看了很多书。我发现，尽管对所有人来说都很明显的是，在常识、创造性、记忆力、综合分析能力、关注细节能力等方面，人和人天生就有擅长与不擅长的差别，但连大多数科学家也不大愿意客观研究这些差别。尽管如此，这一研究依然很有必要，所以我几十年来一直在探索。

结果我学到了很多对自己有帮助的东西，我想这些东西也能帮到你。事实上，我学到的关于人类大脑的知识对我的成功帮助很大，与我对经济和投资的理解带来的帮助一样大。在本条中，我将分享一些我了解的奇妙之处。

（节选自《原则》第 198 页）

理解右脑思维和左脑思维的差别

你的大脑分为负责意识的上层和负责潜意识的下层，同时还分为左、右半球。你也许听说过有的人是左脑思维者，有的人是右脑思维者。这不只是一种说法：加州理工学院教授罗杰·斯佩里因这个发现而获得诺贝尔医学奖。简单来说是：

1. 左脑按顺序推理，分析细节，并擅长线性分析。"左脑型"或"线性"思考者分析能力强，通常被形容为"明智"。

2. 右脑思考不同类别，识别主题，综合大局。富有"街头智慧"的"右脑型"或"发散"思维者，通常被形容为"机灵"。

图 2 概括了"右脑"和"左脑"思维类型的特征。

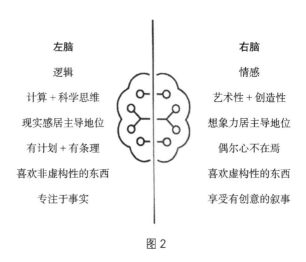

图2

大多数人通常从一边大脑得到更多指令，并难以理解和他们不同的人。我们的经验显示，左脑思维者倾向于觉得右脑思维者"古怪""玄虚"，而右脑思维者倾向于觉得左脑思维者"死板""狭隘"。我发现，如果人们知道自己和其他人的倾向，并认识到两种思维方式都可贵，并相应地分配工作，就会产生很好的结果。

（节选自《原则》第219-220页）

任何组织或机构若想正常运转，
其工作原则必须与其成员的生活原则相契合

我的意思不是说方方面面都要保持一致，而是说必须在最重要的事情（例如所从事的工作以及彼此之间的相处）上相契合。

如果一个机构的员工感受到这种工作原则和生活原则的一致性，他们就会珍惜彼此之间的相处，从而和谐地共事，这种文化将渗透到他们所做的每件事情中。如果他们感受不到这种契合，工作的目标就会出现差异甚至冲突，他们会对彼此如何相处感到困惑。因此，每个机构，包括公司、政府、基金会、学校、医院等，都应当明确、清晰地阐明其工作原则和价值观，并持续贯彻下去。

工作原则和价值观并不是像"顾客至上"或"争取做行业龙头"那样含糊不清的标语口号，而是一系列具体的指南，每个人都能看懂、遵循和践行。这部分我们将从生活原则转向工作原则，重点阐述我们在桥水是如何把两类原则有机统一起来的，及其对我们的工作业绩产生了怎样的影响。但首先，我想先介绍一下我对机构的看法。

二者之间相互产生影响，因为机构的人塑造了机构的文化，而机构的文化决定了机构选用什么样的人。

a. 优秀的机构拥有优秀的人和优秀的文化。能够持续进步改善的公司同时拥有优秀的人和优秀的文化。没有什么比获得优秀的文化和优秀的人更重要，也没有什么比这更难。

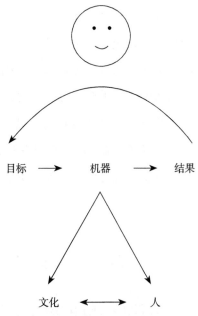

图 3 一个机构就像一部机器，主要由两组部件构成：文化和人

b. 优秀的人具备高尚的品格和出色的能力。我所说的高尚的品格，是指能够实事求是、开诚布公，致力于所在机构的事业；出色的能力，是指他们具备能力和技艺，能够出色地完成工作。只具备其中一种素质的人是危险的，不应留在机构里，而同时具备两种素质的人则难得一遇，必须倍加珍惜和善待。

c. 优秀的文化不掩盖问题和分歧，而是公开妥善解决，喜欢让想象力驰骋且愿意开创先河。这样能够实现与时俱进。桥水的做法是创意择优，通过极度求真和极度透明，努力从事有意义的工作，建立有意义的人际关系。我所说的有意义的工作，是指人们有激情去投入的事业；有意义的人际关系，是指相互之间能够真心相互关爱（就像一个大家庭）。我认为这两个方面是相辅相成的，而做到极度求真和极度透明，则使工作成就和人际关系都能不断精进。

通过对这部机器的持续跟踪分析，管理层可以将运转结果与目标进行客观的比较，以使其更有效地运转。如果结果与目标不一致，要么是机器设计有毛病，要么是操作机器的人有问题，需要进一步诊断以修改完善。正如第二部分"生活原则"中所提到的，这最好经由五步流程实现：（1）设定清晰的目标；（2）找出妨碍目标达成的问题；（3）诊断出机器的什么部分（哪些设计或哪些人）运转不正常；（4）设计修改方案；（5）采取必要的行动。对一个机构来说，这是最快、最有效的改进提高方法。

（节选自《原则》第 302-306 页）

五、相关文献推荐

[1] 张文红 . 畅销书理论与实践 [M]. 北京：中国传媒大学出版社，2011.

[2] 李鲆 . 畅销书营销浅规则 [M]. 北京：世界图书出版公司，2013.

[3] 张文红，孙乐 .2018 年我国畅销书产业观察与分析 [J]. 出版广角，2019（4）：11-15.

[4] 王学彦 . 现象级畅销书传播策略浅论 [J]. 出版参考，2018（5）：31-33.

[5] 崔明，姜亚磊 . 互联网时代畅销书的精准营销策略探析 [J]. 出版科学，2015（7）：61-65.

[6] 蒋新军 . 畅销书，是一种极致的艺术——解密百万级畅销书《原则》的畅销密码 [J]. 出版人，2018（6）：52-53.

[7] 刘英团 ."原则"来自于"痛苦 + 反思"——读瑞·达利欧的《原则》[J]. 现代国企研究，2019（11）：94-96.

（执笔人：魏蔚）

案例十三：《万历十五年》

一、图书基本信息

（一）图书介绍

书名：《万历十五年》

作者：[美] 黄仁宇

开本：32 开

字数：209 千字

定价：18.00 元

书号：ISBN 9787108009821

出版社：生活·读书·新知三联书店

出版时间：1997 年 5 月

（二）作者简介

黄仁宇，生于湖南长沙，1936 年考入南开大学理学院电机工程系。抗日战争爆发后，先在长沙《抗战日报》工作，后来进入成都中央军校，1950 年退伍。

其后赴美留学，凭借在美国陆军指挥参谋学院所修的学分，被密歇根大学录取，以 34 岁的"高龄"从大学三年级读起，先读新闻，后转到历史，1954 年获学士学位，1957 年获硕士学位，1964 年获博士学位。曾任哥伦比亚大学访问副教授及哈佛大学东亚研究所研究员，参与《明代名人传》《剑桥中国史》《中国科学技术史》的集体研究工作。

其系列作品有《黄河青山 黄仁宇回忆录》《万历十五年》《中国大历史》《赫逊河畔谈中国历史》《资本主义与二十一世纪》《关系千万重》《地北天南叙古今》《放宽历史的视界》《十六世纪明代中国之财政与税收》等。

二、畅销盛况

《万历十五年》中文版由中华书局 1982 年首次出版，首印 27 500 册，很快便销售一空。但中华书局初版的《万历十五年》仅在学术界引起较大震动，并未引起大众读者的注意。截至 2004 年版权到期，中华书局初版《万历十五年》销量达 8 万册。生活·读书·新知三联书店在征得中华书局同意之后于 1997 年出版了《万历十五年》，这成为推动其成为畅销书乃至常销书的起点。1997 年至 2008 年的 10 年间，生活·读书·新知三联书店版的《万历十五年》销量累计达到 42 万册。

随后，中华书局时任编辑徐卫东反思中华书局初版《万历十五年》的缺陷和问题，进行修订再版，于 2006 年、2007 年先后推出该书的中华书局增订纪念本和中华书局增订本。到 2008 年，该书的中华书局增订纪念本销量达 8.5 万册，而中华书局增订本销量则达到了 8 万册。

生活·读书·新知三联书店版《万历十五年》则一直保持不俗的销售成绩。据责任编辑潘振平回忆："《万历十五年》出版的前几年，每年大概有五六万册的销量，后来每年平均有一万多册销量，这两年又有回升，每年有两万册的销量。"截至 2022 年 4 月，北京开卷数据显示，该书零售销量已达 1 025 927 册。

据中华书局责任编辑徐卫东估计，截至 2018 年，《万历十五年》各版本销量累计可达 300 万册。

2020 年，生活·读书·新知三联书店版平装本《万历十五年》仍常驻京东历史类畅销书排行榜前十名，其他版本的《万历十五年》也均稳居京东图书历史类畅销书排行榜之上。北京开卷数据显示，2020 年，生活·读书·新知三联书店版《万历十五年》年销 16 万余册，2015—2020 年，总零售销量超过 79 万册，并且稳居学术文化类畅销书榜单前三十，近年来虽有下降趋势，但销量仍然可观。

在国外，《万历十五年》的英文版——*1587: A year of no significance* 于 1982 年在美国耶鲁大学出版社出版，并在 1982 年和 1983 年两次被提名为美国图书奖。随后，该书的日文、韩文、法文、德文等译本也相继出现。

三、畅销攻略

(一) 文本自身的独特魅力

1. 黄仁宇的"大历史观"呈现独特的历史研究视角

所谓"大历史观"，在黄仁宇看来是必须具备国际性，"从技术上的角度看待历史"，要将历史的基点推后三五百年才能摄入大历史的轮廓。而在当时，不论是国内还是国外，以"大历史"的角度进行历史研究都是绝无仅有的。在国内，旧有的历史写作方式更接近于教科书，从定义出发，单一地进行史实的堆叠和陈述。而在国外，如美国的汉学界，则更加注重分析，而非综合，无数学者都是具备显微镜的眼光，而非望远镜的视角。作者的意图是通过"大历史观"来更加全面立体地勾勒历史全景，从而能够深入历史情境之中，更加客观地看待历史。这样的写作更容易消除文化冲突与隔膜下形成的刻板成见，更有利于增进东西方文化的深入交流。

作者大历史观的形成主要依托于他丰富的生活经验和人生阅历。黄仁宇在《〈万历十五年〉和我的"大"历史观》一文中提到："我的经验，是几十年遍游各地，听到不同的解说，再因为生活的折磨和煎逼，才体现出来的。"作者从小受到的教育是传统史学，后又步入大学学习电机工程等西方技术。在抗日战争期间辍学从军。后赴美学习期间，为了生活四处打工，完成学业已到不惑之年。如此丰富的人生阅历使他成为一个与众不同的历史学者：一方面他保持独立思考而不致陷落于传统历史研究的窠臼，另一方面他能够以更加包容、开放的视角来看待历史。

因此，黄仁宇的大历史观无疑是历史学术研究的一个全新的视角，虽然这样的视角在一开始会遭到学界的怀疑和抵制，但还是会为人们提供一个思考的角度，在历经岁月冲刷之后熠熠闪光。

2. 文学化的历史叙述方式扩大目标读者人群

学术类书籍之所以长期被人们认为曲高和寡，原因之一便在于其语言晦涩难懂，专业性强，阅读门槛高，无法适应大众阅读的需求。文学化的叙述方式的优势在于适当弱化内容的专业性，增强文本的故事性，从而使内容更加引人入胜，引发人们的阅读兴趣。

《万历十五年》的开篇即可窥见该书所呈现的文学性：

公元 1587 年，在中国为明万历十五年，论干支则为丁亥，属猪。当日四海升平，全年并无大事可叙，纵是气候有点反常，夏季北京缺雨，五六月间时疫流行，旱情延及山东，南直隶却又因降雨过多而患水，入秋之后山西又有地震，但这种小灾小患，以我国幅员之大，似乎年年在所不免。只要小事未曾酿成大灾，也就无关宏旨。总之，在历史上，万历十五年实为平平淡淡的一年。

这一段落通过平淡的文字陈述了万历十五年不是特别的一年，回扣题目的同时，却又布下悬念，读者在平淡的文字中嗅出一丝深沉阔远的历史味道，让这部历史学术著作充满韵味。

除了语言的通俗化表达之外，该书的叙述结构也颇有特点。黄仁宇选择了万历十五年作为该书的原点，又设定万历皇帝朱翊钧、两任首辅张居正和申时行、清官楷模海瑞、抗倭名将戚继光及明末思想家李贽六条线，由此张开一张大网，将明朝的政治结构、经济制度、思想发展网罗其中。仅从万历十五年一个点，作者便辐射出整个明朝中后期的一幅涉及政治、经济、思想文化的完整图景。

同时，对于故事的编织，该书也极具特色，其行文中充满了对于历史时间和人物的细节描写。通过作者的文字，万历皇帝的懦弱、申时行的无奈、海瑞的刚直、戚继光的两面及李贽的通透，穿过时空的隧道在读者眼前一一呈现，每一个人物对于自身悲剧命运的挣扎也由作者的文字娓娓道来，使读者仿佛置身于历史场景中，与历史人物的选择和思考感同身受，带给读者深度的共情体验，也让读者对中国历史的认知不再局限于刻板的历史课本上，而产生了更加充满想象力的深度思考和感受。

作者这种对于历史学术研究成果的文学化处理实际上是将学术成果通俗化。这种学术成果通俗化将学术阅读的门槛降低，将普通读者纳入了目标读者的范围，这才使该书得到了大众的认可。

（二）编辑对稿件的修改和润饰提高了文本的品质

1. 编辑眼光独具，用心打磨

《万历十五年》的稿件从接稿到出版用了将近 3 年的时间，而它的出版过程经历了重重困难。据中华书局负责《万历十五年》的编辑傅璇琮回忆，当时稿件的问题不大，但出于社会环境的原因，编辑还是不敢过分肯定，提出了一些后来被称作"鸡蛋里挑骨头"的问题。时任中华书局副总编赵守俨先生同意出版，而且他认为稿件中"涉及现实问题之处，似乎在提法上并没有什么大问题"，在文字润饰上"不必改变原来的写法和文风"。可见赵守俨先生眼光独具。

同时，编辑与作者始终保持着良好的沟通，也使稿件得以不断完善。当时作者黄仁宇身居美国，与编辑的通信交流十分不便，但编辑仍然没有懈怠，时刻与作者保持沟通。在稿件的编校过程中，编辑既不回避自己的看法，又充分征求作者的意见。作者也充分尊重编辑，认真地回复编辑的每一条建议和想法。正是编辑与作者双方都彼此尊重，才让这本仅20万字的书稿，经过作者和编辑的细致打磨，成为历史学经典著作，并在出版后仍畅销不衰。

2. 翻译尊重作者，保持原作风格

对于国外引进作品，原文的翻译至关重要。尽管《万历十五年》的作者是华裔，但同样面临着翻译的问题。《万历十五年》一书的原稿是黄仁宇先生在完成英文版写作之后，自己译成中文的。关于这一点，他也曾在自序中提到过："该书由英文译为中文的，因为国内外情况的差别，加之所译又是自己的著作，所以这一翻译实际上是一种译写。笔者离祖国已逾三十年，很少拥有阅读中文和使用中文写作的机会。"因此，原稿在遣词造句上存在很多问题，既拗口又难懂。面对这一问题，中华书局编辑决定请沈玉成先生来对全书文字进行加工润色。沈玉成先生在中国社会科学院文学所从事古代文学研究。他既通史实，又相当有文采，非常适合从事《万历十五年》稿件的润色修改工作。

不仅如此，沈玉成先生在进行稿件修改的过程中还与编辑一起订下改稿的四条原则：保持原作的论点和材料；尽可能保持作者原有的文字风格，即文言白话交融，具有某些幽默感的语言，同时又希望在一定程度上保持译文的意味；对某些语意不甚明了的，或并非必要的词句稍作删节；个别段落稍作调整。编辑还向作者予以充分说明："润色稿如您认为有不妥之处，请径加改正。"这样，文本的翻译工作一方面尊重了作者的原著，保持文本的风格；另一方面又实现了作品的优化，提升了作品本身的出版价值。

（三）长期的系列化营销充分延长图书生命周期

1. 生活·读书·新知三联书店的系列化营销形成群体效应，扩大品牌知名度

生活·读书·新知三联书店前总编辑李昕曾就选题策划问题提出"以作者为中心"的观点，其意在要充分利用作者资源，以作者为中心打造出版品牌。

生活·读书·新知三联书店早在 1992 年开始接触作者黄仁宇，并拿到了《赫逊河畔谈中国历史》一书的出版权。时任总经理的沈昌文在与黄仁宇谈出版其系列作品的事宜时，得知《万历十五年》的版权在中华书局手中。后来的总经理董秀玉与中华书局洽谈，才获得了《万历十五年》的出版权。再后来，生活·读书·新知三联书店将《万历十五年》与黄仁宇的《中国大历史》《资本主义与二十一世纪》《赫逊河畔谈中国历史》等其他著作做成系列产品，形成了群体效应。当时《万历十五年》的编辑潘振平说："因为《万历十五年》只讲明朝的后期，而那几本都比较宽泛，都是说古论今，历史表达比较完整。这样四本书在一起，有群体效应。用出版的行话说，就是'扎堆卖'。"因此，生活·读书·新知三联书店通过风格统一的装帧形式分别推出了这四本书的平装版和精装版，精装版还推出了套盒装捆绑销售，采取了系列化的发行营销策略。正是这样的一种营销策略，使黄仁宇系列作品均取得了不错的销售成绩。截至 2008 年，黄仁宇系列作品中《万历十五年》销售了 42 万册，《中国大历史》售出了 36 万册，《资本主义与二十一世纪》和《赫逊河畔谈中国历史》则分别销出了 20 万册。

2. 图书顺应时代变化，不断更新再版

《万历十五年》自 1982 年在中华书局首次出版距今已近 40 年了，其纸质书一直随着时代发展的脚步不断革新。

1982 年，中华书局出版了该书的第一版。两年之后，中华书局对该书再版，增录了黄仁宇的《〈万历十五年〉和我的"大"历史观》一文和两段附录。

1997 年，生活·读书·新知三联书店出版了《万历十五年》。

2006 年，中华书局分析前几版《万历十五年》的不足，续签版权，推出新版《万历十五年》。新版《万历十五年》分增订本和增订纪念本。增订本是原有版权的延续，只是重新做了校订和装帧。增订纪念本则是一个全新的版本。这一版本不仅在装帧上下了大功夫，精心选取了反映明代以文统武特质的《平番得胜图》作为封面，而且在内容上也作了补充和修订，加入了黄仁宇《1619 年的辽东战役》等四篇具有补充意义的文章，还插入了 30 余幅历史图片，其中包括 11 幅彩图。

当然，生活·读书·新知三联书店版《万历十五年》也在不断革新，不仅在 2006 年出版了新版，对内容进行了修订，还在 2015 年推出了精装本，以不断适应读者逐渐提高的审美品位和阅读需求。

3. 依托出版单位的学术声望

不论是中华书局，还是生活·读书·新知三联书店，都是在国内长期从事学术文化类图书出版的出版机构。它们不仅传承专业的出版精神，对内容要求严格，而且在装帧上也追求简约美观，自成一派。因此，两家出版社具有极高的社会口碑，得到了无数学者和读者的充分认可。

例如，生活·读书·新知三联书店，它在长期的历史积淀中形成了独特的学术文化出版风格，即所出版的图书具有较强的思想价值和人文精神。生活·读书·新知三联书店出版学术著作的口号是"学术中的思想，思想中的学术"，其选取的著作都具有深刻的思想性，这一出版定位自然与《万历十五年》的作品风格不谋而合。因此，《万历十五年》能够畅销在一定程度上是因为契合了出版单位长期以来的出版基调，能够借助出版社积累的品牌知名度获得关注。

4. 基于长期积累的品牌影响力进行持续营销

《万历十五年》在出版后一直畅销不衰，还有一个原因在于它基于自身已有的影响力形成的持续营销。作为历史学的一本经典著作，《万历十五年》本身具有很高的历史学术价值，读者对它也有一定的认知度。基于此，一方面，出版单位积极与新媒体平台合作，扩展传播渠道。例如，中华书局与"得到"App合作，推出《万历十五年》有声书，并推出相关的课程。另一方面，社会媒体的自发宣传也进一步巩固了《万历十五年》的社会影响力。例如，2017年热播的电视剧《人民的名义》中反派角色高育良借《万历十五年》来暗示当代官场，再度引发人们对于《万历十五年》的思考和讨论，带来销售热潮。而在综艺节目《一本好书》第一季中，演员们通过舞台表演的形式向读者分享了《万历十五年》，也让《万历十五年》再一次走进观众视野。凡此种种，都在一定程度上延伸了《万历十五年》在图书市场上的生命周期，使其成为常销书，并保持在历史文化类图书中的畅销地位。

四、精彩内容欣赏

公元1587年，在中国为明万历十五年，论干支则为丁亥，属猪。当日四海升平，全年并无大事可叙，纵是气候有点反常，夏季北京缺雨，五六月间时疫流行，旱情延及山东，南直隶却又因降雨过多而患水，入秋之后山西又有地震，但这种小灾小患，以我国幅员之大，似乎年年在所不免。只要小事未曾酿成大灾，也就无关宏旨。总之，在历史上，万历十五年实为平平淡淡的一年。

既然如此，著者又何以把《万历十五年》题作书名来写这样一本专著呢？

1587年，在西欧历史上为西班牙舰队全部出动征英的前一年。当年，在我国的朝廷上发生了若干为历史学家所易于忽视的事件。这些事件，表面看来虽似末端小节，但实质上却是以前发生大事的症结，也是将在以后掀起波澜的机缘。其间关系因果，恰为历史的重点。

由于表面看来是末端小节，我们的论述也无妨从小事开始。

这一年阳历的 3 月 2 日，北京城内街道两边的冰雪尚未解冻。天气虽然不算酷寒，但树枝还没有发芽，不是户外活动的良好季节。然而在当日的午餐时分，大街上却熙熙攘攘。原来是消息传来，皇帝陛下要举行午朝大典，文武百官不敢怠慢，立即奔赴皇城。乘轿的高级官员，还有机会在轿中整理冠带，徒步的低级官员，从六部衙门到皇城，路程逾一里有半，抵达时喘息未定，也就顾不得再在外表上细加整饰了。

站在大明门前守卫的禁卫军，事先也没有接到有关的命令，但看到大批盛装的官员来临，也就以为确系举行大典，因而未加询问。进大明门即为皇城。文武百官看到端门午门之前气氛平静，城楼上下也无朝会的迹象，既无几案，站队点名的御史和御前侍卫"大汉将军"也不见踪影，不免心中揣测，互相询问：所谓午朝是否讹传？

近侍宦官宣布了确切消息，皇帝陛下并未召集午朝，官员们也就相继退散。惊魂既定，这空穴来风的午朝事件不免成为交谈议论的话题：这谣传从何而来，全体官员数以千计而均受骗上当，实在令人大惑不解。

对于这一颇带戏剧性的事件，万历皇帝本来大可付诸一笑。但一经考虑到此事有损朝廷体统，他就决定不能等闲视之。就在官员们交谈议论之际，一道圣旨已由执掌文书的宦官传到内阁，大意是：今日午间之事，实与礼部及鸿胪寺职责攸关。礼部掌拟具仪注，鸿胪寺掌领督演习。该二衙门明知午朝大典已经多年未曾举行，决无在仪注未备之时，仓猝传唤百官之理。是以其他衙门既已以讹传误，该二衙门自当立即阻止。既未阻止，即系玩忽职守，着从尚书、寺卿以下官员各罚俸两月，并仍须查明究系何人首先讹传具奏。

礼部的调查毫无结果，于是只能回奏：当时众口相传，首先讹传者无法查明。为了使这些昏昏然的官员知所儆戒，皇帝把罚俸的范围由礼部、鸿胪寺扩大到了全部在京供职的官员。

由于工作不能尽职或者奏事言辞不妥，触怒圣心，对几个官员作罚俸的处分，本来是极为平常的事。但这次处罚竟及于全部京官，实在是前所未有的严峻。本朝官俸微薄，京城中高级官员的豪华生活，决非区区法定的俸银所能维持。如各部尚书的官阶为正二品，全年的俸银只有152两。他们的收入主要依靠地方官的馈赠，各省的总督巡抚所送的礼金或礼品，往往一次即可相当于十倍的年俸。这种情况自然早在圣明的洞鉴之中，传旨罚俸，或许正是考虑到此辈并不赖官俸为生而以示薄惩。但对多数低级官员来说，被罚俸两月，就会感到拮据，甚至付不出必要的家庭开支了。

按照传统观念，皇帝的意旨总是绝对公允的，圣旨既下，就不再允许有任何的非议。这一事件，也难怪万历皇帝圣心震怒。因为从皇帝到臣僚都彼此心照，朝廷上的政事千头万绪，而其要点则不出于礼仪和人事两项。仅以礼仪而言，它体现了尊卑等级并维护了国家体制。我们的帝国，以文人管理为数至千万、万万的农民，如果对全部实际问题都要在朝廷上和盘托出，拿来检讨分析，自然是办不到的。所以我们的祖先就抓住了礼仪这个要点，要求大小官员按部就班，上下有序，以此作为全国的榜样。现在全体京官自相惊扰，狼奔豕突，实在是不成体统。

万历皇帝是熟悉各种礼仪的君主。1587年3月，他已年满23，进入24，登上皇帝的宝座也快有15年了。他自然会清楚记得，在他8岁那一年的冬天，他的父亲隆庆皇帝为他举行了象征成为成人的冠礼。他被引导进入殿前特设的帷帐里，按照礼仪的规定更换衣冠服饰，前后三次都以不同的装束出现于大庭广众之中。既出帷帐，他就手持玉圭，被引导行礼，并用特设的酒杯饮酒。全部节目都有礼官的唱导和音乐伴奏，所需的时间接近半天。第二天，他又被引导出来坐在殿前，以最庄重的姿态接受了百官的庆贺。

几个月之后，隆庆皇帝龙驭上宾。这位刚刚9岁的皇太子，就穿着丧服接见了臣僚。按照传统的"劝进"程式，全部官员以最恳切的辞藻请求皇太子即皇帝位。头两次的请求都被皇太子所拒绝，因为父皇刚刚驾崩，自己的哀恸无法节制，哪里有心情去想到个人名位？到第三次，他才以群臣所说的应当以社稷为重作为理由，勉如所请。这一番推辞和接受的过程，有条不紊，有如经过预习。

既然登上皇帝的宝座，他就必须对各种礼仪照章办理。在过去的 15 年，他曾经祭天地、祀祖庙、庆元旦、赏端阳。他接见外国使臣、解职退休和著有勋劳的官员耆老。他还曾检阅军队，颁发战旗，并在一次战役获得胜利以后接受"献俘"。这种献俘仪式极为严肃而令人竦惧。皇帝的御座设在午门城楼上，他端坐其中，瞰视着下面花岗石广场上发生的一切。他的两旁站立着授有爵位的高级军官，还有许多被称为大汉将军的身材魁伟的御前侍卫。在广场上大批官员的注视下，俘虏被牵着进来，手脚戴有镣铐，一块开有圆孔的红布穿过头颅，遮胸盖背，被吆喝着正对午门下跪。这时，刑部尚书趋步向前，站定，然后大声朗读各个俘虏触犯天地、危害人类的罪行。读毕他又宣布，这些罪人法无可逭，请皇上批准依律押赴市曹斩首示众。皇帝答复说："拿去！"他的天语纶音为近旁的高级武官 2 人传达下来，2 人传 4 人，而后 8 人、16 人、32 人相次联声传喝，最后大汉将军 320 人以最大的肺活量齐声高喊"拿去"，声震屋瓦，旁观者无不为之动容。

每年阴历的十一月，皇帝要接受下一年的日历，并正式颁行于全国。它的颁行，使所有臣民得到了天文和节令的根据，知道何时可以播种谷物，何日宜于探访亲友。翰林院官员们的集体著作，例如《实录》之类，也在香烟、乐队的簇拥下，恭呈于皇帝之前。书籍既经皇帝接受并加乙览，就成为"钦定"，也就是全国的唯一标准。

（节选自《万历十五年》第 1-5 页）

五、相关文献推荐

[1] 傅璇琮 .《万历十五年》出版始末 [J]. 出版史料，2001（1）：39-43.

[2]《万历十五年》的出版故事 [J]. 青年文学家，2020（4）：50-52.

（执笔人：丁超　张文红）

案例十四：《南京大屠杀》

一、图书基本信息

（一）图书介绍

书名：《南京大屠杀》

作者：[美] 张纯如

开本：16 开

字数：205 千字

定价：49.00 元

书号：ISBN 9787508653389

出版社：中信出版集团

出版时间：2015 年 8 月

（二）作者简介

张纯如，美籍华裔，1968 年 3 月 28 日出生于美国新泽西州普林斯顿。她在获得新闻学学士学位后从事过短暂的记者工作，之后继续深造获得了写作硕士学位。除了《南京大屠杀》之外，张纯如还著有《蚕丝：钱学森传》（*Thread of the Silkworm*）和《美国华裔史录》（*The Chinese in America*）两部著作。

二、畅销盛况

该书是关于"南京大屠杀"这段恐怖历史的权威之作，于 1997 年南京大屠杀 60 周年之际出版，出版后便登上了《纽约时报》非小说类畅销书排行榜达三个月之久。此书改变了所有英语国家都没有南京大屠杀这一历史事件详细记载的状况，张纯如是当时唯一一位作品登上非小说类畅销书排行榜的美籍华人。

三、畅销攻略

（一）图书内容：主题沉重

1. 书籍中凸显内容为王

（1）独特的书写视角赋予读者新的观感。

历史的真相往往是随着不懈的探索与多种证据之间的相互印证而得到揭露的，张纯如在《南京大屠杀》中采取的三种叙事视角之间相互阐释与补充：日本人的视角（施暴者视角）、中国人的视角（受害者视角）及南京大屠杀发生时与中国人民一同困守在南京且亲历日军所为的欧美人视角（第三方视角）。这三种叙事视角由于立场的不同构成了一个稳固的三角形关系。

众所周知，"二战"后由于日本国内对战争罪恶清算并不彻底，日本民间甚至日本政府都对南京大屠杀采取不予承认和刻意忽略的态度，中方作为受害者对"二战"时侵华日军暴行的揭露很难得到国际社会的承认。这段惨痛经历如果通过第三方欧美人士的视角讲述势必会更有说服力。张纯如在收集资料的过程中，发现了诸如《拉贝日记》《魏特琳日记》等第三方欧美亲历者的第一手资料，同时外科医生罗伯特·威尔逊及牧师约翰·马吉等第三方证词的补充，也无疑从多个角度印证了南京大屠杀史实的真实性。

（2）来源于同情的人道主义。

从《南京大屠杀》一书的前言与尾声可知，张纯如将研究视角放到历史这一幕并非心血来潮：张纯如为写作该书做了较长时间的计划与资料搜寻，她在童年时期便听过祖父母和父母关于南京大屠杀的残忍与恐怖的讲述，在完成《蚕丝：钱学森传》的终稿后便将"南京大屠杀"作为下一本书的首选主题；后来她又参加了一次纪念南京大屠杀受害者的会议，接触到了南京大屠杀照片，结识了众多以后给予她研究帮助的人。

张纯如对中国受害者饱受折磨后，在日本军队的威胁和施压下却只能保持沉默抱有强烈的同情。她选择将相关资料整理总结出书、将南京大屠杀受害者的经历再现在读者面前，带领我们去体验甚至是分析受害者的感受与想法，这无疑加强了读者对此事件的感知。

（3）对真实与正义的追求。

张纯如的著作中具有较强的现实意义以及反思性。"作为一个作家，我要拯救那些被遗忘的人。为那些不能发声的人发言。"这种为受害者鸣不平的执着、维护历史真相的态度使真实的历史不再被遮掩，正义得到伸张。张纯如书写南京大屠杀事件的一大目的便是希望这段悲壮的历史能够被传播、被所有人记住。于中华民族而言，这本书的出现唤醒了集体及个人对这场灾难的"复合记忆"，重铸了民族精神。

值得注意的是，张纯如美裔华人的身份也为其书写动机与对象提供了素材——张纯如在一个中西文化气息并存的家庭环境中长大，这对其身份认同及日后的文学创作都产生了深远影响：不论是早期书写的《蚕丝：钱学森传》还是《美国华裔史录》，都在围绕着华人这一群体进行。正是这种中西方价值观不断碰撞的家庭环境塑造了张纯如。

2. 语言严谨且资料翔实

张纯如曾获新闻学学士学位与写作硕士学位，同时在芝加哥担任过短暂的记者工作。她将新闻报道中恪守的中立、客观原则运用至自身作品的写作中，这不仅使她收集到翔实的资料，也使作品带有较为浓厚的学理性。

在收集资料的过程中，张纯如不仅到南京实地调研，在中国学者的帮助下采访南京大屠杀的幸存者，收集了各种语言的资料，甚至查阅了东京战犯审判记录稿。约翰·马吉等传教士日记中的记载，与南京大屠杀幸存者口中证言相吻合，这正是张纯如不懈探寻的结果。翻开该书，你会发现张纯如在整理参考文献时也十分严谨，每一章引用、参考到的文献都会被她列入书中。

（二）整体装帧设计：压抑且具有强烈视觉冲击

该书中文简体版的封面为大片灰色背景加上带有强烈视觉冲击感、穿过纸面的弹孔设计：灰色的背景使人心情压抑，弹孔代表着战争的残酷、日军的暴虐。当你抚摸弹孔时仿佛能感受到南京大屠杀受害者面临灾难时的恐惧、无助与悲哀。"南京""第二次世界大战中""大浩劫"等字体的放大、加粗更加突出了整部书书写的血泪历史，鲜红色的"大屠杀"三个字更加点明了此书围绕的主题。

腰封上有一句介绍语——"一部令国人流泪的书，所有的中国人都要看的书"。该书包含南京大屠杀事实的详细资料、"二战"中被杀害的受害者的图片、日军残酷行为的记录，这一切都在提醒我们珍惜和平、勿忘国耻。

（三）外部方面：作者、出版社与读者构成三角

1. 张纯如为此书做的长久图书签售活动

由《南京大屠杀》一书尾声中张纯如丈夫的感言可知，张纯如从29岁起开始该书的巡回签售活动，31岁时结束。在此期间，她至少去过65个城市，这种高强度、连续多日的签售活动再加上当时该书在西方世界引起的巨大反响，使该书自出版以来连续加印20次，畅销不衰。

2. 中信出版集团版内容更加充实，更具有可读性

该书是张纯如唯一以《南京大屠杀》命名的中文简体版著作。中信出版集团版在原著基础上，增加了张纯如母亲所作的序、张纯如的丈夫布雷特·道格拉斯于 2011 年 9 月撰写的尾声。新增加的内容对这本书创作的前因、后果及张纯如短暂而伟大的一生进行了一个完整的梳理。

3. 追求正义的人民对作者的尊敬与缅怀

张纯如作为一名美籍华裔女性，能够主动地不断追寻祖籍的悲痛往事，为美国华裔族群与南京大屠杀受害者等受压迫人民搜集证据并且尽力利用自身影响力为他们谋求公平与正义，这种行为受到追求正义的中国人民的广泛赞誉与尊敬。

4. 中国人民对南京大屠杀的纪念

中国抗日战争从开始到结束经历了长达 14 年艰苦卓绝的抗争，在这期间涌现出了众多为国捐躯的仁人志士，也有着许多无辜被杀害的普通民众。其早已成为中华民族抹不去的记忆，历史不应当被忘记。

四、精彩内容欣赏

很快，对于为什么南京大屠杀在世界历史上一直得不到足够关注这一难以捉摸的谜题，我至少获得了部分答案。南京大屠杀之所以不像纳粹对犹太人的屠杀和美国对广岛的原子弹轰炸那样举世皆知，是因为受害者自己一直保持沉默。

但是，每一个答案都隐含着新的问题，我转而思考为什么这宗罪行的受害者没有愤而呼喊以求正义。如果他们确实大声疾呼过，那为什么他们所经受的苦难不曾得到承认呢？我很快发现，这一沉默背后是政治的操纵，有关各方的所作所为都导致了世人对南京大屠杀的忽视，其原因可以追溯到冷战时期。1949年，新中国成立以后，两岸政府都没有向日本索取战争赔偿（如以色列向德国索取赔偿一样）。即使是美国，面对苏联和中国的共产主义"威胁"，也在寻求昔日敌人日本的友谊和忠诚，因而也未曾再提此事。因此，冷战的紧张态势使日本得以逃脱许多其战时盟友在战后经历的严厉审讯与惩罚。

另外，日本国内的恐怖气氛压制了对南京大屠杀进行自由开放的学术讨论，进一步阻碍了世人对真相的了解。在日本，如果公开表达对中日战争的真实看法（过去如此，现在依然如此）将会威胁到自己的职业生涯，甚至有丧命的危险。（1990年，长崎市市长本岛等曾因表示日本昭和天皇应为第二次世界大战负一定责任而招致枪击，被一名枪手射中胸部，险些丧命。）日本社会弥漫的这种危险气氛使许多严肃的学者不敢去日本查阅相关档案文件，进行这一主题的研究；事实上，我在南京时曾听说中国出于人身安全方面的考虑，也不鼓励学者去日本进行相关研究。在此背景下，日本之外的人就很难接触到日本国内关于南京大屠杀的一手档案资料。除此之外，大部分曾参与过南京大屠杀的日本老兵都不愿意就他们的经历接受采访，近年来，只有极少数老兵冒着被排斥甚至死亡的威胁，将他们的经历公之于世。

在写作该书的过程中，让我感到困惑和悲哀的是，日本人自始至终顽固地拒绝承认这段历史。与德国相比，日本付出的战争赔偿还不及德国对战争受害者赔偿总额的1%。"二战"之后，大多数纳粹分子即使没有因其罪行被囚禁，至少也被迫退出公众视野，而许多日本战犯则继续在产业和政府领域担任要职。在德国人不断向大屠杀遇难者道歉的同时，日本人则将本国战犯供奉在靖国神社——有位太平洋战争中的美国受害者认为该行径的政治含义就好比"在柏林市中心修建一座供奉希特勒的教堂"。

在该书漫长而艰难的写作过程中，日本许多知名政客、学者和工业界领袖在如山铁证面前，仍然顽固地拒绝承认南京大屠杀这一史实，他们的这种嘴脸一直强烈激励着我。在德国，如果教师在历史课程中删除大屠杀的内容，就属违法；相比之下，几十年来，日本则系统性地将涉及南京大屠杀的内容从教科书中删除得一干二净。他们撤走博物馆中南京大屠杀的照片，篡改或销毁南京大屠杀的原始资料，避免在流行文化中提及"南京大屠杀"之类的字眼。甚至有些在日本深受尊崇的历史学教授也加入右翼势力，履行他们心目中的民族责任：拒绝相信南京大屠杀的报道。在《以天皇的名义》这部纪录片中，一位日本历史学家以这样的话否认整个南京大屠杀事件："即使只有二三十人被杀害，日本方面都会极为震惊。那个时代，日本军队一直都是模范部队。"正是某些日本人这种蓄意歪曲历史的企图，使我更加确信写作该书的必要性。

除上述重要因素外，该书还想回应另外一种性质完全不同的观点。近年来，真诚地要求日本正视历史并承担相应责任的努力往往被贴上"打击日本"的标签。有一点很重要，我并不想争辩说在20世纪前1/3的时间内，日本是世界甚或亚洲唯一的帝国主义势力。中国自身也曾谋求将影响力扩及邻国，甚至曾与日本达成协议，划分双方在朝鲜半岛的势力范围，正如19世纪欧洲列强瓜分在中国的商业权益一样。

更重要的是，如果将对特定时空范围内日本人行为的批评等同于对全体日本人民的批评，这不仅是对那些在南京大屠杀中被夺去生命的男女老少的侮辱，也是对日本人民的伤害。该书无意评判日本的民族性格，也不想探究什么样的基因构造导致他们犯下如此暴行。该书要探讨的是文化的力量，这种力量既可以剥去人之为人的社会约束的单薄外衣，使人变成魔鬼，又可以强化社会规范对人的约束。今天的德国之所以比过去发展得更好，是因为犹太人不容许这个国家忘记其在"二战"期间所犯下的罪行。美国南方也发展得很好，是因为它认识到奴隶制的罪恶，并承认黑人奴隶解放之后仍然存在了100年的种族歧视和隔离也是一种罪恶。日本不仅要向世界承认，更应该自我坦白，它在"二战"期间的所作所为是多么恶劣，否则日本文化就不会向前发展。事实上，我惊喜

案例十五：《万般滋味，都是生活：丰子恺散文漫画精选集》

一、图书基本信息

（一）图书介绍

书名：《万般滋味，都是生活：丰子恺
　　　散文漫画精选集》

作者：丰子恺

开本：32 开

字数：96 千字

定价：42.00 元

ISBN：9787568039390

出版社：华中科技大学出版社

出版时间：2018 年 9 月

（二）作者简介

　　丰子恺，散文家、漫画家，早年就读于浙江省立第一师范学校。他师从李叔同与夏丏尊。李叔同先生教他学习音乐与绘画，给予他音乐和美术上的启蒙。

而夏丏尊先生则教他语文，鼓励他用白话文如实地表达自己真实的感受，这一点深深地影响了丰子恺先生的散文特点。正是结缘于这两位老师，丰子恺找到了伴随他一生的三样东西——文学、绘画和音乐。

丰子恺的著作《万般滋味，都是生活：丰子恺散文漫画精选集》被很多人奉为治愈系列的经典书，有趣、真实的文字配上他亲手画的漫画，看这本书时，感觉时间都慢了下来。朱自清、郁达夫、巴金、叶圣陶、林清玄，对其文章和漫画赞誉有加。他的散文风格恬淡率真、意味隽永，富有童真天然之趣。他的漫画或幽默风趣，或恬静淡雅，往往寥寥几笔，就勾画出一个诗般意境，深受人们的喜爱。他著有《子恺漫画》《护生画集》《缘缘堂随笔》《缘缘堂再笔》《率真集》等。

二、畅销盛况

《万般滋味，都是生活：丰子恺散文漫画精选集》是华中科技大学出版社继《慈悲的滋味》推出一年后又一部丰子恺漫画散文集。2018年9月，华中科技大学出版社为纪念丰子恺先生诞辰120周年，出版了此书，收录丰子恺经典散文作品40篇，全彩漫画40余幅，是一本概览丰子恺艺术精华的经典之作。

当当网文学类畅销书榜单上显示，《万般滋味，都是生活：丰子恺散文漫画精选集》上市初期销量稳步上升，先后位列2019年和2020年当当网年度文学类畅销榜单第二名和第五名。上市一年，重印14次，销量突破30万册。随后华中科技大学出版社响应大众藏书需求，又推出了《万般滋味，都是生活：丰子恺散文漫画精选集》精装典藏版，截至2020年5月，销量达60万册。多家媒体平台和网站联袂推荐，当当网累计46万条好评，豆瓣评分高达8.9分。该书的畅销是华中科技大学出版社精心策划和尽心经营的成果，下文通过内容、装帧、营销三个方面分析《万般滋味，都是生活：丰子恺散文漫画精选集》畅销出圈的原因。

三、畅销攻略

（一）文本故事治愈

好的文学作品核心的竞争力永远是内容，要么感动你、要么警醒你，在读者中有着口口相传的魅力。这样的文学作品是畅销书的灵魂所在，是最核心的竞争力。

1. 文画互通提升格调

丰子恺的漫画和散文有种奇妙的互通意境，散文中有漫画的动感，漫画中有散文的意蕴。丰子恺是一位漫画大师，对于漫画创作有他专属的风格；他又是一个作家，善于用文字联通艺术。也正是因为其文画互通的特点，出版社创造性地将画和散文结合起来，为每篇文章配上一幅主题相似的漫画，作品集平添了艺术格调和文学趣味。丰子恺的漫画构图简单，内容不多，却又总能抓住事物的本质，放大其神韵，产生通俗易懂又耐人寻味的艺术效果。他写《回忆李叔同先生》，呈现出李叔同先生不同身份的着装、神态、样貌，刻画出极度认真、令人钦佩的李叔同先生，凝结了对李叔同先生的怀念与感恩之情。《春日游杏花吹满头》画面中一家人携手踏春出游，春风撩动路边的青柳，不觉杏花已吹落满头，远方的青山、河流，近处正在行走的小人、纷飞的杨柳、吹落满头的杏花，一静一动，由远及近，层层叠动，视觉的层次带动了感官与情绪的激发，直接把我们带入春日万物复苏的生动场景。

他的散文有一种力量，让人能够静下心来感受万物、感受他人、感受自己，进而对待生活更加从容、更加自在、更加笃定。《春》中他写到春的景象虽不是那么可喜的时节，乍寒、乍暖、忽晴、忽雨，但在精神上最难将息，静观天地回春、万物萌动，是自然对人的恩宠。他的水墨笔漫画，时常采用留白，而他的散文可以帮助读者一点点再现画面的细节。漫画的典雅意境与散文的诗意生活完美融合，为读者创造出更多思考的空间，全方位彰显了作品的艺术张力。

2. 语言质朴隽永

丰子恺曾经说过："因为我作漫画，感觉同写随笔一样，不过或用线条，或用文字，表现工具不同而已。"❶ 他善于运用工笔白描的写法描绘事物，用语言的形式做线条，一笔一笔地刻画出令人印象深刻的画面，自成一套语言风格。丰子恺在《我的母亲》中通过各个年龄段中的生活片段来表现母亲的坚韧、能干、刚柔兼备。文中没有故意煽情，只是用简洁的文字把母亲各个阶段的情况如实写下来。父亲在丰子恺4岁时就离世了，母亲挑起了双重负担，习惯坐在堂前那个不舒服的八仙椅子上。大概也能猜到，母亲坐在这个最重要的位子上，为的是能里外兼顾，便也不考虑舒不舒服，方不方便了。文中反复出现母亲的神韵——"眼睛发出严肃的光辉""口角上表出慈爱的笑容"，这样简单的语言形象传神地表现出自己深受母亲的严厉和慈爱的滋养：母亲的慈爱使"我"长成一个温暖的人，母亲的严肃也勉励着"我"要时刻保持警惕。"我家老屋西北角里的八仙椅子上，从此不再有我母亲坐着了"，随着岁月的流逝，椅子还在那个地方，但母亲早已不在，这感伤的情感溢出文字之外，蔓延到读者的心上。丰子恺的文字描写的不是什么大人物或者大事件，手法也多用白描，但他的真诚使文字呈现出质朴隽永的效果，是可以供读者反复阅读和品味的佳作。

3. 题材个性有趣

丰子恺虽然写的是散文，但素材来自生活中的事，所以读起来有很强的代入感、故事性和趣味性。细数他的作品，在《给我的孩子们》里毫不遮掩地憧憬孩童们的纯真世界，在《忆儿时》里回忆孩童时期令人神往的三件小事，在《华瞻的日记》里又以自己的长子瞻瞻的儿童视角看大人们的世界是何等无

---

❶ 丰子恺.此生多珍重[M].北京：天地出版社，2017：196.

趣与疑惑。《清晨》中描述的是一个清晨作者在堂前看蚂蚁搬食的全过程，他把正在搬行食物的蚂蚁比喻成一朵会走的黑瓣白心的菊花，生动形象，别开生面。丰子恺观察蚂蚁出了神，自己仿佛也化成了一只蚂蚁。蚂蚁路途前方有障碍时他差点没能从中抽离出来，意识到自己是人可以助它们一力，还叫朋友一起过来看。这篇文章里到处都是细节描写，蚂蚁怎么行动，怎么越过畸形的大山，怎么迷路又找回来，等等，细节跟踪比笼统叙述更有代入感，仿佛我们也同作者一起观看了这场惊心动魄又趣味横生的觅食冒险。在他的笔下，可爱的小孩子和小动物各有各的个性，或善解人意，或清冷孤傲，或率真无邪。他的散文有一种很容易辨析的阅读趣味：内容文画互通，语言平实质朴，思想写意深刻，取材生动稚趣。

在大数据时代，信息过剩，人们普遍感到焦虑，重新审视和阅读丰子恺的散文漫画会产生某种心灵上的共振与连接。大部分人只是漂浮在生活的表面，而丰子恺真正做到了在生活的细微处发现乐趣，没有居高临下，没有微言大义，只是作为一个分享者，为我们打开了如孩童般单纯的精神世界，以远离现世的苦难和不安。丰子恺散文和漫画中深刻的文化价值和艺术内涵俨然成为吸引读者强有力的优势和卖点。

（二）装帧设计精美

一本书的成功出圈肯定是多方面的因素共同促成的：编辑在加工时坚守工匠精神，保证内容的优质；封面设计是内容艺术形式的表达，应遵从为内容服务的设计理念。这本书之所以能俘获那么多读者，封面设计也助力不少。该书的封面底色采用淡淡的米色，像日光一样干净柔和，有一种治愈系的视觉感受，配上简洁又轻盈的书名，透着呼吸感，可以让人暂且远离喧嚣，走进丰子恺的纯洁世界。这无处不在的温暖和通透正是丰子恺的散文漫画带给读者的真切感受。华中科技大学出版社的设计理念是力求简单朴素，不主张个性突出和具有特定的美学意识，着重要带给读者一种率性与纯真的满足感。封面上是丰子恺经典漫画《扑蝶》，两个小人儿拿着蒲扇在草丛里扑蝶，画面简单又不失童趣。平装有护封设计，全书内页采用四色印刷，编辑在控制成本的基础上，最大限度地深耕制作。有一点值得注意，封面推荐语没有用大号字体和名人介绍来吸引眼球，这也进一步说明丰子恺在中国艺术界的地位，作者即卖点。在平装版广受读者好评，销量达 30 万册后，华中科技大学出版社决定加印精装版以满足更多读者的收藏需求。精装典藏版更新了护封设计和用纸，更精致，更典雅，也更具收藏价值。封面底色改为稳重质朴的墨绿色，亮眼但不刺目，沉稳但不呆板，深邃但不高冷，让读者看一眼就会被深深地吸引。封面的推荐语"愿你永葆天真，并乐此不疲，去生活！"饱含着丰子恺先生对我们的美好寄语：你若可爱，生活处处都可爱。

（三）营销多渠道助力

1. 抓好首发时机

2018 年，是丰子恺先生诞辰 120 周年，很多出版社都抓住了时机，策划了丰子恺的作品。北京联合出版公司 1 月发行《人生求缺不求满》，中国友谊出版公司 6 月发行《此生多欢慰》，北京联合出版公司 7 月发行《丰子恺：愿所有遗憾都是成全》（精装版），华中科技大学出版社 9 月发行《万般滋味，都是生活：丰子恺散文漫画精选集》，北京理工大学出版社 10 月发行《只生欢喜，不生愁》，天地出版社 10 月发行"丰子恺散文漫画精品集'珍重此生'"系列作品等。出版社都想通过丰子恺先生诞辰 120 周年这一具有历史纪念意义的时机对其富有前瞻性、哲学性、艺术性的生活态度进行宣传，制造舆论。相关图书都是从丰子恺先生留下的漫画和散文中精心挑选，汇编成册，他所有的散文和漫画都流淌着对生活的感恩、对艺术的追求、对童真的渴望，而出版社想要使他的系列书从众多优秀作品中脱颖而出，就需要在选题策划时考虑卖点和创新点。

2.同类书竞争优势凸显

出版业内某位大家总结做畅销书的体悟时曾说："策划先于运作，策划高于运作，策划重于运作。"华中科技大学出版社的漫画集能从众多出版物中脱颖而出，跃上畅销榜单，该选题背后付出了诸多的努力。首先《万般滋味，都是生活：丰子恺散文漫画精选集》与同年出版的丰子恺平装、精装散文漫画文集相比，定价低，又同时兼顾精美装帧和艺术设计。在当今以读者为核心的出版时代，一本书的价格高低有时候直接影响着读者是否乐意购买，各大网上书店有时也会通过折扣来竞争销量。华中科技大学出版社精准地评估了大众阅读群体的购买能力和心理，这本散文漫画集面向的是所有想要寻求精神生活并希望被治愈的大众，除了这些核心读者还包括很多潜在读者，若因为定价太高而使读者望而却步就得不偿失了。

《万般滋味，都是生活：丰子恺散文漫画精选集》包括了丰子恺对人生、时间、孤独、艺术、生活五个生命角度的感悟，给出了他对读者向生命发问的理解，帮助读者从多方面更立体地解读生活、认识自己。书中的章节以丰子恺不同时期的生命体悟划分为五个"味道"篇——人生之味、时间之味、孤独之味、艺术之味、生活之味。在"人生之味"篇里，作者写小动物，写儿女，写母亲，写朋友，无不让人感受到那些可爱、纯真、敬爱、佩服的正能量，以及作者乐观豁达的人格魅力。在"时间之味"篇里，那幅《渐入佳境》漫画可谓意境悠远，提醒着我们任何事情都不是一蹴而就的，都是渐渐变化的，时间也是分分秒秒地流逝着，要珍惜时光。在"孤独之味"篇里，作者在文章《家》里把宾馆称作家，因为它给了人们太多的温暖，给了孤独的心灵以美好的寄托，即使这种寄托是暂时的。在"艺术之味"篇中，作者讲述了自己小时候画画的故事，阐释所有一切美的事物源于自然，需要在自然中寻找美。自然的便是最美的，最具艺术性的。在"生活之味"篇里，作者每每回忆那些令人难以忘却的往事，总有丝丝温情溢满心头，还有以瞻瞻的口吻写的《华瞻的日记》，从小孩的视角看大人生活的无趣和疑惑。丰子恺以其独特的幽默智慧和富于禅意的思维哲理感染着当今那些疲于奔波的人们。

3. 名家联袂推荐

华中科技大学出版社协同当当网推出丰子恺经典作品专题页面，让一本被重新定义的优秀名家作品，走进大众视野，触及更多读者。网站图书详情页面推出的名家推荐语，借用圈内有名望的文学巨匠，吸引更多读者的驻足浏览。林清玄曾说："从丰子恺那里，我学会了朴素。"朱自清细嚼其文画，发出"你的文和画就像一首首小诗，我们就像吃橄榄似的，老咂着那滋味"这般感叹。朱光潜先生肯定丰子恺先生的艺术成就，品出"他的画里有诗意，有谐趣，有悲天悯人的意味。它有时使你置身市尘，有时使你啼笑皆非，肃然起敬。他的画极家常，造境着笔都不求奇特古怪，却于平实中寓深永之致"。巴金对丰子恺的印象是"拥有一颗与人无争、无所不爱、纯洁无垢的孩子的心"。

4. 微博话题造势

华中科技大学出版社在新浪微博发起"丰子恺诞辰 120 周年"的话题，阅读量高达 248.7 万次，《三联生活周刊》《南方人物周刊》、微博读书、文学家协会、十点读书等媒体平台回应话题造势。《人民日报》有个报道栏目"丰子恺说"，每年在其逝世那天缅怀丰子恺先生，推出丰子恺的经典语录，鼓励人们永葆童真，乐此不疲地生活。央视科教频道的《读书》栏目推出一期节目专门阅读分享《万般滋味，都是生活：丰子恺散文漫画精选集》。

四、精彩内容欣赏

给我的孩子们

瞻瞻！我尤其可佩服。你是身心全部公开的真人。你什么事情都想拼命地用全副精力去对付。小小的失意，像花生米翻落地了，自己嚼了舌头了，小猫不肯吃糕了，你都要哭得嘴唇翻白，昏去一两分钟。外婆去普陀烧香买回来给你的泥人，你何等鞠躬尽瘁地抱它，喂它；有一天你自己失手把它打破了，你的号哭的悲哀，比大人们的破产，失恋，broken heart，丧考妣，全军覆没的悲哀都要真切。两把芭蕉扇做的脚踏车，麻雀牌堆成的火车，汽车，你何等认真地看待，挺直了嗓子叫"汪——""咕咕咕……"，来代替汽笛。宝姐姐讲故事给你听，说到"月亮姐姐挂下一只篮来，宝姐姐坐在篮里吊了上去，瞻瞻在下面看！"甚至哭到漫姑面前去求审判。我每次剃了头，你真心地疑我变了和尚，好及时不要我抱。最是今年夏天，你坐在我膝上发现了我腋下的长毛，当做黄鼠狼的时候，你何等伤心，你立刻从我身上爬下去，起初眼瞪瞪地对我端详，继而大失所望地号哭，看看，哭哭，如同对被判定了死罪的亲友一样。你要我抱你到车站里去，多多益善地要买香蕉，满满地擒了两手回来，回到门口时你已经熟睡在我的肩上，手里的香蕉不知落在哪里去了。这是何等可佩服、真率、自然与热情！大人间的所谓"沉默""含蓄""深刻"的美德，比起你来，全是不自然的，病的，伪的！

（节选自《万般滋味，都是生活：丰子恺散文漫画精选集》第48-49页）

清　晨

"这也是一种生物，它们也要活。人类的生活实在不及……"我正想说下去，外面走进我们店里的染匠司务来。他提着早餐的饭篮，要送进灶间去。当他通过我们的前面时，他正在和宝官说什么话。我和宝官听他说话，暂时忘记了蚂蚁的事。等到我注意到的时候，他的左脚正落在这大群蚂蚁的上面，好像飞来峰一般。我急忙捉住他的臂，提他的身体，连喊"踏不得！踏不得！"他吓得不知所云，像化石一般，顶着脚尖，一动也不动。我用力搬开他的腿。看见他的脚踵底下，一朵白心黑瓣的"菊花"无恙地在那里移行。宝官用手拍拍自己的心，说道："还好还好，险险乎！"染匠司务俯下去看了一看，起来也用手拍拍自己的心，说道："还好还好，险险乎！"他放下了饭篮，和我们一同观赏了一会儿，赞叹了一会儿。当他提了饭篮走进屋里去的时候，又说了一声："还好还好，险险乎！"

（节选自《万般滋味，都是生活：丰子恺散文漫画精选集》第79-80页）

大账簿

吃饭的时候，一颗饭粒从碗中翻落在我的衣襟上。我顾视这颗饭粒，不想则已，一想又惹起一大篇的疑惑与悲哀来：不知哪一天哪一个农夫在哪一处田里种下一批稻，就有一株稻穗上结着煮成这颗饭粒的谷。这粒谷又不知经过了谁的刈、谁的磨、谁的舂、谁的粜，而到了我们的家里，现在煮成饭粒，落在我的衣襟上。这种疑问都可以有确切的答案，然而除了这颗饭粒自己晓得以外，世间没有一个人能调查、回答。

袋里摸出来一把铜板，分明个个有复杂而悠长的历史。钞票与银洋经过人手，有时还被打一个印；但铜板的经历完全没有痕迹可寻。它们之中，有的曾为街头的乞丐的哀怨的目的物，有的曾为劳动者的血汗的代价，有的曾经换得一碗粥，救济一个饿夫的饥肠，有的曾经变成一粒糖，塞住一个小孩的啼哭，有的曾经参与在盗贼的赃物中，有的曾经安眠在富翁的大腹边，有的曾经安闲地隐居在茅厕的底里，有的曾经忙碌地兼备上述的一切的经历。又有的恐怕不是初次到我的袋中，也未可知。这些铜板倘会说话，我一定要尊它们为上客，恭听它们历述其漫游的故事。倘然它们会记录，一定每个铜板可著一册比《鲁滨孙漂流记》更离奇的奇书。但它们都像死也不肯招供的犯人，其心中分明秘藏着案件的是非曲直的实情，然而死也不肯泄露它们的秘密。

（节选自《万般滋味，都是生活：丰子恺散文漫画精选集》第94-95页）

山中避雨

两部空黄包车拉过，被我们雇定了。我付了茶钱，还了胡琴，辞别三家村的青年们，坐上车子，油布遮盖我面前，看不见雨景。我回味刚才的经验，觉得胡琴这种乐器很有意思。piano 笨重如棺材，violin 要数十百元一具，制造虽精，世间有几人能够享用呢？胡琴只要两三角钱一把，虽然音域没有 violin 之广，也仅够演奏寻常小曲；虽然音色不比 violin 优美，装配得法，其发音也还可听。这种乐器在我国民间流行，剃头店里有之，裁缝店里有之，江北船上有之，三家村里有之。倘能多造几个简易而高尚的胡琴曲，使像《渔光曲》一般流行于民间，其艺术陶冶的效果，恐比学校的音乐课广大得多呢。我离去三家村时，村里的青年们都送我上车，表示惜别。我也觉得有些儿依依。（曾经搪塞他们说："下星期再来！"其实恐怕我此生不会再到这三家村去吃茶且拉胡琴了。）若没有胡琴的因缘，三家村里的青年对于我这路人有何惜别之情，而我又有何依依于这些萍水相逢的人呢？古语云："乐以教和。"我做了七八年音乐教师没有实证过这句话，不料这天在这荒村中实证了。

（节选自《万般滋味，都是生活：丰子恺散文漫画精选集》第 103 页）

自　然

人体的美的姿态，必是出于自然的。换言之，凡美的姿态，都是从物理的自然的要求而出的姿态，即舒服的时候的姿态。这一点屡次引起我非常的铭感。无论贫贱之人，丑陋之人，劳动者，黄包车夫，只要是顺其自然的天性而动，都是美的姿态的所有者，都可以礼赞。甚至对于生活的幸福全然无分的，第四阶段以下的乞丐，这一点也决不被剥夺，与富贵之人平等。不，乞丐所有的姿态的美，屡比富贵之人丰富得多。试入所谓上流的交际社会中，看那班所谓"绅士"，所谓"人物"的样子，点头、拱手、揖让、进退等种种不自然的举动，以及脸的外皮上硬装出来的笑容，敷衍应酬的不由衷的言语，实在滑稽得可笑，我每觉得这种是演剧，不是人的生活。作这样的生活，宁愿作乞丐。

（节选自《万般滋味，都是生活：丰子恺散文漫画精选集》第161页）

忆儿时

父亲说：吃蟹是风雅的事，吃法也要内行才懂得。先折蟹脚，后开蟹斗……脚爪可以当作剔肉的针……蟹螯上的骨头可以拼成一只好看的蝴蝶……父亲吃蟹真是内行，吃得非常干净。所以陈妈妈说："老爷吃下来的蟹壳，真是蟹壳。"

蟹的储藏所，就在天井角落里的缸里，经常总养着十来只。到了七夕、七月半、中秋、重阳节等节候上，缸里的蟹就满了，那时我们都有得吃，而且每人得吃一大只，或一只半。尤其是中秋一天，兴致是浓。在深黄昏，移桌子到隔壁的白场上的月光下面去吃。更深人静，明月底下只有我们一家的人，恰好围成一桌，此外只有一个供差使的红英坐在旁边。大家谈笑，看月亮，他们——父亲和诸姐——直到月落时光，我则半途睡去，与父亲和诸姐不分而散。

（节选自《万般滋味，都是生活：丰子恺散文漫画精选集》第196页）

五、相关文献推荐

[1] 杨勇.文画互通：丰子恺散文的艺术 [J].语文建设，2017（17）：19-20.

[2] 林蕴臻.人间情味——丰子恺散文和漫画艺术交融赏 [J].美术大观，2018（7）：56-57.

[3] 刘小兵.用童心去看待纷繁世界——读丰子恺散文《万般滋味，都是生活》[J].劳动保障世界，2018（31）：78.

[4] 张卫荣.品咂多味的人生 [N].河北日报，2018-09-07（011）.

[5] 禚家兴.不乱于心，不困于情——论丰子恺趣味性散文及其文化内涵 [J].宁夏师范学院学报，2019，40（2）：23-26.

（执笔人：魏修雨）

案例十六：《啊 2.0》

一、图书基本信息

（一）图书介绍

书名：《啊 2.0》

作者：大冰

开本：32 开

字数：463 千字

定价：39.6 元

书号：ISBN 9787559643872

出版社：北京联合出版公司

出版时间：2020 年 8 月

（二）作者简介

大冰，本名焉冰，主持人、民谣歌手、作家，自称"野生作家"。2013 年，大冰出版个人首部著作《他们最幸福》，2014 年出版个人第二部著作《乖，摸摸头》，之后始终保持一年出版一部著作的节奏，相继出版了《阿弥陀佛么么哒》《好吗 好的》《我不》《小孩》等作品。2016 年，大冰获"第十届作家榜颁奖盛典年度畅销书作家奖"；2019 年 4 月，大冰及其作品分别位列"书香中国二十年——中国图书零售市场发展历程分析 2019"最受欢迎的作家及图书前十名。

很多人是因为读了大冰的书,从而了解了"大冰的小屋"。读完书就希望有一天可以去一次小屋,感受书里真实的环境,看看那些活生生的人和故事里的场景。"大冰的小屋"是大冰开设在云南丽江的一间音乐酒吧,在全国有 12 家分店,分布在大理、成都、重庆、武汉等地。这是一群有理想的民谣歌手聚集地,没有麦克风,完全"不插电",歌手们可以抱着吉他清唱原创民谣。大家围坐在一起,喝着酒,听着歌,讲着故事。数年来,"大冰的小屋"集结了很多民谣音乐人,也成为民谣歌手到达丽江必会专程前往的地方。

二、畅销盛况

作为《阿弥陀佛么么哒》的增补版,《啊 2.0》在原书基础上增补了 10 万余字,增添了《济南往事》《乘务员》等故事,续写了《一份授权书》《小奇迹》,在老故事之后续写了 8 篇含泪带笑的故事。书中采集了 31 首专属背景音乐和文中人物的声音,方便读者进行立体阅读,并有 12 款随机小屋贴纸、6 款 DIY 贴纸随书赠送。

《啊 2.0》于 2020 年 8 月出版。开卷数据显示:截至 2021 年 5 月,《啊 2.0》总零售销量达 150 502 册,其中实体店销售 27 897 册,网店销售 122 605 册。根据当当网 2020 年图书畅销榜排名,《啊 2.0》位列第 10 名,2021 年 1 月位列图书畅销榜第 16 名。从整体情况来看,《啊 2.0》销售状况良好。

三、畅销攻略

大冰给自己的身份标签是野生作家、背包客、说书人,因此书中的故事大多来自自己一路上遇到的人及在他们身上发生的人和事。其受众群体大多是学生和刚进入社会的年轻人，涉世未深、渴望自由，对于理想和未来充满期待，但受制于现实条件，很多人不能亲身去体验外面的世界，而大冰的书刚好呈现的就是这样一个世界。大冰用自己的方式记录了那些发生在普通人身上普普通通的事，细碎而温暖，让读者相信，这世间始终有温情在。大冰标榜的江湖气息、酒吧、诗和远方、背包客等标签，又十分契合年轻人的兴趣爱好，一定程度上满足了当下年轻人对于理想和自由的渴望。从这个意义上说，大冰对自己的目标群体十分了解，有了以往作品的基础，加上新书进行的大力宣传和营销，配合北京磨铁文化集团股份有限公司（以下简称"磨铁公司"）的策划营销，再一次掀起了畅销热潮。

（一）读者对象

据调查，在大冰的读者对象中，年轻人偏多，其中 18~22 岁的占 40%，22~30 岁的占 43.9%。可以看出，这些读者主要是学生和刚进入职场没有太多社会经验的年轻人，以下将结合大冰作品的特点和受众对象的心理特征进行分析。

1. 作者多重身份标签吸引读者

大冰是主持人出身，同时也是民谣歌手、作家。大冰每次出版的图书中都会介绍自己的多重身份，一方面是为了展示其丰富的人生经历，另一方面也是通过自身"斜杠青年"的身份，进行宣传营销。由于面向的群体是年轻人，尤其是对于学生和初入社会的年轻群体来说，虽然对外面世界充满希望和期待，向往诗和远方，但迫于现实的种种限制，很多还不能实现或触碰得到，在这样的心理状态下，大冰的多重身份标签会对年轻群体产生标杆式的示范作用。

大冰将自己定位为野生作家，从他笔下传递出的故事也充满了放荡不羁和自由，大冰将这种风格融入自己的文章中，营造出特立独行、浪漫的情怀，这些故事吸引着一批又一批的年轻人拜读。"90后"群体是充满个性的一代,大冰的这种身份标签会使他们也想成为大冰那样的人:自由、放荡不羁、追求理想。可以肯定的是,大冰牢牢抓住了年轻人群体的阅读心理,创作他们感兴趣的故事题材,从而使读者群不断扩大。

2. 情节具有感染力,易获得读者共鸣

这代年轻读者喜欢大冰,一方面喜欢听他讲江湖故事,另一方面能够从他的文字中找到共鸣感。他们可以从书中体会到别人的人生,并对其充满敬畏。正如大冰在文中所说:自己也会经历一些或难或苦的事,但和别人相比不值得一提,他欣赏他们逆境下的坚持和乐观,是"泪流满面的笑容"。

(二) 文本内容

1. 故事情节生动,有感染力

《啊2.0》的畅销,与其作品内容有着密不可分的关系。纵观大冰出版的系列作品,其内容主要是讲述他在旅行期间遇到的人和事,记录那些在普通人身上发生的普通的事,温暖且令人动容。大冰说:我们不过都是凡人,生活在同一个世界里,这个世界里有着许许多多各不相同的故事。

二十多年来大冰游走在江湖和市井,浪迹在天涯和乡野,切换着不同的身份,穿梭在不同的世界。浮生恰似冰底水,日夜东流人不知。人们只知道他爱写无常中的有情,可真正读懂那些无常和有情的人,会明白他是一个多么筋疲力尽的悲观主义者。因为悲观,故求诸野。因为身处戾霾,因为行走暗夜,所以越发期望烛火、荧光、流星和闪电。于是他用普通人听得懂的语言,不写道理只写故事,燃起一堆小小的篝火,不断地往里面续柴。

读故事,记生活,写情怀。他进川藏、徒步旅行,在各种地方遇见不同的人,并将他们的故事记录下来,记录那些普普通通的人在普普通通的生活中发出的那些普普通通的微光。他曾遇到过许多人，许多人也曾善待过他。在那些落寞的日子，在那些孤勇的岁月，在那些周而复始的雪天雨天，有十年如一日坚守藏地、为藏民基础教育尽一己之力的书店老板，有为救助灾区散尽家财、带重病母亲游历世界的东北浪子，有心系 31 年前阵亡战友、不愿偷生于世、为古城安危自费建消防队的老兵……在大冰的笔下，人们看到了主人公们的率真果敢、自立自强。他们来自全国各地，有着不一样的背景，发生着不一样的故事。在《啊 2.0》中，大冰续写了感动千万人的白血病少年越阳的故事——《一份授权书》；得了"喉癌"不能发声、不能再唱歌的老谢与他的小奇迹；甘心放弃全世界，也要陪着女儿一起长大的普通男人周三；决心重返皇后镇的小 S……他们是普通生活中发着微光的普通人，他们是曾经路过我们生命的五光十色的小孩。他们的故事，让我们明白，世间大多数传奇，不过是普普通通的人将我们的心意化作了行动而已。

比如作品《铃铛》中描写的真实故事带给人们关于生命的感悟，小师姐其实并没有打掉那个孩子，多年后，在大冰签售会上遇见了那个小男孩，那个雪花银的扁铃铛……世上哪有什么命中注定，所谓命中注定，都是基于你过去和当下有意无意的选择。

总之，大冰笔下的故事是暖心的，那些发生在普通人身上的真实故事，通过大冰的笔端流露出来，让读者相信这世界上还有真情、友情和理想。对于大冰的读者——涉世未深、阅历尚浅的年轻人来说，大冰的书是一扇窗，打开了一个丰富多彩的世界。读者可以尽可能地通过故事的阅读来实现自己对未来的渴望。

2. 语言风格年轻化、随性

大冰在写作中加入了很多年轻人喜爱的元素，例如，"背包客、拉萨、诗和远方、自由、酒吧"等词汇，这与受众群体的心理特点高度吻合。年轻人向往诗和远方，憧憬一场说走就走的旅行，在旅行中认识不一样的人，结交形形色色的朋友。而大冰在读者中营造的这种"我有故事，你有酒吗"的情怀感，使年轻读者们被深深地吸引，再一次认识且相信诗和远方。

另外，作者在文中用词十分随性。主流的价值观是文化最深层次的内核，无论如何，文学作品最终还是要给人一种美的体现，让读者在阅读的过程中能够获得审美和心灵上的双重愉悦之感。

（三）装帧设计

排版上，全书采用左对齐的版式，这也能够充分说明，大冰的文字和其人一样潇洒爱自由，不拘泥于固定的表达，是一种个性独特的体现。正文前部分以彩色插图形式配合"段落式"精彩片段编排的目录，十分吸引读者。新增的文章前面还标注了"新增"图标，对老读者和新读者的阅读都十分具有导示意义。正文配有二维码，扫码可听文章主人公的声音，同时还配有定制的 31 首专属背景音乐，有助于读者进行立体阅读。在《一百万个祝福》的篇章末尾，还给读者进行了加页互动，读者可以把自己对主人公的祝福用文字记录下来。

可以说，无论是内容还是形式，《啊 2.0》都充分考虑了图书内容特点与读者的需求。无论是书中配套的二维码，还是赠送的贴纸、书中的引导文等，都尽可能地优化读者的阅读体验，这一点也促成了《啊 2.0》的畅销。

（四）宣传营销

1. 上市前 10 天预售为市场预热，差异化赠品吸引消费者

《啊 2.0》于 2020 年 8 月 6 日在当当网开始预售签名版，于 8 月 17 日正式上市，在京东、微博图书、文轩网、博库网、凤凰网、湖北新华书店、当当网同步发售。为了吸引消费者购买，各平台在新书上市初期，读者购正版书会获得不同的礼品。例如，在当当网下单可以获得签名本和大冰语音书签；在京

东下单可以获得"京东专享情感手账本"；在微博图书下单，买书即赠 4 张专享语音明信片，还有随书赠贴纸、抽赠书签等多重福利；在湖北新华书店下单，赠送 4 张独家音乐书签和 DIY 贴纸；在博库网下单赠送 6 张 DIY 贴纸和日历手账本。

2. 作者连续 4 个月签字售书，覆盖全国各地粉丝

磨铁公司联合作者自 2020 年 8 月新书上市后，便开始全国签售会，先后在南京、苏州、上海、太原、郑州、重庆、成都、兰州、广州、武汉等全国多个城市举办图书签售会。笔者从"大冰的小屋"公众号上公布的《啊 2.0》签售行程统计得知，《啊 2.0》上市 4 个月（从 8 月至 12 月），签字售书活动覆盖全国 16 个省和直辖市，累计包含 37 座城市。作者、签售会主办方以及磨铁公司会提前 1 周至 1 个月宣布签售行程，多方宣传促进签售会活动的举办，吸引更多读者前来参与。磨铁公司与作者共同打造的《啊 2.0》图书营销活动，使该书再次迎来了新一波的销售高潮。

3. 书展活动联名大咖，为新书助力宣传

在《啊 2.0》新书即将上市之际，磨铁图书在"2020 南国书香节"上集结签约作者加盟，在"2020 上海书展"上邀请 5 位签约作者坐镇。各位磨铁公司签约作者带着自己的新书亮相各大书展，并举行图书签售会。作者们的群集效应，为新书宣传再添了一把火，同时也吸引了更多读者的参与，带动了其他图书的销售，扩大了磨铁公司的品牌影响力。

4. "大冰和编辑的对话"话题借势为新书宣传

2019 年大冰新书《小孩》即将出版之际，"大冰和编辑的对话"话题一度登上新浪微博热搜，因为新书比原计划多了 1 万字，成本的增加需要提高定价，但大冰坚持定价不超过 40 元，并且晒出了与编辑的聊天截图。而《啊 2.0》

的上市，也使读者再一次展开了关于大冰图书定价的讨论。这本 46 万字的书，仅定价 39.6 元，还包括附赠的其他图书服务，网友对此褒贬不一。《啊 2.0》、大冰，再次成为网友热议的话题。人们会好奇：这本书到底值不值得这个价格？大冰晒聊天记录的行为，表明是在为读者砍价，实际上也起到了一定的营销效果。

5. 老粉丝"老带新"，吸引新读者加入

从营销角度而言，《啊 2.0》的热销有些"老带新"的模式。这本书是在《阿弥陀佛么么哒》的故事基础上进行续写和增补的。对于读过《阿弥陀佛么么哒》的读者，会在《啊 2.0》中读到后续故事，了解主人公后来发生的故事，进而获得更多持续的感动，拉动营销。对于新读者而言，也不必去买《阿弥陀佛么么哒》，开启崭新的阅读之旅获得的是完整的感动。整个营销过程既完成了对既有粉丝的拉动，也满足了新读者的阅读需求，可谓一箭双雕。

很多人都是因为看了大冰的书才了解了"大冰的小屋"，随着大冰的图书畅销，"大冰的小屋"也逐渐吸引了越来越多的人的关注。大冰的图书激发人们了解"大冰的小屋"的欲望，人们对小屋的憧憬也会进一步引导人们了解大冰的书中讲述的小屋里那些人的故事，由此形成营销闭环，为畅销埋下了伏笔。

6. "免费授权声明"成为宣传话题

《啊 2.0》中的文章《一个孩子的心愿》感动了千万人，大冰承诺向一切机构和个人开放《一个孩子的心愿》一文的影视改编权、有声版权和文本转载权。此举激发了读者的好奇心：这篇文章到底讲述了一个怎样的故事可以吸引、感动这么多人？故事又是何其好才会使作者有信心认为会有人进行影视改编、有声书改编和进行文本转载呢？导演、编剧的关注，也引发了"这个故事真的值得改编成电影或者有声书吗"的阅读心理，进而拉动了图书销售。

四、精彩内容欣赏

有些自勉自励，我尊重和认同，却不敢轻易去鼓励或激励，以己度人，若论初心，我又算是个什么东西？说什么天道酬勤，说什么励志谈什么上进？

不过是一巴掌打过来，没了回头路而已。

只有我自己明白自己，在那个行当里最初的动力其实只是八个字：不被欺负，能被当人。

那些屈辱和打击，我并不觉得它成就了我什么，我能做的是受着，可以淡忘、可以消化、可以算了，但永不会去感恩或感激。

稍微往大了说一点：某种意义上讲，我不觉得任何人有任何必要去向曾经的屈辱和打击表示感恩。

曾经的那些都不会，更何况后来的呢？

这么长的路不是白走的，那么多的饭也不是白吃的，忍耐和承受，熟稔后也就习惯了，总会有些长进。

你看，此后的这些年起起落落，风光与落魄交叠，枯荣交替，一波又一波的峰峦和底谷，绵延不断持续至今——因为是打杂剧务出身的主持人而被轻蔑，因为是过气主持人出身的写书人而被讥讽，因为是个野生作家却登上榜首而被群嘲，因为你和别人的各种不同而被排异绞杀，因为你留给别人的那些刻板印象而被奚落围攻……

2000、2005、2009、2012、2019，都受着，都没问题，都没有20年前扣在我脸上的那个盒饭来得重。

未必当年能受着的，如今就不行。

（节选自《啊2.0》第36页）

有人说，每一个拥有梦想的人都值得被尊重。

可我总觉得，除了被尊重，人还需自我尊重。

真正的尊重,只属于那些不怕碰壁、不怕跌倒、勇于靠近理想的人。

梦想不等于理想。

光幻想光做梦不行动,叫梦想。

敢于奔跑起来的梦想,才是理想。

…………

就像老谢那样。

(节选自《啊2.0》第158页)

再普通的人,也会在一生中某几个节点上隆重登场,

理所应当地成为主角——

比如新生儿的落草,比如驾鹤西行者的入殓,比如新嫁娘的婚礼。

所以满月酒很重要,所以证件照很重要。所以婚礼仪式的酒店预订很重要,伴娘的人选和颜值很重要,冷焰火和香槟塔很重要,婚纱是租是买的是长是短是带或不带水钻有没有面纱……很重要。

严格意义上讲,婚礼不重要,如果你是封红包随份子去喝喜酒闹洞房的话。

但严肃意义上来讲,婚礼对你我每一个人都很重要,如果你打算结婚的话。

你自己的婚礼一定很重要。

因为这个世界上谁不是普通人?谁不曾经是个普通人,谁不终将是个普通人?

因为对于每一个终须泯然于众的普通人而言,当一次主角,很重要。

(节选自《啊2.0》第236页)

周三和萱萱都是普通人,他们的故事并没有多么感天动地。

不过是一场婚礼、一封情书、一点真心罢了。

不过是两个普通人敢于去同时拥有爱情、米饭、理想而已。

不过是两个路人甲,敢用自己的方式,去出演一幕普通人的传奇。

· 221 ·

他们是自己故事的主角，也是编剧，更是自己的观众，所以他们完全不在乎有多少观众，以及……有没有司仪。

我并不觉得我笔下的这个故事有多传奇、多稀奇，我只是讲述，只是举例。

我想讲述的和所讲述的，是最平凡不过的事情……不止是爱情。

这世间哪有什么传奇，所谓的传奇，底色都是平凡的，华彩都是自选的。

所谓传奇，不过是普普通通的人们，把心意化作了行动而已。

（节选自《啊 2.0》第 252 页）

某种意义上讲，没有任何一种生活方式是天然带有原罪的。

但不情不愿地僵化于一种长期单一模式的生活，实属是在对自己犯罪。

明知有多项选择的权利却怯于去主张，更是错上加错。

一门心思地朝九晚五去上班，买了车买了房又如何？

一门心思地辞职退学去流浪，南极到了北极又如何？

生活岂是非黑即白那么简单，人的幸福确实不能仅从物质福利中获得满足，但良好的物质条件无疑为精神生活提供了良好的条件，为什么要不屑于平衡好二者的关系呢？

如果真牛 × 的话，别只用一只眼睛看世界，也别动不动就说放弃，敢不敢去理智地平衡好你的生活？多元平衡的生活才是真正值得追求的。

平行世界，多元生活，既可以朝九晚五，又能够浪迹天涯——这是我一直推崇的生活方式。前半句的关键词是多元和平衡。后半句的重心不是朝九晚五或浪迹天涯，而是：既可以，又能够。但需知，这种生活方式的获得，前提是个体能力值的建筑和提升。出身无法决定，能力却是可以自我培养的，有能力了才有选择权，能力越大，选择越多，故事也就越多。同理，没能力也就没选项，即便有，也是看得见，摸不着，再向往，也不过是瘫在沙发上发白日梦。

（节选自《啊 2.0》第 330 页）

谁说有意思就一定要有意义？谁说成年人不能像小孩子一样做游戏？有时候喊着号子走完一条街，队列不停增长，三五个人能变成三五十个人；背着登山包的，拄着老人拐的，踩着高跟鞋的，龇着大门牙的，顺拐走的……下至20岁上至60岁，一半常住民，一半游客。

都是些懂得何时何地解放天性的人，彼此并不知晓身份、籍贯、职业属性，却默契得好像在初中校园里一起挤过三年的课间厕所，彼此并不矜持。那个时候，真正会玩儿的人不会在旺季来古城，这个季节来的都是好玩儿的人。

好玩儿的人懂得这里最好玩儿的事儿并非艳遇，而是自由自在的孩子气。

这些孩子气的人，每每会聚在小屋门前玩儿游戏。

那时候古城不大，文明村尚未开发，流官府衙算是边境。300米长的五一街，起始于小石桥，终止于大冰的小屋，队伍喊着号子走到这里不舍得散，于是有时候扎堆儿丢手绢，有时候组团玩儿老鹰捉小鸡。叽叽喳喳热热闹闹，好像小学生的课间操，红扑扑的脸蛋，气喘吁吁。

我隔着玻璃看得眼馋，有时候忍不住了，就会扛着大黑天跑出去找他们结个善缘。

（节选自《啊2.0》第399页）

五、相关文献推荐

张春桃.背包客作家大冰作品浅析[J].文学教育（下），2021（5）：82-83.

（执笔人：张子微）

案例十七：《如何阅读一本书》

一、图书基本信息

（一）图书介绍

书名：《如何阅读一本书》

作者：[美] 莫提默·J.艾德勒

　　　查尔斯·范多伦

译者：郝明义　朱衣

开本：16 开

字数：262 千字

定价：38.00 元

书号：ISBN 9787100040945

出版社：商务印书馆

出版时间：2004 年 1 月

（二）作者简介

　　莫提默·J.艾德勒生于纽约，除了写作《如何阅读一本书》外，以主编《西方世界的经典》并担任 1974 年第 15 版《大英百科全书》的编辑指导而闻名于世。他在芝加哥大学执教时，于 1946 年帮助策划了"名著计划"，1952 年起任哲学研究所所长。他在著作中普及推广西方文明的伟大思想，如《西方世界的伟大著作》（*Great Books of the Western World*）、《怎样阅读》（*How to Read a Book*）及《六种伟大思想》（*Six Great Ideas*）等，以学者、教育家、编辑人等多重身份闻名于世。他曾任大观念研究中心的名誉主席，是该中心的最初发起者之一。

查尔斯·范多伦曾任美国哥伦比亚大学教授，后因故离任，和莫提默·J.艾德勒一起工作，协助他编辑《大英百科全书》，将该书 1940 年初版内容大幅度增补改写。因此，该书 1970 年新版由两人共同署名。

（三）译者简介

郝明义，中国台湾著名出版人，毕业于台北大学商学系国际贸易组。
朱衣，中国台湾出版人，翻译。

二、畅销盛况

《如何阅读一本书》的英文版第一版是在 1940 年初出版的，一经出版立刻成为畅销书，高居全美畅销书排行榜一年多。自问世以来，广泛印刷发行，既有精装本也有平装本，而且被翻译成多种语言（法文、瑞典文、德文、西班牙文与意大利文），在西方世界好评甚多，重印多次。

由郝明义和朱衣翻译的《如何阅读一本书》的中文版是在 1972 年英文版的基础上完成的。该书由商务印书馆于 2004 年出版，当年就加印了 24 次，可见其影响之大，好评之高。近年来，《如何阅读一本书》更是在当当网社会科学类图书畅销榜上多次跻身前三名，在京东自营语言文字类热卖榜曾跃居第二名。

三、畅销攻略

（一）实用的图书内容

1. 读者眼中的"阅读指南"

在这个大众传媒的时代，伴随电子出版物的兴起，部分读者特别是青少年越来越热衷于快餐式阅读，这种以追求快速、简单甚至愉悦为目的的阅读方式所带来的弊病也是显而易见的：部分人为了追求纯粹"悦读"而弃经典名著于不顾，在迅疾的流变中只愿选择图文并茂或只有图片、视频的电子读物阅读，以满足视听享受。长此以往，痴迷于此的这一群体的文字表达能力必将退化，乃至逐渐丧失独立思考的能力，变成没有思想的"空心人"。欣慰的是，仍然有众多的读者在线上线下体验着阅读的真正乐趣。在外界干扰和诱惑愈演愈烈的情形下，我们怎样才能培养并保持深度注意力，在这吵闹的环境中安心读书呢？《如何阅读一本书》给了我们答案。

《如何阅读一本书》是一本教授阅读方法的书籍，被许多读者奉为"阅读圣经"。该书提出了适合于论说类（学术类）作品的"四层次"阅读方法——基础阅读、检视阅读、分析阅读和主题阅读，并针对不同阅读层次提出了不同的阅读规则。该书强调阅读是一种主动的活动，一般有三种目的：娱乐消遣、获取资讯、增进理解力。只有最后一种目的的阅读才能帮助读者真正增长心智、不断成长。

该书的开篇指出了任何一种阅读都是一种活动，因此必须有一些主动的意愿。部分人在阅读的时候，常常没读多久就开始出现双眼呆滞、头脑昏睡的状况，这种精神不济的状态根本无法将阅读进行下去。作者认为，人们之所以出现这种现象，是因为阅读缺乏主动性。完全被动的阅读只会越读越疲惫，越读越乏味，直至放弃阅读。所以，预备开始阅读的人首先要认识到的是：阅读是一件主动的事情，越主动阅读，效果越好。

既然阅读是一种活动,那么也必然有活动目的。阅读的目的除娱乐消遣外,还有两种:第一种是为获得资讯而读,第二种是为求得理解而读。阅读与自身知识水平相当的书,那么阅读的目的是获得这本书所传达的信息。阅读高于自身知识水平的书,并试图读懂读透它,向自己现有的理解力发起挑战,则是阅读的另一种目的——提升理解力。

这本书所面向的读者就是那些想把增进理解能力当作读书主要目的的人。在没有任何外力帮助的情况下,只凭着内心的力量,品味着眼前的字句,慢慢地提升自己,从模糊的概念到更清楚的理解。

好的阅读者应该具备敏锐的观察力、灵敏可靠的记忆力、想象的空间,以及训练有素的分析、省思能力。然而,并不是所有读者都拥有这些阅读能力,但好在这些能力和技巧是可以通过学习和训练而获得的,答案和秘诀就藏在这本书里。

2. 指导阅读的实用方法论

《如何阅读一本书》将阅读分为四个层次,分别是基础阅读、检视阅读、分析阅读、主题阅读。之所以称作层次而不是方法或类别,是因为四个层次之间呈递进与包含的关系。也就是说,阅读的层次是渐进的。第二层次阅读是建立在第一层次阅读的基础上,第三层次又建立在第二层次之上,而最高的层次即第四层次则包括了之前的所有阅读层次。

首先我们来了解阅读的第一个层次:基础阅读。这是阅读层次中最基础的一层,以识文断字为主要目的,阅读时能够清晰地知道作者是在说什么。这本书所针对的人群是已经至少具备基础阅读能力的阅读者。

第二个阅读层次是检视阅读,换句话说,就是包括系统的略读和粗浅的阅读。目的是在最短的时间内,对全书最好最重要的内容快速阅读并掌握。这一层次建立在读者已经具备第一层阅读能力的基础上,以增进理解力为目标的读者必须掌握这个层次的阅读方法。检视阅读有以下两个阶段。

第一个阶段是系统的略读或粗读，用最经济的方法了解一本书的架构，判断这本书值不值得花时间仔细阅读。拿到一本书，首先翻看书籍的书名页、序、目录页、索引、出版者介绍等内容。挑选几个与主题相关的篇章阅读，留意主题的基本脉络，以及书籍结尾记载的作者自认为既新又重要的三四页观点。

第二个阶段是粗浅的阅读，面对一本难读的书的时候，从头到尾先读完一遍，碰到不懂的地方不要停下来查询或思索，而是先了解全书内容。

在完成检视阅读的过程中，读者要完成四个问题。

（1）这本书到底在谈些什么？找出这本书的主题，作者如何依次发展这个主题，如何逐步从核心主题分解出从属的关键议题来。

（2）作者详细说了什么？怎么说的？找出主要的想法、声明与论点。这些组合成作者想要传达的特殊讯息。

（3）这本书讲的内容有道理吗？是全部有道理，还是部分有道理？阅读并理解了一本书后知道了作者的想法，还应该为这本书做个自我判断。

（4）这本书跟你有什么关系？如果这本书给了你一些资讯，就要问问这些资讯有什么意义。如果这本书启发了你，就要找出相关的、更深的含义或建议，获得更多的启示。

回答完这四个问题，检视阅读的两个步骤就基本完成了。这时，关于一本书的基础架构和整体内容，也做到心中有数了。但这还不是终点，没有经过阅读的第三个层次"分析阅读"，就不算真正理解一本书。

第三个阅读层次是分析阅读，分析阅读就是全盘地阅读、完整地阅读，或者说优质地阅读——读者能做到的最好的阅读方式。如果说检视阅读是在有限的时间内，最好、最完整的阅读，那么分析阅读就是在无限的时间里，最好、最完整的阅读。分析阅读就是要咀嚼与消化一本书。如果读者的目标只是获得资讯或消遣，就完全没有必要进行分析阅读。分析阅读特别强调理解。弗兰西斯·培根曾说，有些书可以浅尝辄止，有些书是要生吞活剥，只有少数的书是要咀嚼与消化的。分析阅读就是要咀嚼与消化，就是特别要追寻理解。根据学术类书的类型特点，追寻理解大致要做到以下几个层面：书中各篇章概念的理解，书中各篇章观点的寻找及证实或说明观点的论述阐释，书中各篇章主旨句的寻找及诠释，书中重要段落的理解及品味，对书中观点的评价。运用分析阅读三个阶段所提出的这些方法和规则，仔细地阅读一本书，而不是浮于表面地阅读大量的书，就是一个好读者应该达到的理想境界。

当然，许多书都值得精读。但一些书只要浏览一下就行了。要成为一个好读者，就要懂得依照一本书的特质，运用不同的阅读技巧来阅读。

第四个阅读层次是主题阅读，是四种阅读方式中最高的一个层次。当我们想要快速地建立一个领域的知识体系时，或者关于某个话题想要了解不同作者的不同观点，进而形成自己的认识时，就要用到主题阅读了。在做主题阅读时，阅读者会读很多书，而不是一本书，并列举出这些书之间的相关之处，提出一个所有的书都谈到的主题。但只是字里行间的比较还不够，主题阅读涉及的远不止此。借助所阅读的书籍，主题阅读者要能够架构出一个在哪一本书里都没提过的主题分析。因此，很显然，主题阅读是最主动也最花力气的一种阅读。

除了介绍四个层次的阅读方法外，作者也介绍了阅读不同读物的方法，包括实用型的书、想象文学、故事书、戏剧与诗、历史书、科学与数学书、哲学书、社会科学著作等。在该书的最后一章，作者指出了阅读与心智成长之间的关系。"好的阅读，也就是主动的阅读，不只是对阅读本身有用，也不只是对我们的工作或事业有帮助，更能帮助我们的心智保持活力与成长。"

以上谈到的"四层次"阅读方法，并不是说每本书都要读四遍与之呼应，虽然四个层次是有渐进性的，但又有包含关系，一般高层次阅读都包含低层次阅读，而低层次阅读在高层次阅读阶段也不会消失。

（二）简洁优雅的装帧设计

在该书的装帧设计上，商务印书馆选择了 32 开本的平装本设计。封面是白色背景，正中一幅插图中一个红衣金发的人正在打开一本书认真地阅读，在这幅插画之上是该书黑色标宋体的书名"如何阅读一本书"，其上是红色的英文原名"HOW TO READ A BOOK"。整个封面色彩鲜艳夺目，十分抓人眼球，各种要素间十分和谐自然，丝毫不显凌乱。封底部分在白色背景上有一个小篇幅的插画，并有一段介绍图书内容和基本信息的文字。

四、精彩内容欣赏

这是一本为阅读的人，或是想要成为阅读的人而写的书。尤其是想要阅读书的人。说得更具体一点，这本书是为那些想把读书的主要目的当作是增进理解能力的人而写。

这里所谓"阅读的人"（readers），是指那些今天仍然习惯于从书写文字中汲取大量资讯，以增进对世界了解的人，就和过去历史上每一个深有教养、智慧的人别无二致。当然，并不是每个人都能做到这一点。即使在收音机、电视没有出现以前，许多资讯与知识也是从口传或观察而得。但是对智能很高又充满好奇心的人来说，这样是不够的。他们知道他们还得阅读，而他们也真的身体力行。

（节选自《如何阅读一本书》第 4 页）

在本书的一开头，我们就已经说过了，这些阅读的规则适用于任何你必须读或想要读的读物。然而，在说明分析阅读，也就是这第二篇的内容中，我们却似乎要忽略这个原则。我们所谈的阅读，就算不全是，也经常只是指"书"而言。为什么呢？答案很简单。阅读一整本书，特别是又长又难读的一本书，要面对的是一般读者很难想象、极为艰困的问题。阅读一篇短篇故事，总比读一本小说来得容易。阅读一篇文章，总比读一整本同一个主题的书籍来得轻松。但是如果你能读一本史诗或小说，你就能读一篇抒情诗或短篇故事。如果你能读一本理论的书——一本历史、哲学论述或科学理论——你就可以读同一个领域中的一篇文章或摘要。

因此，我们现在要说的阅读技巧，也可以应用在其他类型的读物上。你要了解的是，当我们提到读书的时候，所说明的阅读规则也同样适用于其他比较易于阅读的资料。虽然这些规则程度不尽相当，应用在后者身上时，有时候作用不尽相同，但是只要你拥有这些技巧，懂得应用，总可以比较轻松。

（节选自《如何阅读一本书》第 59-60 页）

关于实用性的书有一件事要牢记在心：任何实用性的书都不能解决该书所关心的实际问题。一本理论性的作品可以解决自己提出的问题。但是实际的问题却只能靠行动来解决。当你的实际问题是如何赚钱谋生时，一本教你如何交朋友或影响别人的书，虽然可能建议你很多事，但却不能替你解决问题。没有任何捷径能解决这个问题，只能靠你自己去赚钱谋生才能解决。

以本书为例。这是一本实用的书，如果你对这本书的实用性（当然也可能只是理论性）感兴趣，那你就是想要解决学习阅读的问题。但除非你真的学到了，你不可能认为那些问题都解决，消失不见了。本书没法为你解决那些问题，只能帮助你而已。你必须自己进行有活力的阅读过程，不只是读这本书，还要读很多其他的书。这也是为什么老话说：只有行动能解决问题。行动只能在现世发生，而不是在书本中发生。

（节选自《如何阅读一本书》第 205 页）

到目前为止，我们还没有仔细谈过关于就同一个主题阅读两三本书的问题。我们在前面提到过，在讨论某个特定的主题时，牵涉到的往往不只是一本书。我们也一再非正式地提醒过，甚至其他领域中相关的作者与书籍，都与这个特定的主题有关。在作主题阅读时，第一个要求就是知道：对一个特定的问题来说，所牵涉的绝对不是一本书而已。第二个要求则是：要知道就总的来说，应该读的是哪些书？第二个要求比第一个要求还难做到。

我们在检验这个句子："与同一个主题相关两本以上的书"时，困难就出现了。我们所说的"同一个主题"是什么意思？如果这个主题是单一的历史时期或事件，就很清楚了，但是在其他的领域中，就很难作这样清楚的区分。《飘》与《战争与和平》都是关于伟大战争的小说——但是，两者相似之处也止于此了。司汤达的《帕玛修道院》（The Charterhouse of Parma）谈的拿破仑战争，也是托尔斯泰作品中谈的战争。但是这两本书当然都不是在谈这场战争，也不是与一般战争有关的书。在这两个故事中，战争只是提供了一个环境或背景，故事的本身所谈的是人类的生存与挣扎，战争不过是作者想吸引读者注意的手法。我们可能会了解有关这场战役的一些事情——事实上，托尔斯泰就说过，从司汤达所描述的滑铁卢之役中，他学到很多有关这场战役的事——但是如果我们的主题是要研究战争，就用不着拿这些小说来读了。

你可能料到小说有这种情况。因为作品的特性，小说沟通问题的方法跟论说性作品不同。但是，论说性作品也有同样的问题。譬如说你对"爱"这个概念很感兴趣，想要阅读相关的读物。因为关于爱的作品很广泛，你要整理出一个相关书目来阅读是有点困难的。假设你向专家求教，到一个完备的图书馆中寻找书目，还对照一位优秀学者所写的论文，终于把书目弄出来了。再假设你进一步舍弃诗人和小说家谈的这个主题，只想从论说性的作品中找答案（在后面我们会说明为什么这样的做法是明智的）。现在你开始依照书目来阅读这些书了。你发现什么？即使只是匆匆的浏览，你也会找到一大堆相关的资料。人类的行为，几乎没有任何一种行为没有被称作是爱的行为——只是称呼的方式不同而已。而且爱并不只限于人类。如果你进一步往下阅读，你会发现宇宙中的万事万物皆有爱。也就是说，任何存在的事物都可能爱与被爱——或二者兼而有之。

（节选自《如何阅读一本书》第323-324页）

五、相关文献推荐

[1] 陈钟梁.好好享受这顿知识的盛宴——嚼不尽的《如何阅读一本书》[J].语文建设，2007（4）：29-30.

[2] 姚小燕.悬而未决的"读书论"——《如何阅读一本书》与《如何读一本书》比较谈 [J].山东图书馆学刊，2019（1）：117-119.

[3] 杨帆.一场关于"年轻"的裂变 [J].出版人，2020（2）：17-23，16.

[4] 许维丽.畅销书与长销书之间的转型与借鉴 [J].传媒论坛，2020，3（9）：86-88.

[5] 王佳敏.我国近二十年非虚构类畅销书上榜因素与发展趋势研究 [D].武汉：武汉大学，2019.

[6] 开卷研究.大促带动效应明显 经典作品不断返榜 [N].中国新闻出版广电报，2021-01-11（007）.

（执笔人：周金霞）

案例十八：《小家，越住越大》

一、图书基本信息

（一）图书介绍

书名：《小家，越住越大》

作者：逯薇

开本：32 开

字数：135 千字

定价：58.00 元

书号：ISBN 9787508660196

出版社：中信出版集团

出版时间：2016 年 5 月

（二）作者简介

逯薇，原为地产建筑师，现为家居漫画家，"住商"概念提出者，"家的容器"工作室创始人，微信公众号"家的容器"负责人。1998 年，考入同济大学建筑与城市规划学院建筑系，担任动漫协会干事；2003 年毕业后入职万科集团，获得国家一级注册建筑师职称，绘制过 2000 余张户型图，参与过 20 万套以上的精装住宅设计，从事住宅原型研发设计工作，对近千户住宅进行过入住访谈。

2015年，其他开设微信公众号"家的容器"，并连载手绘漫画"逯薇的写写画画"系列；2016年在中信出版集团出版《小家，越住越大》，成为畅销作品；2018年出版《小家，越住越大2》，2019年出版《小家，越住越大3》。2017年、2018年她连获"当当影响力作家奖"，2018年获"中信出版社国际影响力大奖""亚马逊中国新锐作家奖"。

二、畅销盛况

2016年5月，《小家，越住越大》由中信出版集团出版，受到读者广泛的关注和阅读，接连再版。截至2021年4月，开卷数据显示《小家，越住越大》单册销量累计40多万册，位列京东、当当、亚马逊生活家居类图书销售榜第一名。该系列图书还被翻译成瑞典语、西班牙语、罗马尼亚语、韩语、泰语、俄语等多个语种出版。截至2020年8月，"小家，越住越大"系列图书累计发行量超过100万册。

2016年6月，《小家，越住越大》登上《中国新闻出版广电报》优秀畅销书生活榜榜单。2020年12月，《小家，越住越大》（套装3册）登上京东图书非虚构类畅销书排行榜。

三、畅销攻略

（一）满足市场需求的选题策划

1. 创新书名，吸引读者

《小家，越住越大》的畅销首先是在书名设计上的成功，书名是第一时间映入读者视野的图书元素，其承担着在几秒内让读者产生阅读兴趣并理解图书主要内容的职责。这本书书名中的"小家"作为最主要的关键词首先被读者看到，"小家"一词给大部分人的感觉是温馨且亲切，有一种幸福感。而"越住越大"则体现了对美好未来的一种向往和期盼，有种趋势向好的感觉。"小"和"大"在书名中同时出现，使用了对照手法并且反大众逻辑，因为小家在我们的认知概念中都是越住越小，很难越住越大，这就让读者对小家是如何越住越大产生疑问，想要翻开图书一探究竟。"小家，越住越大"虽然不是完美符合书名简短的原则，但是简单的小短句，既好记又押韵，能让读者在短短几秒内就快速理解这本书的独特之处。

2. 背景调查，直击痛点

大城市高昂的房价让很多购房者不得不选择面积相对较小的住宅，而且在装修时常为了增加使用面积而减少了房间应有的功能。也有一些不打算在大城市买房的年轻人，选择租房的形式，但也会因为高昂房租而选择面积相对较小、装修相对简单的房屋。不仅如此，租房的人们还会在添置家具和改造装修上有着不定时搬家的顾虑。

而对于拥有固定房产的中年人和老年人来说，随着房屋居住时长的增加，长年积攒的物品和家具越来越多，且通常出于"不舍得扔"的心理，家被各种各样的杂物所填塞，房屋面积显得小了。

在快速发展的社会中，人们在有限的时间里要处理很多的事情，面对生活、工作上的各种压力，很少有人能将大量时间全部贡献给家居装修等方面，但这又与普遍追求高品质生活的想法相矛盾。网络上的装修秘笈、家居指南、家具风格一类的文章和视频等信息层出不穷，也存在着质量平平、可参考度低的问题，人们在面对这样的海量信息时通常很难选择适合自己家情况的装修装饰方案。

基于以上的背景情况，可以大致总结出人们有着在房价高、面积小、东西多、收纳少、节奏快、压力大、时间紧、想法多等方面的痛点，普遍都存在家居装修方面的困扰。而这本书就是深入发掘了相关行业、市场和大众需求，聚焦人们普遍关注的房产和家居问题，给读者一系列的参考和解决方案。精准地抓住了读者的需求点和兴趣点，是这本书成为畅销书的关键一步。

3. 小众图书，大众化读者

近些年来，新媒体技术飞速发展，在这样一个人们普遍追求个性化、差异化的时代，针对性较强和读者黏性较高的小众图书成为关注的重点。《小家，越住越大》在当当网上被归类为家庭、家居类图书，可以说是相对小众的图书类型，出版社通常不会期待其有过高的经济效益，属于市场份额较小的图书。但《小家，越住越大》这样的小众图书不仅在家庭、家居类图书畅销榜中登顶，还成功进入了非虚构类畅销书榜单，成为近年来十分畅销的生活类图书。这样的销售成绩也和精准定位读者、扩大读者范围的策略有关。《小家，越住越大》的作者逯薇最初是在网络平台上分享自己在工作中看到的家居装修问题，久而久之，就在微信公众号上拥有了一批忠实的读者。这些群体与该书的读者群体有很大一部分重合，主要集中在对家居、装修感兴趣或者有需求的人士，但这本书将这样数量极其有限的目标读者扩大到了对生活有追求的所有群体，主要是基于大众对"家"的美好向往，让人感受到这本书不仅仅在讲知识，而且在传达一种生活态度。专业的作者、手账的形式和精美的包装，使目标读者扩大到了不分年龄、不分专业、不分对装修是否有需求的广大读者群体。除此之外，该书推出的礼盒版还拓展了适用场合，不仅可以作为乔迁礼，还可以进行企业定制，进一步挖掘出了潜在读者。

（二）准确把握流行趋势

1. 家居市场的空白

随着人们对更高生活品质的追求，人们对于家的理解也在变化，从仅仅是饮食起居的住所到反映个人生活品质和精神寄托的载体。

《小家，越住越大》的营销编辑指出，2016 年该系列第一本图书出版之时，大家居行业是混沌和迷茫的，来自瑞典、丹麦、日本等发达国家的生活方式和理念被炒得很热，但在国内很难进行实际运用，尤其是针对一些中国式的居住痛点没有可行的解决方案。

《中国现代家装与生活理念白皮书》指出，中国家居设计的趋势是减少繁杂堆砌的装饰手法，更多的是对功能、空间的理解和精神层面的思考。越来越多的设计师开始关注空间的开放性和原始的表现力。《小家，越住越大》一书正是意在利用一本小书搞定居住烦恼，针对中国家庭生活方式、贴合中国主流中小户型，把房子住成家的智慧。该系列书各自的侧重点不同：《小家，越住越大》主要侧重人们最为关注的"面积小，东西多"的居住痛点，解决关于如何规划空间的收纳问题；《小家，越住越大 2》侧重于解决人们对于各房间功能规划的迷茫，帮助想要提升生活品质的读者；《小家，越住越大 3》则是解决房屋整体的颜值问题，帮助人们更好地搭配房屋的各要素。这套书有效地填补了家居图书市场的空白，提供了一套完整的居住知识图鉴，可以说是一套中国人自己的居住宝典。

2. 阅读潮流读图化

随着生活节奏的加快，阅读也进入了读图时代。将复杂晦涩的信息图示化可以快速地吸引读者，便于读者高效地理解，更加准确、清晰地传递信息。人们越来越倾向于图片、漫画这种喜闻乐见的图书形式。近些年来，漫画不仅活跃于少儿图书市场，大众图书市场中介绍历史类、经济类知识的图书也走向了漫画化的风格，而且都取得了比较不错的成绩，例如，2021 年《半小时漫画史》系列图书总发行量达到了 2000 多万册，可以看到这类图书在市场中很受读者的欢迎。

英国著名心理学家泽基认为，人的视觉感受比语言描述要强大得多，因为视觉系统的进化，比语言系统进化经历的时间要长得多。"读图"时代的到来，不全是因为新媒体的出现，还因为其契合了人们的天然喜好。《小家，越住越大》一书就是将专业的家居、设计知识通过手绘漫画以手账的形式展现，迎合了当下人们的阅读潮流。

（三）装帧形式独特

"小家，越住越大"系列图书分别采用了轻快明亮的黄、绿、橙色作为封面主题色调，搭配黑色字体的可爱书名，让读者眼前一亮。该书的封面主要是由内文中的插图组成，将一些读者重点关注的收纳、装修相关的漫画插图平铺展示，成功吸引住读者。该系列图书能在家居图书市场中被读者快速发现，也是因为其封面手绘卡通插画的画风给人一种亮眼、轻松的初印象。其实家居类图书封面大多选用家居设计的实景照片，这种封面虽然很普遍，但更像是一些杂志的封面，相对来说比较平淡、严肃，让人一眼看过去抓不到这本书的特色和重点。而"小家，越住越大"系列图书的封面无论是在书店的家居类书架上，还是在网上购物平台的缩略图中，颜色的饱和度、跳脱的风格和突出的颜值都能获得读者更多的青睐。

不仅如此，一般的家居类图书多选用大开本以用更大、更清晰的图片来全面地展现房屋设计的细节，且多为平装，但"小家，越住越大"系列图书全部采用小开本和精装设计，更加贴合图书手账或记事本的风格，图书内页也采用了手账风格的底纹，给读者一种亲切和精致的感觉，同时也便于随时随地翻阅。

（四）提升文本内容可读性

1. 作者专业度强

"小家，越住越大"系列书的畅销在于其拥有的优质内容。内容是一本书能持续畅销的关键因素，对于一本家居生活类的小众图书来说，实用是它的第一要义。该书的作者逯薇从事建筑工作十余年，是国家一级注册建筑师，为行业内的精英人士，对于相关的家居知识掌握得十分牢固。不仅如此，她还在实践中有着自己的一套见解和认知，曾对近千户住宅进行过入住访谈，对于中国住宅问题有着深入的了解。她在住户回访中发现大部分的家庭空间都处于低效的使用状态，并逐渐意识到"房子的设计师"永远不能替代"住在房子里的人"，所以她通过多年积累的工作经验，提出了"房子不等于家，房子加住商才等于家"的"住商体系"概念。

2. 概念具有独创性

"住商体系"是作者逯薇在此系列图书中提出的最核心的知识概念，具有独创性，认为家主要包含四要素，分别是收纳、功能、颜值和爱。从下往上逐级夯实，收纳和功能是家的下层基础，颜值是家的上层建筑，爱则是家的精神内核。"小家，越住越大"系列图书就基于"住商体系"来展开的，每册书在收纳、功能、颜值几方面均有涉及，只是侧重点不同。收纳部分主要内容有收纳规划，对玄关、客厅、厨房的空间规划，定制家具与洗面化妆、衣帽空间的规划；功能方面主要内容包括餐厅、卫浴、租房改造，飘窗利用、儿童空间、灯光搭配、高效家务；颜值方面主要内容包括风格密码、配色捷径、装饰关键、选画挂画、混搭技巧。书中这些内容也是按照一定顺序循序渐进讲述的，从开始的理念矫正、断舍离、收纳再到各大功能区设计，再到最后整体颜值的设计，从理念到行动，点面结合。

基于"住商"这一概念，作者开篇就提出了"如何打造美丽的家"这个读者非常关心的问题,从而吸引读者从后文探寻答案。作者指出打造美丽之家的真正秘密在于"四个不等式",针对性地提出了"房不等于家""设计师不等于居住者""住得更大不等于住得更好""家的面积不等于家的容积"这四个关键性的问题。不同于传统家居生活类图书的内容,作者颠覆大众认知,明确表示努力买套大房子、聘请专业设计师、购买名牌家具不是打造美丽之家的秘密,这不仅展现了"小家,越住越大"系列图书的与众不同,还使读者拥有了继续往下阅读的信心和兴趣。

3. 枯燥内容轻松化

"小家,越住越大"系列书的所有内容都采用手账笔记的形式展现,将枯燥、繁杂的家居住宅知识结合作者 300 余幅手绘和手写字体呈现给读者,知识干货搭配漫画,笔调轻松、简单易读的形式让很多读者爱不释手。其实市面上将专业知识配以图片来提高图书适读性的案例很多,但"小家,越住越大"系列图书的卖点不仅仅在于精美绝伦的插图,也在于每幅插图都在为内容服务,简洁却精准地让读者快速理解具体内容,掌握家居设计等方面的要领。

作者让专业家居知识变得有趣,使行业知识大众化、轻松化,把复杂、晦涩的家居知识以实用、好看的形式传递给读者。比如书中讲到"餐桌覆盖率"这一话题时,作者不仅将不同覆盖率的实景餐桌直观地展现出来,还与读者讨论餐桌上具体有什么,问答式的聊天形式一下子拉近了与读者的距离,不仅让读者感受这一问题的普遍性和真实性,也引发了读者的共鸣感,轻松亲切的阅读体验中不失逻辑性和专业性,专业的知识中又有畅达俏皮的解释,这是这套书成为畅销书的重要秘诀。

4. 内容有效满足读者需求

"小家,越住越大"系列图书内容实用性强,比如针对房屋面积小这一问题,作者给出了收纳技巧这一解决方案,通过数据和案例阐明了收纳是家在理想与现实中的平衡术，用大量图文讲述了"家的四级收纳容器"和"收纳应各处均布""占地 12%""立体集成""二八原则"四条收纳方面的合格标准。最后，给出了针对中国家庭的方案和房间每一个要素的收纳注意事项，大到家具应该采用什么样的摆设格局，小到标签上的文字大小应怎样选择。

全书内容都是以人们家居生活中出现的问题为切入点，探讨如何解决这些问题，提出一些实用性法则，并举例说明这样解决的实际效果，给出了不同情形的替换方案，既调动了读者的积极性，也兼顾到了实用性和可操作性，让读者有节奏地和她一起规划自己的小家，画一画简单的图纸，量一量抽屉的尺寸，对比着书上提到的内容走到家里的每一个角落去观察。

全书内容围绕"房子并不重要，重要的是住在里面的人"这一核心观点展开。作者也在前言中说："家"是由类似硬件的"房子"和软件的"人"组成的，"房子里的设计师"永远不能替代"住在房子里的人"。社会新闻经常报道一些明星设计师设计的房屋在几年之后重归原样的现实，也有在外打工租房的年轻人、住学校宿舍的学生把原先简陋的居住环境通过简单改造，最后打造成了美丽的小家的现象。从这些案例中可以看到，作者非常了解家居生活类的图书究竟要给读者带来什么，应提升居住者自身的"软件"水平而非介绍难以理解的专业设计知识、枯燥的家具购买建议等。

在简书、微博、小红书等平台上，可以看到很多读者在阅读此书后分享自己在家实践的成果，无论是改变一个家具的摆放位置还是打造了参考书中思路的整体电视柜，都体现了作为一本家居类图书的社会效益，满足了读者的需求。

（五）图书系列化

《小家，越住越大》在 2016 年刚出版时还没有决定策划成系列图书，但随着第一册图书的热卖，中信出版集团分别在 2017 年、2019 年相继出版了该系列书的第二册和第三册，并且在 2020 年出版了全套书纪念版。通过出版系列图书和成套销售的策略，可以延续产品的生命力、增强粉丝黏性，在后续图书出版的时候就会带动前面图书的销售。根据开卷监测数据，这一系列三本图书，除了新书发布的时间，其余时间段销量数据趋势线基本重合，说明大多数读者都选择了成套购买。

（六）全媒体、多渠道宣传

出版社于 2016 年举办了沙龙式新书分享会，2018 年进行了住商启蒙全国巡讲，2019 年巡讲现场增设了每位读者跟随逯薇一起叠住商模型的环节，落地活动总计有数十场。作者本人对新书推广活动全面配合，还参与了各地的新书分享会、节目录制、签售等活动。

"小家，越住越大"系列图书通过读书类微信公众号"十点读书""有书""一条"等发文推荐宣传，还在一些家居专业类公众号上得到宣传，如"时尚家居""PChouse""好好住""住范儿"等。发布在"一条""黎贝卡的异想世界""有品生活""每天只种一棵草""小蛮蛮小"上的文章都有超 10 万次点击量，"住范儿"上的文章阅读超 7 万次。不仅如此，逯薇本人的公众号"家的容器"也极大地推动了此书的销售和宣传，有 4 篇涉及图书宣传和分享的文章阅读量破 10 万。

除了微信公众号，推广的自媒体矩阵还包括微博、抖音、小红书、豆瓣等平台。2020 年上海书展，《小家，越住越大》百万册纪念礼盒发布。书展活动现场，抖音和腾讯看点同步直播，还录制了开箱和剧情类视频在活动预热环节发布。

在销售渠道上，还有定制产品的跨界合作，如在《小家，越住越大 3》的北京分享会中，出版社根据图书内容中关键元素——家具搭配的 3×3 原则，与中信书店联合打造创意饮料"3×3"，饮料颜色搭配图书封面颜色。

四、精彩内容欣赏

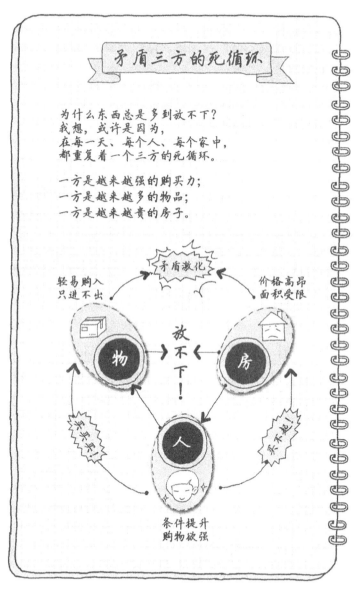

（节选自《小家，越住越大》第 16 页）

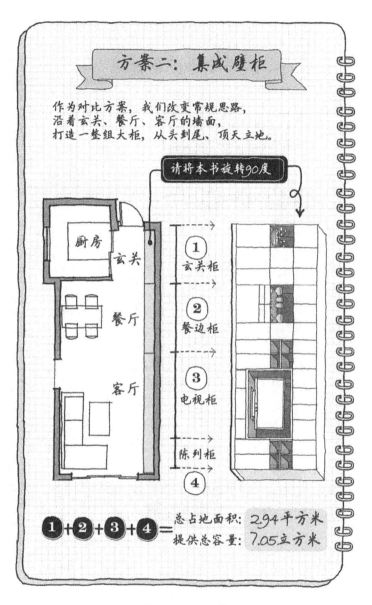

（节选自《小家，越住越大》第64页）

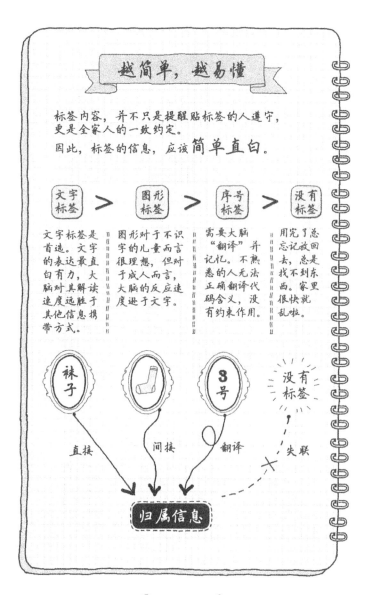

（节选自《小家，越住越大》第 110 页）

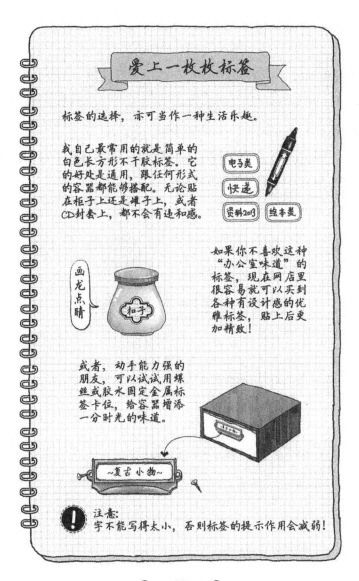

爱上一枚枚标签

标签的选择，亦可当作一种生活乐趣。

我自己最常用的就是简单的白色长方形不干胶标签。它的好处是通用，跟任何形式的容器都能够搭配。无论贴在柜子上还是罐子上，或者CD封套上，都不会有违和感。

电子类
快递
资料2013　绘本类

如果你不喜欢这种"办公室味道"的标签，现在网店里很容易就可以买到各种有设计感的优雅标签，贴上后更加精致！

画龙点睛

扣子

或者，动手能力强的朋友，可以试试用螺丝或胶水固定金属标签卡位，给容器增添一分时光的味道。

~复古小物~

注意：
字不能写得太小，否则标签的提示作用会减弱！

111

（节选自《小家，越住越大》第111页）

五、相关文献推荐

[1] 出版商务周报 . 畅销百万册，长年位居排行榜第一，这套书如何脱颖而出？ [EB/OL].（2020-08-17）[2021-09-01]. https：//3g.163.com/dy/article/FK6R 440H0512DFEN.html？ clickfrom=subscribe.

[2] 段艺 . "读图"时代下纸媒的"可视化"设计技巧思考 [J]. 西部皮革，2019，41（20）：119-119.

（执笔人：王佳丽）

案例十九："大中华寻宝"系列

一、图书基本信息

（一）图书介绍

书名："大中华寻宝系列"

作者：孙家裕

开本：16 开

定价：35.00 元 / 册

出版社：二十一世纪出版社集团

出版时间：2012 年 8 月

（二）作者简介

孙家裕，中国台湾著名漫画家，1960 年出生于台北，"漫画中国"系列作品创始人。其创作的漫画作品数量已达百部，多次入选中国台湾地区畅销书排行榜，曾荣获中国文化艺术政府奖首届动漫奖"最佳动漫出版物奖"第一名、国家动漫精品工程创意奖、国家动漫精品工程产品奖、全国优秀美术图书"金牛奖"、中国台湾文化类最高荣誉"金鼎奖"等，并入选国家新闻出版广电总局"原动力"中国原创动漫出版扶持计划。孙家裕多年来致力于寻找本土漫画图书的突围之路，以幽默、隽永的故事和鲜活、生动的形象将传统经典用漫画语言表现出来，使年轻读者更容易熟悉经典。

二、畅销盛况

"大中华寻宝系列"是一套中国风元素浓郁的原创知识漫画书，由著名漫画家孙家裕编创，二十一世纪出版社集团出版。"大中华寻宝系列"全套共 34 册，2012 年开始出版，截至 2022 年 6 月共出版 29 册，单本最高印数超过 100 万册，全系列累计销售超过 3000 万册，显示出优质原创内容蓬勃的生命力。值得一提的是，2020 年 5 月《大中华寻宝系列·海南寻宝记》一经上市，就冲破了童书市场被疫情阴霾笼罩的低迷态势，仅 1 个月的销量便突破 40 万册，连续位居开卷少儿畅销书排行榜第一位，可见"大中华寻宝系列"的品牌形象力之广、读者认可度之高。

从经济效益来看：2018 年，"大中华寻宝系列"发货码洋 1.67 亿元；2019年，发货码洋达 1.91 亿元；2020 年，发货码洋约达 2.2 亿元。从社会效益来看，"大中华寻宝系列"获得 2020 年度中国版权最佳内容创作奖、2019 年中国出版协会第七届中华优秀出版物（图书）奖、2019 年中国文化 IP "金竹奖"最佳原创作品奖、2018 年度桂冠童书奖、2015 年第三届少年中国少儿文化作品漫画银奖等诸多奖项。

目前，该系列图书的版权已输出到东南亚多个国家和地区，将中华大地的人文风情与地理风貌传播至海外，让更多的海外儿童认识了中国、了解了中国。

三、畅销攻略

（一）内容：扎根中华优秀传统文化，打造少儿文化创意符号

"大中华寻宝系列"的定位是具有浓郁中国风的原创知识漫画书，主要读者群体为 7~14 岁中小学生。该系列书通过生动的漫画形象、有趣的故事情节和丰厚的文化底蕴吸引读者，让每一位小读者在阅读中感受中华优秀传统文化的魅力，增加文化认同感，从而树立正确的文化观和价值观。

1. "有用"与"有趣"的完美结合

该书以漫画为表现形式，以扣人心弦、引人入胜的寻宝故事为逻辑架构，将祖国的地理风貌、历史遗迹、文化艺术、风味美食、风俗习惯等海量知识点巧妙地融入漫画故事中，为广大读者提供了一次知性与感性的纸上之旅。

此外，每个漫画章节后还加入了"顶呱呱的地理常识"知识页，用实景照片、文字资料、示意图等对我国各地区的自然地理和人文历史知识进行了生动的讲解和全景式展现，拓展了小读者的视野，提高了小读者的人文素养，让孩子们认识到特定地理环境和特定文化之间的联系。

以往漫画书的销售难点是，家长和教师认为孩子沉溺于漫画书会使成绩下降，因此会反对孩子购买漫画书。而"大中华寻宝系列"兼具知识性和娱乐性，通过形象生动的漫画和幽默逗趣的人物对话将丰富的地理和历史知识传递给小读者，真正做到了寓教于乐，家长和老师也鼓励孩子看这类漫画书，出版难点由此变成了亮点。

2."寻宝"故事架构，参与感强

"大中华寻宝系列"采用了少年儿童感兴趣的"寻宝"故事架构，讲述了一群睿智机敏的寻宝少年队，联合具有五行属性的千年超能神兽们，游遍祖国各地，展开一次次惊险刺激、扣人心弦的寻宝故事。如在北京破解古老的童谣，寻觅七把钥匙封印的神秘宝藏；在重庆追寻神秘头骨，探寻亚洲古人起源的密码；在浙江搜寻欧冶子的五把稀世名剑和失落的越王勾践的宝藏……以儿童为主角的寻宝故事与其心性相契合，尊重儿童的主体性，提升了小读者的参与感。古老珍贵的国宝，丰富多彩的风土人情，神秘猖狂的夺宝人，一波三折的夺宝大战……吸引着广大小读者同夺宝少年队一起不畏艰险地踏遍祖国各地，分析推理，破解暗码，共同对抗邪恶势力，守护浩瀚的国宝。

3.灵动传神的人物形象

在"大中华寻宝系列"创作前，主创人员曾多次进行市场调研，在充分理解不同类型的儿童心理的基础上，从儿童的视角出发，为每个寻宝队员赋予了亲切、真实、极富感染力的人格化形象，将每个人物塑造得生动、鲜活。米克身手灵活，爱耍嘴皮子，鬼点子很多，是寻宝队的核心人物；月半自称"食神"，食量惊人，胆小怕事；卡卡是富家子弟，因拥有一堆信用卡而以"卡神"自居；果果是寻宝队中唯一的女孩，也是米克的"死对头"，她性格直率、正义感强，擅长平板回旋斩。极具亲近感、感染力、辨识度的卡通形象真实再现了这群性格迥异、活泼可爱的寻宝队员（图1），极易赢得小读者的好感。

图1 "大中华寻宝系列"中的寻宝队员

4.神兽设定创新，深受孩子喜爱

"大中华寻宝系列"中小读者最喜欢的元素就是卡通神兽（图2）。这些神兽形象都是从中华文化的图腾里提炼出来的，神兽的不同属性和超能力则是依据中国五行八卦排列及相生相克的原理设定的。例如，"第一神兽"——"顶呱呱"的原型为麒麟，属于火系神兽，最拿手的法术是"三昧真火"；"金灿灿"的原型是金鸡，属于金系神兽，最擅长从金怪兽身上获得强大的能量；"慢吞吞"的原型为玄武，属于水系神兽，其绝招是"翻江倒海""落花流水"。这些神奇的属性和超能力不仅为故事增加了神秘色彩，激发了小读者的阅读兴趣，还使整本漫画浸透着浓郁的中国风，使中华优秀传统文化元素深入人心。

图2 "大中华寻宝系列"中的神兽

5. 倡导协作和勇气，契合人类共同的情感

一本童书要成为畅销书，必然要关注儿童成长中的共性问题，突出作品的思想性和人文关怀，给予小读者正确的指引。"大中华寻宝系列"在故事中处处展现着热爱祖国、友谊与勇气、正义战胜邪恶等思想。

在寻宝的过程中，寻宝队员们遇到各种困难都没有退缩，而是互相扶持、迎难而上。在阅读中，小读者们能够学会用智慧来寻找解决问题的方法，用勇气来面对不可预知的人生道路，用协作来战胜生活中的重重困难。故事中的宝藏也不仅仅是需要传承的传统文化瑰宝，创作者还想告诉小读者：成长为更好的自己，才是人生中最大的宝藏。

6. 画面精致，有中国韵味

"大中华寻宝系列"在画法上采取写实与抽象相结合的方法，场景更偏写实，人物更偏抽象，既能最大限度营造场景的真实感，又能使角色有更大的演绎余地，虚实结合，从夸张中体现真实。该系列的每一本书都着重体现了不同省份的独特之处，其记载的景致和民俗通过漫画的艺术再现，在保留了其独特韵味的同时还提升了审美趣味。比如《大中华寻宝系列·北京寻宝记》里描绘了极具老北京特色的胡同和四合院，灰墙朱门，鸟语花香，京韵悠长，不经意间处处显露着古都的文化气息和生活的睿智。又如《大中华寻宝系列·安徽寻宝记》里那些灰瓦白墙的徽派民居和《大中华寻宝系列·广东寻宝记》里的早茶，画的是平民小院，写的是家常小吃，却时时向孩子们传递着中华优秀传统文化的质朴与温情。在色调上，该系列图书多用红、黄、蓝色等较纯的中国民间色，鲜艳明快的色调更符合中国少年儿童的阅读和审美趣味。

（二）质量：严把图书质量关，守住产品生命线

在内容创作方面，该书创作者孙家裕对每本书稿内容的要求近乎苛刻，

每个页面都要经过反复打磨和推敲，书稿画好了又全部推倒重来的情况时有发生，而编辑人员从未催促过作者加快创作进度，为的是让作者打造好的内容。

在内容审校方面，编辑部门聘请了各省的图书馆馆长审稿并作序推荐，保证了图书质量和内容的权威性。同时还增加了外审校次，聘请专家为每一页漫画内容进行严格把关。比如为《大中华寻宝系列·新疆寻宝记》聘请了新疆教育工委负责学校图书审查工作的老师及新疆大学西北少数民族研究中心的研究员进行内容审核和把关，专家们对该书进行了十余次集体论证和修改，对新疆少数民族的马褂和头饰的图案、民族节庆的内容等都经过反复审定。

在书籍印刷方面，二十一世纪出版集团对本系列书建立了印刷质量监督机制，对重印图书进行色彩跟踪，严格把控书籍印刷各个环节，使每批次样书做到封面和内文人物颜色统一。

创作者的精益求精是该书高质量的基础，编辑部门的严格把关是该书高质量的重要保障，印制部门的质量监督更使该书的内容得到了高质量的呈现。各个部门通力合作，共同打造了这样一套经得起读者评价和市场考验的优秀图书。

（三）IP运营：深入挖掘IP价值，打造立体产业链

优质IP不仅是图书品牌价值获得高速增长的核心驱动力，也是收获消费者的根本法宝。IP运营要以优质的原创内容为基础，以成熟的品牌形象为依托，充分发挥其高附加值的属性，使其获得最具多样性的呈现及推广，形成品牌联动和产品方阵。"大中华寻宝系列"作为一套原创科普漫画图书，其所拥有的独特漫画元素和优质原创内容，具有广阔的IP开发空间。

为了使其IP价值得到最大程度的开发，二十一世纪出版集团专门成立

项目组，打通了编辑生产、营销推广、多媒体互动等环节，把"大中华寻宝系列"当作整体工程去布局，采用了以"大中华寻宝系列"IP 打造为核心，将原创 IP 向全产业链发展的管理模式，不断拓宽产品线：2015 年，"大中华寻宝系列"小说版问世；2018 年 4 月，《大中华寻宝系列·上海寻宝记》广播剧在"喜马拉雅"App 上线；2018 年 12 月，"大中华寻宝系列"同名动画片在央视少儿频道银河剧场首播，其收视率多日位列全国同时段动漫节目第一名；2020 年，科普漫画《恐龙世界寻宝记》加入"大中华寻宝记"家族；同年，主题 IP 客房也在上海凯悦酒店应运而生，为广大家长及孩子带来了一段寓教于乐的亲子欢乐时光。此外，该项目组还有步骤、有计划地将 IP 开发延伸至文创、游戏、儿童用品、文旅行业等相关业态，如打造低幼注音故事、历史寻宝记、手绘地图、脑筋急转弯、立体拼插等一系列衍生产品线，积极推动"大中华寻宝系列"实现纸质图书、影视动漫、游戏小程序、全民阅读推广等业态的互动，使"大中华寻宝系列"成为国内原创知识漫画领域的优质 IP 品牌。

此外，"大中华寻宝系列"IP 开发项目组还将目光投向海外，通过参加国际性的 IP 授权展，将该 IP 向游戏产业及周边商品开发的业态延伸，在国际范围内引爆"大中华寻宝系列"原创 IP，全力助推"大中华寻宝系列"这一传承中华优秀传统文化的大 IP 实现跨越式发展。

"大中华寻宝系列"的 IP 开发模式不仅使产品形态日益丰富，服务模式更加多元，还大大提升了"大中华寻宝系列"的品牌影响力，直接带动了图书的销量，有效延长了该系列图书的生命周期，使"大中华寻宝系列"朝着品牌化、系列化、产业化的方向快速发展。

（四）营销：全方位立体化营销，丰富品牌内涵

在图书的营销推广方面，二十一世纪出版社集团以全方位、立体化的营销推广方式，全面展开了以"大中华寻宝记"为主题的线上线下跨界营销，如"寻宝探秘营""中华寻宝大会"线上和线下知识竞赛等。丰富多样的营销活动拓展了品牌内涵，使该系列图书的品牌影响力不断扩大，品牌价值不断积累提升，从而使"大中华寻宝系列"不断焕发新的生机，创造新的销售高峰。

1. 线下营销：活动丰富多彩，成效显著

二十一世纪出版社集团以"大中华寻宝系列"为核心，举办了以弘扬中华优秀传统文化为主题的创意营销活动——"中华寻宝大会"知识竞赛，以紧贴童书内容的海量知识点为核心，以互动性极强的竞赛抢答为表现形式，受到了小读者的热情欢迎。目前"中华寻宝大会"已在全国1000多个城市的展会、书店、图书馆、学校举办宣传活动上千场，覆盖读者超过10万人次。例如2018年7月，第十八场"中华寻宝大会"在江苏省第八届书展上举办，"中华寻宝大会"完美契合此次书展主题——"激发阅读需求"，让小读者们在寻宝故事中了解博大精深的中华文化，在比拼知识的竞赛过程中激发阅读兴趣，将该系列图书的阅读与现场活动紧密结合在一起，受到了广大家长和小读者的一致欢迎。活动结束后，书展上的《大中华寻宝系列·江苏寻宝记》被抢购一空。

此外，二十一世纪出版社集团还在全国范围内建立"中华寻宝大会"推广团队，开展公益校园行、百城千店大促销、场景化互动体验、"大美中华杯"征文大赛等活动，积极拓展阅读推广资源，以全新的阅读分享方式给小读者们带来了崭新的阅读体验，取得了良好的宣传效果。

根据开卷和当当网2018年的统计数据，在"中华寻宝大会"知识竞赛的助推下，"大中华寻宝系列"在2018年1月至5月销售了109.2万册，同比增长83.62%，其中实体店销售同比增长32.43%，网站销售同比增长94.07%，成效十分显著。

2.线上营销：探索新兴渠道，开展互联网创意营销

二十一世纪出版社集团为"大中华寻宝系列"制定了专门的线上营销策略，以新媒体融合的方式开展互联网创意营销，如"轰炸式"直播、专家知识专栏连载等，以全国新华书店为支点，以线上 H5 为核心，营销活动贯穿全年，合力引爆畅销产品的市场燃点，进一步扩大品牌影响力。

首先，发布"中华寻宝大会"线上活动。"中华寻宝大会"微信小程序 2.0版再度开启在线知识竞赛、有奖征集等活动，为了增强在线答题的吸引力和趣味性，活动设置了竞赛领取、获取积分和荣誉兑换等功能。在线问答活动结束之后会在所有参加者中评选出前三十名，获奖者有机会参加上海书展的颁奖典礼，交通费和住宿费都由二十一世纪出版社集团承担。

其次，组建了一支由编辑、作家、专家、阅读推广人组成的营销推广阵营，在当当网、京东、天猫等多个电商平台进行直播。例如，《大中华寻宝系列·海南寻宝记》出版后，编辑部与发行公司联合当当网及天猫、抖音平台进行了一百余场直播，总观看人数超过 37 万人，带货实洋超过 15 万元，为《大中华寻宝系列·海南寻宝记》带来了更大曝光率。

再次，布局短视频，获取流量红利。团队根据"大中华寻宝系列"的内容拍摄了多个趣味小视频，在抖音等短视频平台推广，在全方位展示图书的同时，还分享了这套书的创作历程和创作背后的故事，赢得了更多读者的关注。

最后，积极运营自媒体微信公众号"大中华寻宝记""寻宝战队"，开设专栏并每日更新文章。2018 年至今已更新微信公众号文章 1000 余篇，最高阅读量达 10 万以上，总粉丝数突破 40 万，扩大了该图书品牌的社会影响力。

二十一世纪出版社集团正是充分运用各渠道的整合营销策略，加大线上渠道推广力度，构建立体化营销网，才助推了"大中华寻宝系列"图书的销量不断攀登新的高峰。

四、精彩内容欣赏

23

24

25

（节选自《大中华寻宝系列·北京寻宝记》第 23-25 页）

五、相关文献推荐

[1] 张艾宁.打造一座具有无限IP开发空间的宝库［J］.出版人，2020（9）：42-43.

[2] 刘佳.童书跨界营销的探索——以"中华寻宝大会"超级IP推广为例［J］.出版广角，2019（19）：54-56.

[3] 崔磊.原创童书IP产业化运营路径探析［J］.出版广角，2020（14）：57-59.

[4] 张艾宁."大中华寻宝记"何以称霸少儿漫画市场［J］.出版人，2018（3）：47.

（执笔人：陈颖）

案例二十:《皮皮鲁送你100条命》

一、图书基本信息

(一)图书介绍

书名:《皮皮鲁送你 100 条命》
作者:郑渊洁
开本:32 开
字数:100 千字
定价:20.00 元
书号:ISBN 9787534291203
出版社:浙江少年儿童出版社
出版时间:2016 年 2 月

(二)作者简介

郑渊洁,1955 年 6 月 15 日出生,1977 年开始文学创作。1985 年创办的《童话大王》杂志只刊登郑渊洁一个人的作品,至今已出版 36 年,创下独自一人长期写杂志的世界纪录。郑渊洁作品书刊总销量超过 3 亿册,全部由孩子和家长自主选择购买。郑渊洁笔下的皮皮鲁、鲁西西、舒克、贝塔等童话人物影响了中国 20 世纪 70 年代至 21 世纪 10 年代 5 代读者。

2008 年联合国向郑渊洁颁发"国际版权创意金奖"，表彰他创作了众多经典作品。

汶川地震和玉树地震时，郑渊洁向地震灾区的孩子捐款 150 万元，中华人民共和国民政部授予郑渊洁"中华慈善楷模"称号。

二、畅销盛况

最早版本的《皮皮鲁送你 100 条命》于 2011 年由二十一世纪出版社出版，浙江少年儿童出版社出版的《皮皮鲁送你 100 条命》是经修订的新版本，首印于 2016 年。至 2020 年，不到 5 年的时间内该版本加印 14 次，总印数高达 45 万册。

据不完全统计，《皮皮鲁送你 100 条命》各版本（新旧版本、精编版、少儿版等）总销量超 300 万册。

二十一世纪出版社的《皮皮鲁送你 100 条命》在亚马逊商城中的《新京报》排行榜"书香榜·儿童"榜单中高居前十名。

三、畅销攻略

（一）作者具有知名度

郑渊洁是我国非常有名的儿童文学作家，他的图书已畅销几十年，积累了非常庞大的忠实读者群。他的一些读者已为人父母，会给自己的孩子购买郑渊洁作品。郑渊洁所创作的图书，基本都是畅销书，这源于他优秀的想象力、深厚的写作功底与长期的积累。

他经常在抖音、微博等社交平台回复读者评论，风趣幽默，多次登上热搜榜单，这为他的图书作品增加了知名度。他的微博中也有大量与作品相关的文字、音频、视频，为他笔下的系列 IP 做了宣传推广。郑渊洁也很配合出版方的宣传活动，积极参与签售、讲座、演出等活动，促进了作品的销售。

郑渊洁本人的知名度与影响力，是该书得以畅销的重要原因。

（二）内容贴近读者

1. 内容主旨符合读者需求

该书的核心内容与主旨是在故事中教会小读者必备的安全常识，让小读者有保护自己的基本能力。该书涉及的 100 条安全常识，既包括面对自然灾害时的自救技巧，也包括电器等生活用品的安全使用方法，还包括不嘲笑同学、不抄袭、不说脏话等人格教育相关内容。作者考虑全面，作品内容翔实，对少年儿童有很大帮助。

让孩子平安健康地成长是每个家长和全社会的共同心愿，家长们愿意为了保护孩子的安全而付出。很多家长都想为孩子系统地讲解安全知识，但是苦于时间、精力和能力的限制，这就需要求助于图书资料。另外，该书用讲故事的方式讲述知识，符合儿童的阅读兴趣，对他们非常有吸引力，小读者们爱读、爱看、爱学。

2. 人物与场景为读者熟知

在该书中共有 7 个主要人物，分别是皮皮鲁、鲁西西、舒克、贝塔、罗克、郑渊洁和郑亚旗，他们自称"皮皮鲁城堡七贤"，在"皮皮鲁城堡"里对"城堡居民"进行安全宣讲。这 7 个人物，对于阅读过郑渊洁作品的读者来说都非常熟悉。其中，皮皮鲁和鲁西西是一对双胞胎，是小学生；舒克和贝塔是两只会开飞机和坦克的老鼠；罗克是一只大灰狼，出自《大灰狼罗克传》；郑渊洁是该书作者，郑亚旗是郑渊洁之子，将真人写入童话故事也是郑渊洁的一贯风格。

"皮皮鲁城堡"作为该书的主要场景，里面包含了很多个在郑渊洁其他作品中出现过的场景，如《月球监狱》中的月球下水道、《鲁西西外传》中的零食王国等。

郑渊洁笔下的人物，经过长时间的检验，深受读者喜爱，每个人物都有各自的性格特点与行事风格。该书沿用之前的人物，迎合了读者的喜好，使读者更有意愿购买此书。另外，因为有熟悉的人物与场景，读者们阅读起来会更加轻松，可以有更好的阅读体验与阅读效果。

3. 叙事方式吸引读者兴趣

该书内容以对话形式为主，在主人公们的对话中，将100条安全常识传达给读者。对话的大量运用，使读者们有身临其境的参与感，拉近了读者和童话世界的距离，也加深了读者对书中核心内容的记忆。例如该书"第26条命：用电不触电"中就有如下对话：

皮皮鲁说："皮皮鲁城堡里好玩的地方太多了。"郑渊洁说："我提议咱们今天离开皮皮鲁城堡吧。我离开原来的家时，好像忘了关闭电源总闸，我得去关闭。"罗克说："离开家超过3天，就要关闭总电源。"

这段对话的背景是皮皮鲁等人到皮皮鲁城堡游玩，遇到了很多熟人，流连忘返。作者以对话的形式，非常自然地告诉读者"离开家超过3天，就要关闭总电源"这一安全常识，寓教于乐的形式非常适合小朋友。对话多用口语形式表达，口语化的文章通俗易懂，使儿童读起来没有障碍，可以轻松理解。

除了大量运用对话，作者还在讲述安全常识中插入连续的故事。例如，"第86条命"至"第100条命"，讲述了一个完整的故事，但是这个故事被分为很多段。读者按顺序阅读，读一段童话故事，学习一条安全常识。这种阅读节奏会使读者感到轻松有趣。可见，作者对于文章节奏和小朋友阅读习惯的把控非常娴熟。

4. 图文并茂提升阅读体验

正文前有4页彩色插图，正文中则添加了大量的黑白卡通插图。

正文前彩图分别是书中人物卡通形象展示、书中人物简介和作者简介。虽然皮皮鲁、鲁西西等几个主要人物在郑渊洁的书中出现过多次，但是为了吸引新读者、不让新读者因为不认识人物影响阅读体验，所以在文前添加了带有卡通人物形象的人物职业、性格简介。

书中的黑白卡通插图由碧悠动漫、布克布克等多个漫画工作室绘制，分别插入书眉、标题旁边与每一章之后，既装饰了版面，使版面更为美观，又图文并茂，提升了阅读体验，加深了读者记忆。

（三）形式新颖独特

1. 书名标新立异，有效吸引读者

《皮皮鲁送你100条命》书名标新立异，用词简洁直接，能在第一时间吸引读者的注意力。

其中，"皮皮鲁"不仅是该书的主人公，更是小读者和大读者们都很喜爱的童话人物，他陪伴了几代人的童年，是家长们和孩子们共同的童年记忆。以"皮皮鲁"做书名关键词，吸引的不只是该书的目标读者——有一定识字能力的小学生们，还吸引了阅读过或听说过"皮皮鲁总动员"系列图书的愿意为该书买单的家长们。

"送你100条命"的说法非常新奇，是在平常生活中几乎使用不到的说法。因此读者会产生好奇，去探求"100条命"到底指的是什么，从而翻开书页或点击链接查看详情。这"100条命"指的是100种遇到危险的时候的逃生方法，这本书其实是一本安全科普图书。家长们最在意的就是孩子们的生命健康安全，这种标题会吸引家长们的兴趣。

2. 封面重点突出，有效传达信息

书名字号较大，采用烫银工艺，突出标题，尤其是题目中的"皮皮鲁"三字。

封面主题背景图为象征灾难的巨型"怪兽"，"怪兽"背后有火山、脚下有洪水。大灰狼罗克手持盾牌面向怪兽，皮皮鲁和鲁西西面露惊慌急忙逃走。背景图显示了该书的主要内容：教会小朋友对抗危险的方法。

封面左下角是"联合国评选的全球十大图书"的标识，采用烫金工艺。这一称号由联合国授予，含金量很高，可以说服一部分读者选择购买此书。封面还标有"皮皮鲁总动员经典童话系列"及作者郑渊洁的名字，突出经典 IP 与作者品牌。

封底有"郑渊洁童话总销量 3 亿册"的标识，用数据说话，使读者更加信赖郑渊洁的作品，从而坚定购买决心。封底还有皮皮鲁等五位主人公的卡通形象和浙江少年儿童出版社及"皮皮鲁总动员"品牌的公众号二维码，推动品牌立体化运营。

3. 装帧形式统一，促进品牌营销

该书采用普通胶装的装订形式。前勒口是该书内容简介和郑渊洁微博账号二维码，吸引读者关注，同时带动本系列其他图书的销售。后勒口是郑渊洁其他作品的推广，如"郑渊洁四大名传系列""郑渊洁十二生肖童话系列"等，与其他系列作品相互宣传。

出版方对郑渊洁系列作品进行了整体的装帧设计，系列作品的印刷纸张、装订方式、封面布局等基本保持一致，只调整书名与封一的背景图，背景图也保持风格一致，大大提高了系列图书的可辨识度。背景图颜色较为鲜艳，在书店售卖时会更加吸引目标读者。

(四)营销瞄准目标读者

1. 品牌推广,整体运营

郑渊洁在写作时,有意将各个故事中的人物联系起来,使他们出现在同一个环境中,如将皮皮鲁和舒克、贝塔写为好朋友,这为做整体品牌推广提供了条件。自从 1985 年《童话大王》创刊以来,皮皮鲁、鲁西西、舒克、贝塔等人物就深受读者喜爱。

微信公众号"皮皮鲁总动员"、微博"@皮皮鲁""@鲁西西"是该品牌官方账号。官方账号在进行宣传推广时,不是针对某一本书或者某一个角色进行宣传,而是对整体 IP 进行演绎与说明,使推文趣味化、形象化,整体提升郑渊洁笔下 IP 的知名度。

2. 低价策略,实现"双效"

该书共 7 印张,定价 20 元,与同类图书相比定价明显偏低。

图书市场尤其是童书市场竞争非常激烈,每年都有大批新书出版,且大部分新书面向一二线城市儿童,定价较高。这部分读者家庭经济状况较好,家长也非常重视对孩子的教育,有意愿、有能力为儿童阅读付费。而该书另辟蹊径,采用低定价策略吸引收入中等的读者群体。这一策略不仅可以打开中小城市和农村地区的销路,以销量保利润,实现经济效益,更可以向中小城市及农村儿童普及安全常识,实现良好的社会效益。

3. 多种纸书,满足需求

"皮皮鲁总动员"系列以"皮皮鲁送你100条命"为题出版了多品种图书。最先出版的是 32 开平装单色本《皮皮鲁送你 100 条命》,后续出版了 16 开彩色本《皮皮鲁送你 100 条命 郑渊洁给孩子的安全攻略》、全六册的"精编版"《皮皮鲁送你 100 条命 儿童安全百科》、全六册幼儿版《皮皮鲁送你 100 条命贴纸书》、全十六册《皮皮鲁送你100条命　儿童安全百科口袋书》等多个版本。

多个版本针对不同年龄阶段、有不同需求的小读者，而且各版本都有各自的特色和新加入的内容，所以各版本之间不是完全的竞争与替代关系，而是互相促进的关系。例如，购买了单色本的家长，发现书中的知识对于孩子的安全很有帮助，而且孩子对书中内容很感兴趣，就会选择购买内容更加丰富有趣的全六册彩色本。

4. 深度开发，立体运作

"皮皮鲁送你100条命"系列衍生出了同名舞台剧——"中国首部儿童安全关爱音乐剧"，并进行全国巡演。该剧以音乐和表演的形式，向儿童科普安全常识，深受观众喜爱，取得了良好的票房成绩与口碑。郑渊洁不仅在剧中出演角色，还在演出后进行签售活动，带动了图书产品的销售。该剧后更名为《皮皮鲁安全特工队》，并诞生了《皮皮鲁安全特工队——魔球危机》等系列音乐剧作品。舞台剧的宣传海报中也标注了"改编自郑渊洁作品《皮皮鲁送你100条命》"。

动画《皮皮鲁安全特工队》也是根据图书《皮皮鲁送你100条命》改编而来，已上线两季。凭借有教育意义的内容和精良的品质，受到广泛好评。动画形式突破了纸质图书的限制，利用鲜艳的画面、丰富的特效、优质的配音、动听的音乐来刺激观众的视觉与听觉，调动多种感官，使小朋友在观看动画片的同时收获安全常识。家长也不会排斥孩子观看此类动画，甚至会陪同孩子一同观看、共同学习。动画的热播进一步推动了《皮皮鲁送你100条命》纸质图书的畅销。

另外，"皮皮鲁关注儿童安全公益讲座"也已走进全国上千所校园，受到各地教委的关注和支持，并与检察院、公安局、妇联、团委、图书馆等部门、机构达成长期战略合作关系。走进校园，主要目的是将安全常识传授给儿童，降低儿童受到伤害的风险，但在客观上也促进了皮皮鲁系列图书尤其是《皮皮鲁送你100条命》的销售。

四、精彩内容欣赏

第26条命　用电不触电

皮皮鲁城堡七贤刚一聚会，大家就发现舒克和贝塔不大正常。舒克笑得合不拢嘴，贝塔不停吹口哨，喜悦之情难以掩饰。

袁猎猎问舒克："抓住巴拉娜了？"

贝塔说："见到同胞了！"

郑渊洁说："海盗吧？"

贝塔说："九鼠！"

罗克说："《九鼠复仇记》里的九鼠。"

皮皮鲁说："皮皮鲁城堡里好玩的地方太多了。"

郑渊洁说："我提议咱们今天离开皮皮鲁城堡吧。我离开原来的家时，好像忘了关闭电源总闸，我得去关闭。"

罗克说："离开家超过3天，就要关闭总电源。"

贝塔说："坐五角飞碟去吧。"

皮皮鲁城堡七贤乘坐五角飞碟回到郑渊洁原来的家。

皮皮鲁说："现在我送出第26条命：用电不触电。"

贝塔说："现在的人，还真离不开电。但如果触电，就离开世界了。"

鲁西西说："电能让你拥抱世界，也能让你拥抱死神。"

郑渊洁说："见到闪电形状的红色警告标志，要保持安全距离。凡是红色的警告标志，都标志着危险。"

贝塔说："接线板是光明的交换站，也是死亡的中转站。不能用手触碰接线板上的黑洞。"

舒克说："拔除插头时，不能拽插头的电线，要拿住插头，另一只手按住接线板。切记不能用一只手从接线板上拔除插头。"

袁猎猎补充说："湿手不能接触接线板。"

鲁西西说："要知道家里电源的总开关在哪里。如果家里有人触电，不要去触碰他，而是关闭总电源。"

罗克说："不要在高压线下放风筝。"

郑渊洁说："我有个朋友，在高压线下钓鱼，扬起的鱼竿鱼线触碰了高压线，毁容。"

鲁西西说："用电的秘诀是请和电保持距离。"

七贤返回皮皮鲁城堡前，争先恐后帮助郑渊洁切断家里的总电源。

（节选自《皮皮鲁送你100条命》第68-69页）

第38条命　咽喉要道

皮皮鲁提议大家到大胖家里做客。

罗克问："为什么？"

舒克说："大胖每天都坚持写日记，他是皮皮鲁城堡里坚持写日记写得最长的人。"

袁猎猎说："日积月累，滴水成河，粒米堆成山，不停顿不阻塞。"

郑渊洁说："保持通畅很重要，做事是这样，人体也是这样。我现在送出第38条命：咽喉要道。"

罗克说："气管是生命的通道，不能让食物或者器物进入气管。一旦有食物或者器物进入气管，会窒息。"

贝塔说："花生米容易进入气管，吃花生米时不要嬉戏打闹，我有一次就被花生米呛到，幸亏舒克及时把我送到医院。"

鲁西西说："吃果冻时也要特别当心，容易进入气管，我建议不吃或慎吃果冻。"

袁猎猎说："不可以将笔帽等小对象放进嘴里含着。"

郑渊洁说："咽喉是人体要道，要严加守护。"

（节选自《皮皮鲁送你100条命》第90-91页）

第51条命　祸从天降

皮皮鲁城堡七贤童心大发，他们一同到了积木城玩积木。

鲁西西说："积木城出自《魔方大厦》。"

罗克和皮皮鲁玩抛接积木。

突然，皮皮鲁失手，一块大积木打到了罗克的脚，皮皮鲁道歉，罗克说："没事，幸亏我是狼，我爷爷的脚曾经被一只大象踩过都没事。"

袁猎猎说："我送出第51条命：祸从天降。"

舒克说："如果你住在楼房，切记不要从窗户或阳台向楼下扔东西。"

贝塔说："虽然我体重轻，但我知道重力加速度。"

舒克说："同样重量的东西，下坠的距离越长，击打的力量越大。"

皮皮鲁说："高空抛物能夺走他人的生命。"

郑渊洁说："夺走他人的生命，等于夺走自己的生命，因为你一辈子将受良心的谴责。"

鲁西西说："高空抛物表面上看抛的是东西，实际上抛的是自己的道德品质。"

罗克说："在窗台和阳台边上，不要放花盆等物品，以免碰落或被大风刮掉，将花盆变成炸弹，祸从天降。"

郑渊洁说："从楼上往楼下扔垃圾，相当于把自己变成了垃圾。"

（节选自《皮皮鲁送你100条命》第114-115页）

第 59 条命　杀人鱼

皮皮鲁城堡七贤又来到了脏话收购站的库房。

罗克问："怎么脏话收购站又有仓库又有库房啊？"

舒克说："这说明世界上的脏话很多。"

郑渊洁说："我一会儿去看看大嘴巴老板，我很长时间没见到他了。"

袁猎猎说："自从有了网络后，貌似喜欢骂人的人越来越多了。"

皮皮鲁说："据说，在网上爱骂人的人，在实际生活中都是胆小鬼。"

鲁西西说："我送出第 59 条命：杀人鱼。"

贝塔说："有种鱼叫食人鱼，杀人鱼我还没听说过。"

皮皮鲁说："所有鱼都是杀人鱼。"

罗克说："不是吧。"

舒克说："鱼刺就能杀人。"

袁猎猎说："是的，吃鱼时，如果不小心就会被鱼刺卡住。每年有不计其数的人会被鱼刺伤到食道。"

鲁西西说："鱼很有营养，要经常吃。但是在吃鱼时，一定要比平时吃饭加倍小心，精力要集中，不要说话，否则就会伤害到自己。"

郑渊洁说："为了安全，我们乘飞机时要进行安检。吃鱼时也要进行安检，我们的舌头、牙齿和大脑就是安检员。在确保万无一失的情况下，才能把鱼肉咽下。"

（节选自《皮皮鲁送你 100 条命》第 127-128 页）

第 62 条命　纸上谈兵

郑渊洁自从来到皮皮鲁城堡后，每天都要到林荫大道散步。趁着郑渊洁散步，六贤也都来到林荫大道。

舒克问郑渊洁："你今天为什么要穿夜行服？"

郑渊洁说："我昨晚去红塔乐园参加了一个篝火晚会，要求都穿夜行服。"

罗克说："皮皮鲁城堡居民的生活真是丰富多彩，每天都有无穷无尽的好玩的事情。"

皮皮鲁说："我送出第62条命：纸上谈兵。"

舒克说："不要以为纸软弱，有时候纸能像刀子那样锋利。"

鲁西西说："没错，我在学校就被纸划破过手。纸上也能兵戎相见。"

皮皮鲁说："我们班有个同学就曾被书角扎破了眼球。"

袁猎猎说："表面看柔弱的东西，有可能外柔内刚。"

贝塔说："可以在纸上写字在纸上看书，但不能让纸变成兵器伤害你。"

罗克说："我上学时，一位同学考试前向后传卷子，不小心卷子把后面同学的脸给划伤了。"

郑渊洁说："也不要从同学手里抢纸、书、卷子等纸制品。"

皮皮鲁说："我觉得'急速抽走'这个词比'抢'更准确，从同学手里急速抽走纸、书、卷子等有可能会将你的手划伤。"

舒克说："咱们是给大家送命，把手划伤和命没有太大关系吧？"

袁猎猎说："错。你知道白求恩吗？"

贝塔说："我知道，是加拿大的一位医生。抗日战争时，他到中国救治伤员。"

袁猎猎说："是的。白求恩就是因为救治伤员时，手指不慎被手术刀划破，感染到病菌，得了败血症，医治无效去世了。"

鲁西西说："石家庄有一座医院是以白求恩的名字命名的，是为了纪念他伟大的人道主义精神。"

罗克说："郑渊洁是在石家庄白求恩国际和平医院出生的。"

（节选自《皮皮鲁送你100条命》133-134页）

五、相关文献推荐

[1] 王胜蓝 . 新世纪十年本土原创儿童文学畅销书研究 [D]. 南京：南京师范大学，2012.

[2] 匡丽娜 . 二十一世纪出版社少儿图书营销策略研究 [D]. 青岛：青岛科技大学，2020.

[3] 夏宏 . 郑亚旗：经营父亲郑渊洁 [J]. 商，2012（21）：25-27.

（执笔人：李文哲）

案例二十一："这就是二十四节气"系列

一、图书基本信息

（一）图书介绍

书名："这就是二十四节气"（套装 4 册）

作者：高春香，邵敏 / 文；许明振，李婧 / 绘

开本：16 开

字数：20 千字 / 册

定价：25.00 元 / 册

书号：ISBN 9787511026118

出版社：海豚出版社

出版时间：2015 年 9 月

（二）策划创作团队简介

"这就是二十四节气"由中科知成绘本馆和海豚出版社共同策划出版，历时两年。中科知成绘本馆成员由一群历史地理发烧友组成，既有耄耋教授、中年博士，也有刚毕业的年轻人，他们都是图画书的忠诚读者，也是富有童心、关爱儿童成长的创作者。馆主高春香老师是"这就是二十四节气"的文字作者之一，也是该套书中小主人公牙牙的妈妈。她是教育学硕士出身，志愿"做最中国的书，让孩子读懂祖国，让世界了解中国"。牙牙的爸爸齐德利博士是这套书的总策划人，他是中国科学院地理科学与资源研究所地貌室的科研人员，从事丹霞地貌研究，也是中国第一位丹霞地貌学博士。许明振和李婧是这套书的图画作者，这套书图画创作中的很多灵感和素材，都来源于他们从小在农村长大的生活记忆，每一笔都带着童年记忆。

该套书编辑王然拥有多年的童书编辑经验，十分了解儿童的心理，具备良好的选题策划和编辑能力，尤为喜欢自然科普类图画书，一直致力于原创图画书的出版。作为这套书的策划编辑和责任编辑，王然参与了从选题立项、编辑出版到营销推广的全过程。

二、畅销盛况

"这就是二十四节气"是国内首部原创中国地理科学绘本，由中科知成绘本馆创作团队和海豚出版社共同策划出版，历时两年打造。这一套专门为儿童讲述二十四节气的中国原创科普图画书，包括《这就是二十四节气·春》《这就是二十四节气·夏》《这就是二十四节气·秋》《这就是二十四节气·冬》4册。2015年第一版问世就受到社会各界的广泛好评，荣获文津图书奖、中国科普作家协会优秀科普作品奖、大鹏自然童书奖"华文原创奖"等多项大奖，入选"40年中国最具影响力的40本科学科普书"，产生了良好的社会效益和经济效益。

"这就是二十四节气"是第一部跻身当当童书畅销榜榜首的原创科普图画书。自2015年出版以来，在当当网累计销量已超过300万册，读者好评超60万条（当当网数据截至2021年4月）。在当当网2016年的当当童书畅销榜上，"这就是二十四节气"与《神奇校车》《地图》（人文版）并驾齐驱，稳居当当童书榜前三名，受到了多家媒体的关注和赞誉。

三、畅销攻略

（一）图文特色鲜明

1. 立体解读，八大板块帮孩子读懂节气

在选题上，"这就是二十四节气"取材自中华优秀传统文化，以二十四节气为主题，将中华优秀传统文化与科普相结合，更受中国父母喜爱。在体例规划上，"这就是二十四节气"的策划创作团队按照图画书的体例对其进行了规划，每个节气用四幅页面来呈现，整套书以时间为序且贯穿一个故事。第一幅页面以小主人公牙牙的视角讲述节气故事，采用主图结合故事的形式向读者展示牙牙的趣味乡村生活，为小读者预留了体验和想象的空间；第二幅页面是节气概述，包括节气的天文来历、气候特征及相关古诗词；第三幅页面讲述节气与自然的关联，选取典型的物候现象，介绍动植物的变化；第四幅页面讲述节气与社会的关联，主要介绍民俗节日和农事活动。

整套书的设计紧贴儿童心理和求知特点，结构统一，编排清晰简明，通过牙牙的生活将其串联起来，语言充满奇思妙想，符合当下儿童的阅读趣味。在这套书中，以一个节气为一个单元立体呈现，小读者可以按书里的顺序进行阅读，也可以自主选择某一个节气进行阅读，甚至还可以定制一条自己最感兴趣的节气路线，循着路线展开阅读，杜绝了单一晦涩的讲解，帮助孩子更好地理解节气的流转与自然之美。

虽然这套书按照节气规划，但并不会因此显得模块化，策划创作团队在编写上非常注重每个节气之间的连贯，确保了图画书的连续性。例如，书中的棉花，正好在四册书里经历了春种、夏长、秋收、冬藏的全过程：谷雨到了，牙牙帮着大人们给刚刚播种的棉花盖"塑料被子"；立夏时节，棉花出苗啦；夏至时，大人们需要给出蕾的棉花打杈，掐掉不长棉铃的多余枝丫；到了白露，牙牙学着爷爷奶奶将特制的棉花包拴在腰间，细心地将棉壳里的棉花摘下放入包里；秋天收完棉花后，奶奶用棉花为牙牙做了一套新棉衣，陪伴牙牙度过乡下寒冷的冬天。整套书读完，小读者能将前后情节联系起来，也能真切地感受到节气与生活的关联。

2. 图文详示，让孩子玩转节气

一套成功的少儿图画书，其绘画和文字定能激发少儿的兴趣，引发少儿的情感共鸣，与他们产生持久的互动。"这就是二十四节气"不仅通过快乐阅读让孩子认识二十四节气，还让孩子动起来，身临其境地体验节气。例如，夏天来了，小读者们既可以跟随牙牙的脚步，去看看西瓜有没有开花，看看细细的西瓜藤能不能长出大大的西瓜，还可以参照图文详示，自己动手采摘并捣碎凤仙花来染指甲，从中体会古代劳动人民的智慧。丰富的活动不仅能培养孩子的动手能力，而且能激发孩子对大自然的好奇心。

在这套图画书里，编写团队设置了许多益智小游戏。"春分，和家人进行立蛋PK赛；处暑，在中元节放荷花灯；夏至，自制圭表测影长；冬至，画"九九消寒图······"一圈玩下来，家长和孩子都会有意想不到的收获，动脑又动手。在每册书的最后也都设计了游戏环节，包括"飞行棋""抢西瓜""节气连连看""谁拿到'金雪花'"4个趣味互动游戏（图1）。此外，还可通过观察互动（填节气日期、涂气温）、科学实验（观北斗知节气、养蚕、种西瓜）、学习传统技艺（包粽子、编蛋套、制作腊八蒜）等形式学习节气，大量的图文详示，让7岁及以上的孩子能独立轻松完成，在寓教于乐中感受生活中的二十四节气。同时，对于家长和老师来说，图文详示的教程能协助他们对少儿进行自然科学教育和传统文化启蒙。

图1 图文详示玩转节气

3. 清新画风，领略中国艺术之美

"这就是二十四节气"的图画作者许明振和李婧以手绘水彩画的形式为小读者们展现节气的发源地——黄河中下游地区某小村落的自然与人文风光，以淡黄、淡绿、乳白、浅棕等色调为主，画风清新、淡雅，并刻意保留了手绘画的草稿线条，颇有笔触稚嫩的儿童画的感觉。在这套书的图画创作过程中，他们的灵感和素材大多来源于儿时的农村生活记忆，画面没有强烈的视觉冲击，既不会显得跳跃，也不会割裂，随便翻开一页都是一幅富有生活气息的田园画面。"春有百花秋有月，夏有凉风冬有雪"，观感极度舒适，画工精良，画面传神。书中的人物、花草树木、房屋建筑等的绘制都极具中国艺术特点，绘画者将中国传统智慧和农村生活劳动场景相融合，为城市里孩子呈现出独具魅力的乡土生活。

小读者在阅读过程中，一边欣赏四时田园风光，了解动植物，学习天文气候、古诗谚语，一边领略中国艺术之美，走进没有围墙的自然乐园，在大自然母亲的怀抱里舒展身心，倾听大自然母亲的语言。这扑面而来的清新的泥土气息，能唤起孩子心中至真至美的感受。

（二）整体装帧设计新颖

1. 凝结众人心血的外部装帧设计

"这就是二十四节气"全套书4册均为硬皮精装，以绿、红、黄、蓝四种主色调分别呈现春、夏、秋、冬4册，每册书的书名颜色与封面主色调保持一致，封面大图选取与该季节相对应的典型画面。形态设计上，16开大小，厚薄适宜，文字量适中，语言轻松活泼，配上中国风的插画，稚拙中有雅趣，3~6岁的学龄前儿童由父母陪伴共读，7岁及以上的儿童可独立阅读。

封面是图画书的眼睛。一套质量上乘的原创科普图画书，离不开优秀的

美术编辑，作者和编辑的想法需要通过美编的创造性工作来呈现。“这就是二十四节气”在开始进行封面设计时，中科知成绘本馆没有专业的美编设计人员，海豚出版社当时也是条件有限，没办法花大价钱请设计公司设计，且原创图画书封面不是一次就能设计完成的，需要作者、编辑和美编的不断磨合。于是，责任编辑王然找到了曾做过美编的好朋友丁卉。丁卉以很低的价格接下了封面设计，配合作者、编辑不断调整、修改，封面最终按照“春种、夏长、秋收、冬藏”的思路进行设计，将节气与农耕特色突显出来。图画书的观感非常重要，这套书的封面设计凝结着出版人和作者团队的心血，得到了很多读者和同行的喜欢。

2. 体现精益求精态度的内文版式设计

古老的二十四节气所涵盖的内容特别多，策划创作团队在全面了解节气后才开始这套书的内文版式设计，可以说，每个细微之处都体现着策划创作团队精益求精的态度。以“节气日期”为例，这套书在“节气日期”上设计了互动空间，每个节气具体在哪一天及每个节气的气温变化，都由小读者自己观察、记录、填写，巧妙引导孩子学会观察。再比如每个节气里都有一面“节气时钟”，这是策划创作团队在多次尝试后决定采用的（图2）。为了阐释节气的天文来历，一开始他们设计了一幅将地球绕太阳运行的轨道和太阳直射点的变化结合起来的天文来历图，每个节气的天文来历图各不同，十分复杂，视觉呈现效果不佳。经过多次磨合，策划创作团队最终选取孩子熟悉的时钟来呈现，二十四节气在时钟上循环往复。在这面“节气时钟”上，中间是二十四节气天体运转的模拟示意图，用表针夹角对应黄经度数，小读者可以一目了然地知晓节气的天文来历及二十四节气的先后顺序，十分有趣；最外圈呈现的是四季的变化场景，可刺激儿童的感官，培养孩子感受美的能力。

图 2　节气时钟

（三）创作出发点质朴

"这就是二十四节气"中的小主人公牙牙是以该套书的策划人齐德利博士和文字作者高春香老师的女儿为原型进行塑造的，书中讲述了牙牙和爸爸回乡下爷爷奶奶家体验乡村生活、观察节气的故事。牙牙的父母为什么要给孩子创作这样一套书呢？这一切源于 5 岁的牙牙无意间提出的一个问题——"惊蛰是什么？"牙牙的爸爸妈妈翻遍了市面上的儿童科普书，都没能找到一个特别满意的答案。

牙牙的父亲和母亲从小在农村长大，耳濡目染了很多有关二十四节气的知识，这对于他们来说是乡土记忆中的重要组成部分，但在大都市里长大的女儿没有这样的成长环境，所以牙牙问的很多问题他们不知道怎样解答。正因如此，他们萌生了一个念头：为什么不利用自己的专业知识，研发一套自然科普图画书给像牙牙一样的孩子们呢？于是，就有了这一套专门写给孩子们的自然科普图画书。"这就是二十四节气"因牙牙而生，但整套图画书的策划、创作、成书历程却是面向全中国的儿童，目的在于传递祖先的科学智慧，讲好中国故事，传播中华优秀传统文化，让孩子们近距离聆听祖国节气韵律。这是一部倾注了父母对孩子满满爱意的匠心之作，理所当然受到了广大儿童和中国父母的喜爱。

（四）编辑工作富有创造性

2014 年，齐德利博士带着 24 张画稿前往海豚出版社，虽然当时的画稿并不成熟也没有故事脚本，但被一直希望有一天能做中国本土原创科普图画书的童书编辑王然遇到了，她对二十四节气这个题材特别感兴趣，在取得社长和总编的支持后，她决定一试。这是海豚出版社第一次编辑原创科普图画书，也是图文作者第一次创作图画书。作为这套书的策划编辑和责任编辑，王然参与了从选题立项、编辑出版到营销推广的全过程。基于营销推广的角度，在充分考虑到二十四节气所涵盖的内容体量后，王然团队与作者商量将其策划拓展成一套书，春、夏、秋、冬四季各编一册，每季包含 6 个节气，并且对每册书按照图书的体例进行了规划，每个节气用四面的篇幅呈现，整套书由一个故事贯穿。正是有了责任编辑对选题和书籍形态的精准定位，才有了这套书生机盎然的呈现。

编辑是作者的第一读者，和作者是相辅相成、相互吸引、相互帮助的关系。在作者创作前，编辑要协助作者寻找写作角度，要将最能打动自己的点告诉作者，并从形式和内容上不断地进行强化。比如在这个故事里，最打动责任编辑王然的是作者以父母的身份要为孩子创作一个跟她自己生活经历有关的故事，所以王然建议作者在故事的开篇就以小女孩牙牙的视角切入。因为如果没能让小读者近距离接触二十四节气的话，他们便会觉得节气是很古老的东西，很难将二十四节气跟自己的生活联系起来。以牙牙的视角切入，能给予同龄小读者亲切感和代入感。

科学性是科普图画书的基本要求，这套书的创作过程虽有中科院地理所的专家指导参与，但是节气中包含天文、气象、动植物等很多学科的知识，存在不小的挑战。为确保每一个知识点准确无误，王然团队在编辑的过程中查阅大量资料反复对比核实，将疑惑处一一圈出，并请民俗学、动物学、植物学等学科专家针对图文一一校准，全面把好图书质量关。从最初的 24 张画稿到销量上百万的获奖图书，编辑的创造性工作在其间发挥了重要作用。

（五）宣传营销手段多样

1. 出版社和编辑的努力

2015 年 11 月底，"这就是二十四节气"刚印出来，就在当当网上独家销售。在当当网主页，这套书的图书详情页十分吸引家长的眼球，重点展示了该书的获奖情况、读者好评、媒体报道、备受喜爱的三大理由及部分图文展示等。在当当网专业运营团队的努力下，"这就是二十四节气"冲到了当当图书销售总榜的第一名。2016 年，"这就是二十四节气"一直都稳居当当童书榜前三名。此外，出版社还多渠道推广该书，如与"凯叔讲故事"等自媒体平台合作。责任编辑王然在推广上也做了不少尝试，包括一些线上线下的分享活动，带动了图书的销售。2019 年 10 月，海豚出版社推出了"这就是二十四节气"（升级版），在修订原有内容的基础上，新增了《我们这样学习节气》指导手册，并免费提供丰富的内容服务和海量学习资源。

2. 作者开设课程带动销售

为了提高这套书的网络传播力和影响力，高春香老师自 2016 年立春日起，在全国最大在线教育平台沪江网 CCtalk 上开设"这就是二十四节气"免费在线学习课程，全国各地的孩子们只要在节气当天都可以上网免费收听该课程，并在网上参与实时互动。该活动带动了全国上百所学校参加"这就是二十四节气"课程学习和研讨,同时与全国范围内的近300所学校建立合作,开辟"二十四节气实验田",并进行每个节气一次的网上课程教学研讨,提高这套书在全国的影响力,其不仅带动了原有图书的销售,也为进一步打造系列图书品牌奠定了基础。

(六)迎合社会需求

"春雨惊春清谷天,夏满芒夏暑相连。秋处露秋寒霜降,冬雪雪冬小大寒。"二十四节气是我国民间传统节令,承载着厚重的民族传统文化和中国人的诗意生活,是独具民族特色的文化遗产。2016年11月,中国二十四节气申遗成功,正好是"这就是二十四节气"出版一周年之际。这套书之所以成功,很大原因在于它与当下的社会需求不谋而合,在适当的时间节点推出,唤起人们对二十四节气等中华优秀传统文化的关注,同时也紧跟当前提倡的自然教育、乡土教育、博物教育的步伐。

近年来,我国原创少儿图画书市场欣欣向荣,然而原创少儿图画书销售表现普遍欠佳,且科普类图画书品种较少,缺乏为中国孩子讲述中国故事、本土人文、自然科学的作品。由本土作者创作、经中科院专家审定的"这就是二十四节气"是一套集众人之力打造的融合自然、文化、科学、地理、艺术、文学、历史各个领域的通识教育百科全书,以儿童的生活体验为中心,不仅在内容上具有专业性和权威性,且采用故事结合百科知识的新颖形式,真正实现了孩子近距离接触和对话经典,填补了市场空白,在国内原创少儿图画书领域具有开创性。

二十四节气是世界性的人类非物质文化遗产,传承这一遗产,靠的是每一个人真正去感受它、体验它,看到它给我们生活带来的启发和益处,便会自觉传承它。"这就是二十四节气"成了"阅读"与"实践"之间的桥梁,它将身边的科学和生活的艺术结合起来,让孩子们认识到二十四节气与农事、民俗、气象、物候、天文等有着千丝万缕的联系，也让孩子们体会到二十四节气跟我们的生活息息相关，我们每个人都可以在生活里运用它，进一步启发孩子们热爱自然，引导孩子们热爱生活。

四、精彩内容欣赏

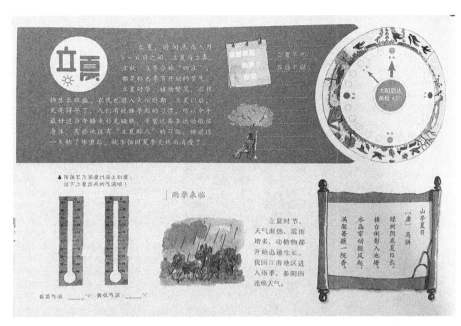

立冬

天气越来越冷了，树上的叶子全落光了，田野里很难再见到小动物的身影，它们已经开始冬眠了吗？爸爸说，有些动物要睡上一整个冬天，比如蛇和青蛙，它们都是变温动物，冬眠是它们过冬的"法宝"。

牙牙想，冬天的时候，人们大部分的时间都待在屋子里，这算不算冬眠呢？

（节选自《这就是二十四节气》）

五、相关文献推荐

[1] 唐国议. 国内原创少儿科普图画书选题策划探析 [D]. 青岛：青岛科技大学，2020.

[2] 南钢. 从原创儿童绘本到非遗的活态传承——评"这就是二十四节气"升级版 [J]. 全国新书目，2019（10）：32.

[3] 王然. 少儿科普图画书"这就是二十四节气"出版案例分析及其创新启示 [J]. 科技与出版，2017（7）：47-49.

[4] 展瑞祥. 儿童绘本与传统文化教育——以二十四节气为例 [J]. 基础教育研究，2017（7）：47-49.

（执笔人：郑泽钒）

案例二十二:"少年读史记"系列

一、图书基本信息

(一)图书介绍

丛书名:"少年读史记"

作者:张嘉骅 编著

    郑慧荷 官月淑 绘图

开本:16 开

定价:29.80 元 / 册

出版社:青岛出版社

出版时间:2015 年 2 月

(二)作者简介

张嘉骅,著名儿童文学作家,1963 年生于台湾,祖籍江西。他是台湾大学中文学士,中正大学中文硕士,2004 年获北京师范大学儿童文学博士学位。他出版了包括《怪怪书怪怪谈》《我爱蓝森林》《海洋之书》《风岛飞起——童年的澎湖湾》等简体版、繁体版及韩文版儿童文学作品 30 多种,曾获中华优秀出版物奖、桂冠童书奖等 30 多项奖项。

二、畅销盛况

"少年读史记"于 2013 年 8 月 26 日首次在中国台湾出版，出版后多次登上台湾诚品书店畅销榜榜首，被专家誉为"史学、文学、哲学、国学一次到位"的图书。2015 年，台湾远见天下文化出版股份有限公司授权青岛出版社在大陆地区出版该书。2015 年 2 月，青岛出版社推出 16 开《少年读史记》，同年 9 月，又与当当网独家合作推出了当当网定制版《少年读史记》（32 开），主要在网上销售。

自出版后，两版"少年读史记"均取得了不俗的成绩。首先，它不仅获得了第六届中华优秀出版物奖、2016 年冰心儿童图书奖、2016 年当当童书大新书奖、2015 年桂冠童书奖（文化历史类）等多项大奖，还入选了中国出版协会 2015 年度"中国 30 本好书"、2015 年 4 月中国好书、国家新闻出版总署首届向全国推荐的中华优秀传统文化普及图书，社会效益显著。其次，此书的销量一直在稳步上升：截至 2016 年 1 月，该书累计销售了 35 万册；2017 年 10 月，该书销量突破 100 万册；2018 年 1 月，该书销量已近 200 万册；2019 年 8 月，该书销售码洋已逾千万。且自从当当网定制版上线之后，"少年读史记"基本稳定在当当网图书畅销总榜和童书榜前 20 名，具体如表 1 所示。

表 1　"少年读史记"在当当网的排名

类目	2016 年	2017 年	2018 年	2019 年	2020 年	2021 年 1 月	2021 年 2 月	2021 年 3 月	2021 年 4 月
图书畅销总榜排名	—	18	8	10	16	2	4	6	6
童书榜排名	12	9	8	8	5	3	2	2	4

注：根据当当网相关数据整理绘制。

三、畅销攻略

"少年读史记"面世后获得的成功及多年后仍能够占领当当网童书榜前几名的原因，主要集中在专业且知名的作者、符合国家政策的选题、满足少年儿童阅读兴趣的内容编排、强劲的宣传营销力度、恰当的产业链开发五方面。

（一）专业且知名的作者

对于图书而言，专业、知名的作者拥有较强的影响力，且这类作者极易发展出自己的粉丝群体，这有助于图书销量的增长。

首先，"少年读史记"的作者是中国台湾资深儿童文学作家张嘉骅，有着丰富的童书写作经验，在儿童文学界颇具影响力。他在大学时期就开始研究《史记》，丛书"少年读史记"的写作花费了他三年的时间，出版后多次登上台湾诚品书店的畅销书榜单，也说明了其内容是经得起检验的。

其次，《少年读史记》拥有两个绘者——郑慧荷和官月淑。

郑慧荷毕业于台湾东海大学美术系，从事插画、美术设计工作多年，代表作为《爱上手作，因为猫》。2007 年她为台湾天下远见出版股份有限公司的图书《我的台湾小百科》《我最喜爱的中国神话》绘制插图，2008 年应韩国 Age World 出版社邀请绘制大型绘本 *The North Wind and The Sun*。其中，《我最喜爱的中国神话》、*The North Wind and The Sun* 均属于传统文化类著作，这些都为"少年读史记"插图的绘制奠定了一定的基础。

官月淑，知名的台湾童书插画家。她的代表作品有《八岁，一个人去旅行》《万和宫老二妈的故事》《彩虹纹面》等，作品曾获金龙奖 ❶、金鼎奖儿童及少年图书奖等。

---

❶ 金龙奖：中国最有影响力的动漫奖项之一，主办单位为国家新闻出版广电总局及广东省人民政府。

（二）符合国家政策导向的选题

党的十八大以来，以习近平同志为核心的党中央高度重视中华优秀传统文化的继承与发展，习近平总书记多次在讲话中提及中华优秀传统文化，并赋予中华优秀传统文化时代内涵，运用中华优秀传统文化治国理政，阐发中华优秀传统文化面对的国内外重大挑战，将中华优秀传统文化的传承与发展提升至新高度。例如，2013 年 3 月 1 日在中央党校建校 80 周年庆祝大会上，习近平总书记提到，中国传统文化博大精深，学习和掌握其中的各种思想精华对树立正确的世界观、人生观、价值观很有益处。2017 年 1 月，中共中央办公厅、国务院办公厅印发的《关于实施中华优秀传统文化传承发展工程的意见》指出总体目标,到 2025 年,中华优秀传统文化传承发展体系基本形成。为了实现这一目标，各级党委和政府要从坚定文化自信、坚持和发展中国特色社会主义、实现中华民族伟大复兴等高度切实把中华优秀传统文化的传承发展工作摆上重要日程。

在国家政策的大力宣传下，"少年读史记"这一类符合中华优秀文化传承与发展的出版选题就乘上了"东风"。之后,《中国诗词大会》《经典咏流传》等一系列央视出品的传统文化类节目办得如火如荼，也说明了这一点。

（三）满足少年儿童阅读兴趣的内容及编排

在少年儿童学习中国历史的过程中，《史记》这一部史学巨著是绕不开的。《史记》作为二十四史之一，是中国历史上第一部纪传体通史，记载了上至上古传说中的黄帝时代、下至汉武帝太初四年间共 3000 年的历史。全书共 130 篇，包括十二本纪、三十世家、七十列传、十表、八书。这本巨著内容庞杂，司马迁把一个完整的事件分散在众多不同人物的传记中去叙述，使今天的读者难以厘清相关故事的人物脉络。对于成人来说，阅读起来都会乏味枯燥，需要花费大量时间和精力，更何况是好动且无法长时间保持专注力的少年儿童。而这套书在内容编排上对此进行了现代化创新。

第一，在创作"少年读史记"系列时，作者选取了《史记》中重要的 60 个人物，将不同篇目中同一人物的全部事迹汇聚起来，编成了情节完整、条理清晰的短篇故事。同时，作者没有遵循《史记》原来的本纪、世家、列传等分类，而是将身份相同的人物放在一本书中叙述，将其分为《少年读史记·帝王之路》《少年读史记·霸主的崛起》《少年读史记·辩士纵横天下》《少年读史记·绝世英才的风范》《少年读史记·汉帝国风云录》5 册。每一册都有一种贯穿始终的"文心"，就是再现司马迁在《史记》里所展现的道义与正气、史识与情怀。在《少年读史记·帝王之路》中通过写尧舜禅让、汤武革命、周公摄政、项羽创立霸业、鸿门宴及四面楚歌等帝王或者"准帝王"的故事传递出一种"大器"的思想；《少年读史记·霸主的崛起》中通过写齐桓公、伍子胥、越王勾践、孔子、萧何、张良等人的故事来体现"承担"二字；《少年读史记·辩士纵横天下》通过写春秋战国时期叱咤风云的一些人物来传递一种"乱世不浮生"的思想；《少年读史记·绝世英才的风范》通过写范雎、蔺相如、廉颇、吕不韦、荆轲、李斯、赵高、韩信等历史上的知名人物在时代变局中非比寻常的作为来传递"不以成败论英雄"的思想；《少年读史记·汉帝国风云录》通过写叔孙通、张释之、李广、卫青、霍去病、司马相如、东方朔等人物来传递一种判断是非的准则，"小则独善其身，达则兼济天下"。这些都是中华民族的可贵风骨与品格，也是今天的少年儿童需要去认识、认同、领略和拥有的东西。

第二，这套书在文字内容编排上，采取的是"白话文故事＋三分钟读历史关键＋史记原典精选＋成语收藏夹"的结构。"白话文故事"是将每一位人物的全部事迹分成不同阶段来逐一讲述，每一阶段都有一个小标题，方便少年儿童理解这一阶段的大意；"三分钟读历史关键"则是通过还原历史场景，解析前人智慧，引导少年儿童把握历史关键；"史记原典精选"则是精选篇幅适中的《史记》原文，配有译文、注释，让少年儿童感受文言文之美；最后则是"成语收藏夹"，即选择《史记》中的经典成语故事，通过解释和例句，让少年儿童理解相关成语的出处及原意，以活学活用。

第三，考虑到少年儿童对图像的记忆要强于文字，此书整体风格图文并茂。除了适合少年儿童阅读的大号字体及行间距外，"少年读史记"选用了具有时代特色的汉砖❶风格的插图，这些插图来源于故事情节，是故事内容的情景再现，可以帮助少年儿童在阅读时加深对相应历史的理解与记忆。

（四）强劲的宣传营销力度

1. 多渠道多媒体宣传营销

"少年读史记"的宣传销售分为线下和线上两个渠道。

第一，图书出版后，积极邀请著名儿童文学作家、评论家就文学内涵、出版意义、阅读价值等方面进行深度赏析，在提纲挈领地概括文本价值、帮助读者深入了解作品的同时，提高了"少年读史记"的品牌认知度；之后，北京卫视的《北京您早》栏目和青岛卫视的《今日青岛》栏目对"少年读史记"进行了专题推荐。为了进一步促进该书的销量和提高影响力，青岛出版社还策划了多场走进校园的宣传活动及作家与读者见面会，包括作者讲座、作者读者交流会及签名售书等。2017年是青岛出版社入校宣传最集中的一年，仅4月和5月就在青岛开展了近50场入校活动。虽然入校宣传的主要阵地在山东，但也辐射到了江苏、浙江等其他省份的小学，在那里也开展了读书活动。

第二，线上充分借助微博、微信、QQ、豆瓣等网络社群的阅读推广平台来对书籍进行宣传推广，并积极与当当网、天猫等电商平台对接，举办多场线上直播讲座活动，如在2017年"双十一"期间邀请作者张嘉骅在当当网官方直播间进行线上直播。

第三，"少年读史记"因良好的社会效益成为国家新闻出版广电总局向全

---

❶ 汉砖：泛指绘画砖，是汉代绘画的一种，是兼具绘画和雕刻的特殊艺术表现形式。汉砖风格插图在构图上以线为主，在色彩上，人物、建筑等主体部分多以黑、白两色呈现，背景会根据需要大面积平涂相应颜色。

国青少年推荐的优秀图书及向全国大众读者推荐的中华优秀传统文化普及图书，一定程度上带动了各地方学校或者媒体的宣传推荐。

2. 扩大宣传营销对象的范围

童书的宣传营销对象不仅包括少年儿童，还包括其家长、老师，尤其是对于利于提高孩子文学素养的童书来说更是如此。"少年读史记"的主要营销对象即为这一类家长，其推荐宣传语中还引用了余秋雨《何谓文化》中的一段话"《史记》，应读名篇甚多……司马迁是中国首席历史学家，又是中国叙事文学第一巨匠，读他的书，兼得历史、文学、人格，不嫌其多"，来吸引更多的家长选购此书。

此外，课程标准的一些变化也会促使老师去推荐此书。例如，2018 年 1 月，教育部公布的《普通高中课程方案和语文等学科课程标准（2017 年版）》中，明确要求要加强中华优秀传统文化教育，各学科要结合自身特点丰富、充实相关内容。其中，语文这门科目不仅增加了经典文化作品的内容，提高了中国古代优秀作品的篇目占比，同时对中华传统文化经典作品提高了学习要求，如古诗文背诵推荐篇目由 14 篇大幅提升到 72 篇。除此之外，《史记》也被列为"新课标小学生必读书目"。

（五）恰当的产业链开发

2020 年青岛出版社的童书畅销榜中"少年读史记"占据第二名，这不仅归功于产品本身的品质，还有赖于产业链的开发与延长。

首先，青岛出版社联合"喜马拉雅"App 开发了"少年读史记"的付费产品——"读史记，成大器"，这个产品并非"少年读史记"的有声呈现，而是作者张嘉骅在图书的基础上重新编辑脚本制作而成的亲子历史课。截至 2021 年 5 月 24 日，该音频的播放量达 99.2 万。

其次，开发"少年读"系列图书。在"少年读史记"获得良好的社会效益和经济效益之后，青岛出版社联合张嘉骅再次推出了"少年读西游记"，这一套图书同样荣获了2017年冰心儿童图书奖，以及2017年度中国出版协会评选的"中国30本好书"。另外，青岛出版社还联合其他作家进一步推出了"少年读国学""少年读中国简史""少年读徐霞客游记"等"少年读"系列图书，引领了出版界的"少年读"风潮，同时也打造了出版社的品牌。这对同系列图书的销售均有积极影响。

四、精彩内容欣赏

万箭复仇

围魏救赵后的第十三年（公元前341年），魏国与赵国合攻韩国。韩国向齐国告急，请求救援。

齐国派田忌带兵前往，直攻魏国首都大梁。

魏国将领庞涓一听到这个消息，立刻从韩国赶回来阻拦，而齐军已经越过魏国边境，向西挺进。

孙膑对田忌说："魏国部队向来勇猛强悍，不把齐军看在眼里，而齐国部队又是以胆怯出名，所以会打仗的人必须懂得利用这种情势，从中取利。根据兵法，每天赶一百里路去和敌人争利的，定要折损自己的前锋主将；每天赶五十里路的，只有一半的士兵到得了目的地。就让魏军赶着来找我们吧！请您下令，让我军部队在进入魏国的第一天造十万个灶来做饭，第二天减为五万，第三天减为三万。"

田忌依孙膑的计划进行部署。

庞涓带兵走了三天，探查齐军驻留过的地方，非常高兴地说："我早就知道齐军是胆小鬼，到了我国境内，溜掉的士兵竟然超过一半。"

庞涓舍弃步兵，只带装备轻简的骑兵，日夜兼程地追赶齐军。

孙膑估算庞涓的行程，推算出他到达马陵的时间。

想起庞涓，孙膑不禁摸了摸自己残废的双腿。十多年过去了，伤口早已愈合，但每当想起这件事，孙膑便会心痛不已。自从那次被庞涓迫害后，他就不再用本名，改称自己为"膑"。"膑"即膝盖骨，又指挖掉膝盖骨的刑罚。他以这个字为名，就是要自己牢牢记住心中的痛。现在，复仇的机会来了。马陵这个地方道路狭窄，两旁障碍又多，大可设下埋伏。

孙膑叫人把一棵大树的树皮刮掉，在白白的树干上写下一行字："庞涓死在这棵树下。"又命令齐军善于射箭的弓箭手藏匿在道路两旁，并下令："天黑以后，只要见有人点火，就立刻放箭。"

夜里，庞涓果然带兵来到马陵，经过这棵树下时他见刮过皮的树上似乎写着什么，便叫人点燃火把，想借火光看个清楚。

他还没读完树上所写的那句话，只听见"飕飕"的冷箭声响起，齐国伏军万箭齐发。一时间，魏军反应不及，阵脚大乱。

庞涓这时知道自己已是穷途末路，便刎颈自杀，死前恨恨地说："倒让这小子成就了名声！"

齐国部队乘胜追击，大破魏军，将魏太子申俘虏回国。

这场马陵之战让天下人都知道了孙膑的大名，也使他的兵书流传后世。

三分钟读历史关键

对司马迁而言，孙膑是个意义重大的人物。当司马迁遭受宫刑，不愿苟活在世时，是孙膑这类人物的奋斗故事激励了他，让他勇敢地活下来，最后完成《史记》的写作。

在中国，孙武号称"兵圣"，孙膑号称"兵学亚圣"。然而在以前，只见孙武有《孙子兵法》传世，却不见孙膑所写的兵书流传，以致后来有不少人怀疑战国时期是否真有孙膑这个人。

直到 1974 年，《孙膑兵法》的简书在山东临沂银雀山汉墓出土，孙膑的真实性才得到明确的证实。

不过，就算历史上真有孙膑这个人，也不能说司马迁所写的孙膑的故事就全部是事实。就像庞涓在死前说："倒让这小子成就了名声！"当时兵荒马乱，万箭齐发，司马迁若非具有神通，怎么能知道一个将死的人所说的话呢？

写历史，很多时候得靠想象。只不过这些想象是照着事理的发展来铺排，因此也算是言之成理。

史记原典精选

孙子度^❶其行，暮^❷当至马陵。马陵道陕^❸，而旁多阻隘，可伏兵，乃斫^❹大树白^❺而书之曰："庞涓死于此树之下。"于是令齐军善射者万弩，夹道而伏，期^❻曰："暮见火举而俱发。"庞涓果夜至斫木下，见白书^❼，乃钻火烛之^❽。读其书未毕，齐军万弩俱发，魏军大乱相失。庞涓自知智穷兵败，乃自刭^❾，曰："遂成竖子^❿之名！"

——选自《史记·孙子吴起列传》

【译文】孙膑估计庞涓的行程，推算他晚上应当到达马陵。马陵道路狭窄，两旁多障碍，可以埋伏兵卒。于是他叫人砍削大树，让树木露出白色的部分，在上头写道："庞涓死在这棵树下。"接着，他又命令齐军一万名善于射箭的弓箭手，埋伏在道路两边，并且约定："晚上见到火光点燃就放箭。"庞涓果然在夜里来到那棵砍削过的树木下，看见树上的白色部位有字，于是点燃火把照明。树上的字还没读完，齐国部队就万箭齐发，魏军大乱，应接不暇。庞涓知道自己无计可施，已然兵败，于是自刭，但在自刭之前说："倒成就了这小子的名声！

【注释】❶度：估算，估计。❷暮：晚上。❸陕：同"狭"，狭窄、不宽广。❹斫（zhuó）：削砍。❺白：露出木头的白色部分。❻期：约定。❼白书：白色部位上写的字。❽钻火烛之：点燃火把来照亮它。钻，取火；烛，照亮。❾自刭：用兵器刎颈自杀。❿竖子：古代对人鄙视的称呼，意同"小子""家伙"。

词语收藏夹

一、围魏救赵：这句成语出自孙膑运用兵法的故事，后来引申为打击对手后方，让对方撤退。

【例句】在足球场上，巴西队使出一招"围魏救赵"，迫使法国队的前锋后退。

二、出奇制胜：语出《孙子兵法》，指运用奇招，打败敌人。后来引申为使用创新的方法，获得不同凡响的效果。

【例句】这次校园艺术节，为了出奇制胜，我们排练了一出哑剧参加比赛。

（节选自《少年读史记·辩士纵横天下》第9-19页）

五、相关文献推荐

刘洁.少儿国学图书《少年读史记》出版策划的成功之处分析 [D].青岛：青岛科技大学，2018.

（执笔人：雷大艳）